Moment mal!

Lehrwerk für Deutsch als Fremdsprache
Lehrerhandbuch 1

von
Lukas Wertenschlag, Cornelia Gick, Christiane Lemcke, Martin Müller, Paul Rusch,
Theo Scherling, Reiner Schmidt und Heinz Wilms

*Niemand kann andere „packen", der nicht selbst „gepackt" ist:
Wir setzen Deutsch (und andere Sprachen) ein, um die Welt zu erkunden.
Wir machen unsere Entdeckungen quer durch die deutschsprachigen Länder
und durch ganz Europa und zeigen deren SPUREN in diesem Buch.
Wir geben uns zu erkennen in unseren Vorlieben und verschanzen uns nicht
hinter neutralen Themen. Dies in der Hoffnung, dass wir KollegInnen und
LernerInnen erreichen und engagieren, sie zum Lehren und Lernen „verführen".*

Heinz Wilms   *23. 2. 1935   †18. 11. 1996

Langenscheidt

Berlin · München · Wien · Zürich · New York

Visuelles Konzept, Gestaltung und Illustrationen: Theo Scherling
Umschlaggestaltung: Theo Scherling und Andrea Pfeifer, unter Verwendung eines Fotos von Birgit Koch/IFA-Bilderteam (großes Foto) und eines Fotos von Cornelia Gick (kleines Foto)
Redaktion: Sabine Wenkums

Autoren und Verlag danken Kolleginnen und Kollegen, die **Moment mal!** erprobt, begutachtet sowie mit Kritik und wertvollen Anregungen zur Entwicklung des Lehrwerks beigetragen haben.

Moment mal!
Lehrwerk für Deutsch als Fremdsprache
Materialien

Lehrbuch 1	3-468-47751-1	Cassette 1.4 (1 Testheft-Cassette)	3-468-47759-7
Cassetten 1.1 (2 Lehrbuch-Cassetten)	3-468-47756-2	CD 1.3 (1 CD zum Testheft)	3-468-47809-7
CDs 1.1 (2 CDs zum Lehrbuch)	3-468-47768-6	CD-ROM zu Moment mal! 1	3-468-47820-8
Arbeitsbuch 1	3-468-47752-X	Glossar Deutsch–Englisch 1	3-468-47760-0
Cassette 1.2 (1 Arbeitsbuch-Cassette)	3-468-47757-0	Glossar Deutsch–Französisch 1	3-468-47761-9
Cassette 1.3 (1 Aussprache-Cassette zu Lehrbuch und Arbeitsbuch)	3-468-47758-9	Glossar Deutsch–Griechisch 1	3-468-47762-7
		Glossar Deutsch–Italienisch 1	3-468-47763-5
CDs 1.2 (2 CDs zu Arbeitsbuch und Aussprache)	3-468-47769-4	Glossar Deutsch–Spanisch 1	3-468-47764-3
		Glossar Deutsch–Russisch 1	3-468-47765-1
Arbeitsbuch-Package (Arbeitsbuch und 2 CDs zu Arbeitsbuch und Aussprache)	3-468-47770-8	Glossar Deutsch–Türkisch 1	3-468-47766-X
		Glossar Deutsch–Koreanisch 1	3-468-47813-5
		Glossar Deutsch–Polnisch 1	3-468-47767-8
Lehrerhandbuch 1	3-468-47753-8	Workbook 1	3-468-96942-2
Roter Faden (Unterrichtsvorbereitung und Praxistipps zu Moment mal! 1)		Package 1 (Workbook und 2 CDs zu Workbook und Aussprache)	3-468-96943-0
Folien 1	3-468-47754-6	Eserciziario 1	3-468-96946-5
Testheft 1	3-468-47755-4	Βιβλίο ασκήσεων 1	960-7142-47-0

Moment mal! folgt der reformierten Rechtschreibung. Ausnahmen bilden Texte und Realien, bei denen historische, künstlerische, philologische oder lizenzrechtliche Gründe einer Änderung entgegenstehen.
Die neue Rechtschreibreform will es dem Benutzer leichter machen. Sie erlaubt daher nicht nur unterschiedliche Varianten (z. B. *mithilfe* oder *mit Hilfe*, *selbständig* oder *selbstständig*), sie erlaubt bis 2005 auch die bisher gültige Rechtschreibung. In den nächsten Jahren werden also verschiedene Schreibweisen nebeneinander bestehen. Wegen der geringen Änderungen wirkt sich die Neuregelung nur unwesentlich auf das gewohnte Schriftbild aus.

Umwelthinweis: Gedruckt auf chlorfrei gebleichtem Papier

Druck:	10.	9.	8.	7.	6.	Letzte Zahl
Jahr:	08	07	06	05	04	maßgeblich

© 1997 Langenscheidt KG, Berlin und München

Druck: Druckhaus Langenscheidt, Berlin
Printed in Germany · ISBN 3-468-**47753**-8

Besuchen Sie auch unsere Homepage
www.langenscheidt.de/moment-mal.
Hier finden Sie zur Arbeit mit *Moment mal!* weitere Ideen, Informationen und Online-Projekte.

Inhaltsverzeichnis

Vorwort **4**
Die Komponenten von *Moment mal!* 6
Grammatik lernen und lehren 15
Wortschatzarbeit 17
Ausspracheschulung 19
Rückschau und Tests 21

1 Orientierung **27**
Das Kapitel im Überblick 28
Ideen – Vorschläge – Bemerkungen – Zusatzmaterial 30

2 Orientierung **35**
Das Kapitel im Überblick 36
Ideen – Vorschläge – Bemerkungen – Zusatzmaterial 38

3 Orientierung **43**
Das Kapitel im Überblick 44
Ideen – Vorschläge – Bemerkungen – Zusatzmaterial 46

4 Orientierung **49**
Das Kapitel im Überblick 50
Ideen – Vorschläge – Bemerkungen – Zusatzmaterial 52

5 Orientierung **59**
Das Kapitel im Überblick 60
Ideen – Vorschläge – Bemerkungen – Zusatzmaterial 62

6 Orientierung **67**
Das Kapitel im Überblick 68
Ideen – Vorschläge – Bemerkungen – Zusatzmaterial 70

7 Orientierung **75**
Das Kapitel im Überblick 76
Ideen – Vorschläge – Bemerkungen – Zusatzmaterial 78

8 Orientierung **83**
Das Kapitel im Überblick 84
Ideen – Vorschläge – Bemerkungen – Zusatzmaterial 86

9 Orientierung **89**
Das Kapitel im Überblick 90
Ideen – Vorschläge – Bemerkungen – Zusatzmaterial 92

10 Orientierung **95**
Das Kapitel im Überblick 96
Ideen – Vorschläge – Bemerkungen – Zusatzmaterial 98

11 Orientierung **101**
Das Kapitel im Überblick 102
Ideen – Vorschläge – Bemerkungen – Zusatzmaterial 104

12 Orientierung **109**
Das Kapitel im Überblick 110
Ideen – Vorschläge – Bemerkungen – Zusatzmaterial 112

13 Orientierung **115**
Das Kapitel im Überblick 116
Ideen – Vorschläge – Bemerkungen – Zusatzmaterial 118

14 Orientierung **121**
Das Kapitel im Überblick 122
Ideen – Vorschläge – Bemerkungen – Zusatzmaterial 124

15 Orientierung **127**
Das Kapitel im Überblick 128
Ideen – Vorschläge – Bemerkungen – Zusatzmaterial 129

Liste der Lerntipps 134
Transkripte der Hörtexte zu *Moment mal! 1* 135
Quellenverzeichnis für Texte und Abbildungen 160

Vorwort

Das Wichtigste in Kürze

Vorzüge für die Lernenden:

- Themen und Situationen werden so dargeboten, dass die Lernenden wirklich kommunizieren können: durch offene, die Lernenden einbeziehende Aufgabenstellungen;
- authentische Personen werden ins Zentrum gestellt;
- unterschiedliche Realitäten der deutschsprachigen Länder werden erfahrbar gemacht: durch reale, fiktionale und ästhetische Elemente;
- verschiedene Lehr- und Lerntypen kommen zum Zug: durch eine Vielzahl von Hörmaterialien, durch Bilder/Fotos und andere visuelle Elemente; durch entdeckende und systematische Grammatikarbeit; durch modellhafte Wortschatzarbeit, durch spielerische, reflektierende und kognitive Elemente;
- das Lernpensum, der Lernprozess und der Lernerfolg sind transparent: durch klare Lernzielangaben innerhalb der Kapitel und durch die Evaluationsmöglichkeiten am Ende jedes Kapitels;
- das Gespräch im Unterricht wird durch die systematische Aufbereitung und Präsentation der Kommunikationsmittel für den Unterricht früh ermöglicht;
- Lerntipps zu verschiedenen Bereichen erleichtern und optimieren das Lernen;
- selbstständiges Lernen (auch außerhalb des Kurses) wird gefördert: durch eine Vielzahl von Übungen im Arbeitsbuch (mit Lösungsschlüssel);
- durch kurze Kapitel werden kleine, aber wesentliche Lernerfolge ermöglicht.

Vorzüge für die Unterrichtenden:

- wenig Vorbereitungszeit durch klare Strukturierung;
- offenes Prinzip, adaptierbar auf konkrete Lernergruppen;
- integrierte Ausspracheschulung, die keine spezifischen Vorkenntnisse verlangt;
- umfangreiches Unterrichtsmaterial (Cassetten, Folien, Tests);
- übersichtliche Unterrichtsvorschläge und viele Spielideen im Lehrerhandbuch.

Zielgruppe

Das Lehrwerk ist geeignet für:
- Volkshochschulen
- Privatschulen im Bereich der Erwachsenenbildung
- Goethe-Institute
- Sprachlernzentren an Universitäten
- Gymnasien und Fachmittelschulen im Ausland: als 1. oder 2. Fremdsprache für Jugendliche ab ca. 16 Jahren.

Zertifikat „Deutsch als Fremdsprache"

Das gesamte Lehrwerk umfasst drei Bände und führt zum Zertifikat „Deutsch als Fremdsprache". In der Mitte des zweiten Bandes wird der „Grundbaustein Deutsch als Fremdsprache" erreicht.

Umfang und Inhalt

Der erste Band besteht aus fünfzehn kurzen, klar strukturierten Kapiteln. Das letzte Kapitel ist als Zusammenfassung und Wiederholung gedacht und beinhaltet kein neues Lernpensum. Im ersten Band werden folgende Themenbereiche des Zertifikats DaF behandelt:
- Angaben zur Person: Herkunft, Sprachen, Wohnort, Alter
- Zahlen, Wochentage, Monate
- Reisen: Orientierung, Unterkunft, Verkehrsmittel
- Tagesablauf: Zeitangaben, Arbeit, Freizeitaktivitäten
- Wohnen: Wohnort, Maße, Größe, Räume, Einrichtung
- Natur: Farben, Wetter, Landschaften
- Essen und Trinken: Bestellen, Einkaufen, Lebensmittel, Rezepte
- Gesundheit und Krankheit: Körperteile, Krankheiten, Arztbesuch

Zeitaufwand

Die 15 Kapitel des ersten Bandes können in 120–150 Unterrichtsstunden (an den Volkshochschulen extensiv bis zu 200 Unterrichtseinheiten), d.h. pro Kapitel 8 Unterrichtseinheiten, durchgearbeitet werden. Bei einem Kursangebot von 4 Wochenstunden entspricht das 30 Kurswochen oder einem Schul- bzw. Kursjahr.
Je nach Lernergruppe (z. B. „falsche Anfänger") und Kursstruktur kann der erste Band auch in 15×6 Stunden abgeschlossen werden. Der Zeitaufwand für die individuelle Arbeit (Übungen mit Lösungsschlüssel im Arbeitsbuch) erhöht sich entsprechend.

Einleitung

Dieses Lehrerhandbuch soll Ihnen v.a. am Anfang helfen, Ihren Unterricht optimal zu gestalten, ohne dass Sie viel Zeit für die Vorbereitung aufwenden müssen. Das Lehrerhandbuch kann durch Ihre eigenen Notizen und Bemerkungen zu Ihrem Unterrichtsfahrplan ergänzt werden und als Nachschlagewerk dienen, wenn Sie etwas Bestimmtes genauer wissen oder vertiefen wollen.

Funktion des Lehrerhandbuchs

Im ersten Teil (LHB, S. 6ff.) möchten wir Sie mit dem Konzept des Lehrwerks bekannt machen und zeigen, wie die einzelnen Komponenten zusammenspielen. Sie finden hier auch Hintergrundinformationen zu *Moment mal!*, einige allgemeine Bemerkungen zu den Fertigkeiten, zu Wortschatz und Grammatik, zur Aussprache und zur Evaluation.

Aufbau des Lehrerhandbuchs

Im zweiten Teil (S. 27ff.) finden Sie konkrete Unterrichtsvorschläge zu den einzelnen Kapiteln: Zuerst erfolgt auf einer Seite eine „Orientierung". Hier beschreiben wir kurz die Besonderheiten des Kapitels und geben einen Überblick über Themenbereiche, landeskundliche Aspekte und Lernziele. Außerdem weisen wir Sie auf Verknüpfungsmöglichkeiten mit anderen Kapiteln hin.

Unterrichtsvorschläge für jedes Kapitel
Orientierung

„Das Kapitel im Überblick", auf einer Doppelseite angelegt, ermöglicht Ihnen, den konkreten Unterrichtsablauf zu planen. Wir schlagen Ihnen Unterrichtsaktivitäten und Hausaufgaben vor: Die Menge der Hausaufgaben variiert natürlich je nach Wochenstundenzahl und den zeitlichen Möglichkeiten der Lernergruppe. Wir gehen dabei vom Lehrbuch aus und kommentieren kurz einzelne Aufgaben und die Rückschau-Seite im Arbeitsbuch, hinzu kommen Vorschläge zum Einsatz der Übungen im Arbeitsbuch. Das Symbol → bedeutet, dass Sie zu der konkreten Unterrichtssequenz im Abschnitt „Ideen – Vorschläge – Bemerkungen – Zusatzmaterial" (s.u.) weitere Informationen finden können.

Das Kapitel im Überblick

In der Randspalte des Überblicks finden Sie zur Orientierung die Zwischenüberschriften der Kapitel und die Lernziele, dazu kommen die Symbole für die Lehrbuch-Cassetten und die Aussprache-Cassette, damit Sie sofort sehen, wo Sie mit den Cassetten arbeiten können. Ein Tipp: Notieren Sie sich in der Randspalte beim Cassettensymbol den Zählerstand Ihres Cassettengerätes.
In der Randspalte stehen auch die Hinweise auf Übungen im Arbeitsbuch und ggf. ein Foliensymbol, wo Sie eine bestimmte Folie im Unterricht einsetzen können.

Randspalte

Auf den anschließenden Seiten finden Sie zu einzelnen Aufgaben oder Abschnitten landeskundliche Zusatzinformationen, Ideen für Übungsvarianten, Kopiervorlagen, Zusatztexte usw. Wir empfehlen Ihnen, wenn immer möglich, sich diese Seiten anzusehen. Vielleicht hilft es, Ihren Unterricht noch abwechslungsreicher zu gestalten. Gleichzeitig können Sie dort in den Randspalten Ihre eigenen Ideen, Bemerkungen und Zusätze notieren.
Seitenangaben bei Verweisen auf Lehr- und Arbeitsbuch beziehen sich immer auf die 3-bändige Ausgabe. Durch zusätzliche Angaben von Aufgaben- oder Übungsnummern und Textabschnitten sind die Hinweise auch für Benutzer der 2-bändigen Ausgabe eindeutig.

Ideen – Vorschläge – Bemerkungen – Zusatzmaterial

Im Anhang finden Sie eine Liste mit allen Lerntipps aus dem Arbeitsbuch und die Transkription der Hörtexte zu Lehrbuch, Arbeitsbuch und Testheft.

Anhang

Wir verstehen *Moment mal!* als eine Einladung zu einer Entdeckungsreise auf ganz unterschiedlichen Ebenen: die deutsche Sprache als Ausdrucks- und Kommunikationsmittel und als System, die Kultur der deutschsprachigen Länder und ihre Menschen, die Lernenden mit ihren persönlichen Wünschen, Vorlieben und Erfahrungen, der/die Einzelne mit seiner/ihrer (Lern)biographie, die Gruppe usw.
Moment mal! soll als Landkarte, Kompass und Orientierungshilfe auf dem gemeinsamen Weg dienen: Neugier und eine fragende Haltung, die nicht nur nach fertigen Antworten sucht, möchte *Moment mal!* fördern.

Die Autorinnen, die Autoren und der Verlag wünschen Ihnen viel Spaß und Erfolg auf dem gemeinsamen Weg.

Die Komponenten von *Moment mal!*

Lernen in der Gruppe

Lehrbuch (LB)

2 Lehrbuch-
Cassetten/CDs

1 Aussprache-
Cassette/CD

Folien (F)

Lernsoftware
CD-ROM 1

Lehrbuch

Aufgaben lösen
wahrnehmen:
sehen – hören – lesen
sich auseinander setzen
erarbeiten
diskutieren
nachschlagen

2 Lehrbuch-
Cassetten/CDs

Folien

vertiefen
erweitern
visualisieren

**Lernsoftware
CD-ROM 1**

erweitert üben
sichern
Lernfortschritte
kontrollieren

1 Aussprache-
Cassette/CD

Selbststudium und Lernen in der Gruppe

Arbeitsbuch (AB)

1 Arbeitsbuch-
Cassette/CD

Glossare

Arbeitsbuch

fokussieren
üben
schreiben
spielen
ordnen
systematisieren
wiederholen
sichern
evaluieren

1 Arbeitsbuch-
Cassette/CD

Glossare

verstehen
sichern
nacharbeiten

Testen und evaluieren

Testheft

1 Testheft-Cassette

Testheft

Lernfortschritte
überprüfen:
Hören
Lesen
Schreiben
Sprechen
Wortschatz
Grammatik
Testen

1 Testheft-Cassette/CD

Das Lehrbuch

Das Lehrbuch ist das zentrale Planungs- und Unterrichtsinstrument für Sie und die Lernenden. Ein Kapitel umfasst sechs bis acht Seiten und ist in drei Teile aufgeteilt:

- Das Thema, z.B. „Farben, Häuser, Landschaften", das wiederum in vier bis sechs kleinere Abschnitte untergliedert ist (4–6 Seiten);
- Aussprache und Wortschatz (1–2 Seiten);
- Grammatikdarstellung (1–2 Seiten).

Diese klare Strukturierung ermöglicht eine einfache Orientierung innerhalb der einzelnen Kapitel. Gleichzeitig ist es für die Lernenden jederzeit möglich, innerhalb des Lehrbuchs auf die Aussprache, den Wortschatz oder die Grammatik zuzugreifen, und Sie können diese Teile flexibel im Unterricht behandeln.

Gliederung des Lehrbuchs

Die einzelnen Kapitel basieren auf Recherchen der Autorinnen und Autoren. In Reportagen, Berichten, Geschichten mit Ton, Text und Bild wird ein authentisches Bild der Lebensweisen, der Freuden und der Probleme realer Personen gegeben: Eine Musikergruppe auf Welttournee, eine Büroangestellte in ihrem Alltag, ein Künstlerpaar macht „Theater" usw. Gewöhnliche und außergewöhnliche Menschen begegnen den Lernenden, sollen ihr Interesse für das Leben und die Erfahrungswelten deutschsprachiger Menschen wecken und gleichzeitig Anlass geben, über sich nachzudenken, mit den anderen eigene Erfahrungen auszutauschen, kurz: sich und die anderen über eine gemeinsame neue Sprache besser kennen zu lernen.

Konzept der einzelnen Kapitel

Sprachen lernen hat mindestens ein doppeltes Ziel: Zum einen möchte man sich mit der anderen Kultur im weitesten Sinne auseinander setzen, zum anderen die Sprache auch als Mittel der Verständigung, als Schlüssel zu eben dieser Kultur und den Menschen beherrschen. Deshalb verfolgt das Lehrbuch das Konzept von „Zwillingskapiteln", d.h., zwei Kapitel haben jeweils einen thematischen Verknüpfungspunkt, wobei das erste Kapitel eher reportagehaft oder erzählend angelegt ist, das zweite eher alltagsbezogen, pragmatisch:

Zwillingskapitel

- K 1: Länder, Städte, Personen und Sprachen in Europa
- K 2: Sich in einer fremden, deutschen Stadt orientieren und bewegen
- K 3: Eine Reportage über eine Musikergruppe auf Welttournee
- K 4: Der Tagesablauf (Raum und Zeit im Alltag)
- K 5: Ein Bericht über das Goethe-Institut Bremen
- K 6: Über die eigenen Methoden, Sprachen zu lernen, nachdenken und sprechen
- K 7: Eine Farbsymphonie, schöne fremde Häuser und Landschaften
- K 8: Wohnen: wie und wo?
- K 9: Die Geschichte einer Ballonreise
- K 10: Reisen planen, passende Verkehrsmittel wählen
- K 11: Eine Stadtführung durch Dresden: Die Geschichte der Stadt, der Markt und andere Einkaufsmöglichkeiten
- K 12: Essen, Trinken, Freunde einladen
- K 13: Die verzauberte und verzaubernde Welt der Laterna magica, u.a. die Geschichte des Knödelfressers, der zum Arzt gehen muss
- K 14: Was bedeutet „gesund sein"? Was muss man beim Arztbesuch wissen?
- K 15: Reportage über einen jungen Mann im sich verändernden Berlin; Wiederholung des Lernstoffs von Band 1.

Die Zwillingskapitel ermöglichen Differenzierung und Schwerpunktsetzung je nach Lernort und Lerngruppe. Bei Lernenden im deutschsprachigen Gebiet [**D·A·CH**] sind die pragmatischen, alltagsbezogenen Aspekte phasenweise wichtiger, deshalb kann es dort sinnvoll sein, mehr Zeit und Gewicht auf die Kapitel mit den geraden Zahlen zu legen. Bei Kursen im nicht deutschsprachigen Gebiet [], wo ein Aufenthalt in Deutschland, Österreich oder in der Schweiz nicht das primäre Ziel ist, können die ungeraden Kapitel, die einen stärker erzählenden, ästhetischen Charakter haben, das Gespräch unter den Lernenden fördern.

D·A·CH

7

Die Doppelseite

Übersicht über den Seitenaufbau des Lehrbuchs

Kapitelnummer und Kapitelüberschrift

Kapitelabschnitt
Thematische Feingliederung des Kapitels, meistens 1 Seite, max. 2 Seiten. Die einzelnen Abschnitte bieten überschaubare Lerneinheiten und ermöglichen schnelle Lernerfolge.

Symbol
Sie und die Lernenden wissen, welche Fertigkeit(en) man braucht, um die Aufgabe zu lösen. (Zu der Bedeutung der einzelnen Symbole s. LB, S. 2, AB, S. 2 und S. 11)

Redemittelkasten
Unten auf der Seite befinden sich die wichtigsten sprachlichen Mittel, die die Lernenden für die Lösung der Aufgaben brauchen. Sie sind den einzelnen Aufgaben zugeordnet.

Lerntipp
Im Arbeitsbuch findet sich ein Lerntipp zur konkreten Aufgabe oder zu einem generellen Lernproblem, das an dieser Stelle auftauchen kann.

6

Sprachen lernen

A1 **1 Lernen: wann, wo, wie?**

Lernmöglichkeiten beschreiben
a) Warum lernt Giovanna Deutsch?
b) Was macht Giovanna, was macht Herbert?
→Ü1

Giovanna Rathmaier, von Beruf Apothekerin, kommt aus Mailand. Sie wohnt erst seit vier Monaten in Innsbruck. Der Grund: Ihr Mann Herbert ist Österreicher.
Giovanna hat zur Zeit keine Arbeit. Sie hat viel Zeit und lernt jeden Tag Deutsch. Zweimal in der Woche besucht sie einen Sprachkurs, am Abend von sechs bis acht Uhr. Sie will schnell Deutsch lernen: „Mein Beruf macht mir viel Spaß, und ich will bald wieder arbeiten."

Herbert Rathmaier ist Manager. Er kommt immer erst am Abend nach Hause. Dann sprechen Giovanna und er meistens Englisch. „Wir sprechen noch ziemlich viel Englisch miteinander. Aber Giovanna lernt schnell Deutsch, und ich lerne langsam Italienisch. Bald können wir uns auf Deutsch oder Italienisch unterhalten", sagt Herbert.

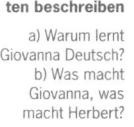A2

a) Wie lernt Herbert Italienisch?
b) Wann braucht er die Sprache?
→Ü2

Ein Interview mit Herbert Rathmaier:

Herr Rathmaier, besuchen Sie ● eigentlich auch einen Italienischkurs?

○ Ja, aber nicht regelmäßig. Oft komme ich nicht früh genug zurück von der Arbeit. Und zu Hause lerne ich kaum mit dem Lehrbuch. Ich habe keine Zeit und keine Lust.

A3

Über Lernen sprechen

In welchen Situationen lernen *Sie* Deutsch? Machen Sie ein Interview.
→Ü3 – Ü4

16

Wie lernen Sie dann Italienisch? ●

○ Wir sehen gemeinsam italienisches Fernsehen, und zu Hause läuft auch oft italienisches Radio.

Verstehen Sie schon viel? ●

○ Es geht. ...

A1	Warum lernt Giovanna Deutsch?	– Der Grund ist: Sie will ... . Sie möchte ... .
A3	Wie oft lernen Sie Deutsch? Wann und wo lernen Sie?	– Jeden Tag. / Zweimal in der Woche. ... – Im Sprachkurs. / Beim Fernsehen. / Ich höre (viel) Radio. / Ich lese Zeitungen.
	Können Sie Radio verstehen?	– Nicht gut. / Es geht. / Immer mehr. Ich frage Freunde / meine Lehrerin ...

36 • sechsunddreißig

Bilder, Lesetexte, Dialoge, vitäten. Informations-Lösung der

**Innenteil
Lern-, Sach- und
Informationsebene**

Realien als Anlass für Aktielemente für die Aufgaben.

6

2 Lerntechniken

① Im Deutschkurs von Giovanna sprechen die Kursteilnehmer und die Lehrerin über das Lernen. Dann schreibt Giovanna ihren Merkzettel.

② Inci, Akemi und Ismail arbeiten in einer Gruppe zusammen.
Sie haben Zeitungen, Magazine und Prospekte: Sie suchen darin Bilder und Wörter. Die Bilder und Wörter schneiden sie aus. Aus den Wörtern machen sie Sätze mit zwei Verben: mit einem Modalverb weit vorne und einem Verb am Satzende. Zu jedem Bild einen Satz. Die Wörter und die Formen

müssen zusammenpassen. Die Sätze sollen grammatisch korrekt sein und auch einen Sinn haben. Sie fragen oft ihre Lehrerin, und die hilft. Am Schluss kleben sie die Bilder und die Sätze auf ein großes Blatt Papier. Das zeigen sie dann ihren Kolleginnen und Kollegen.

> Merkzettel! Merkzettel!
>
> Ich kann schon ziemlich viel verstehen.
> Ich möchte gut Deutsch sprechen.
> Ich will täglich eine Stunde lernen.
> Ich darf im Sprachkurs Fehler machen.
> Ich muss im Unterricht mehr fragen.

A4
Lernziele notieren

Was kann Giovanna und was will sie?

A5
Schreiben Sie Ihren Merkzettel. Vergleichen Sie.
→Ü5 – Ü7

A6
Sätze konstruieren

a) Was machen Inci, Akemi und Ismail? Sehen Sie die Bilder an. Lesen Sie dann Text ②.

b) Kleben Sie Sätze nach dem Muster.
→Ü8

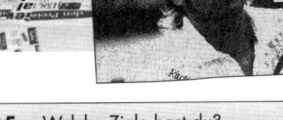

Auch BECKER darf heute Fehler machen.

A5	Welche Ziele hast du? Was möchten Sie können?	– Ich will sprechen können / Texte verstehen. – Ich möchte die Leute verstehen.
A6 A7	Wie arbeiten die Kursteilnehmer? Was machen Sie im Kurs (nicht) gern? Was finden Sie (nicht) wichtig/leicht/schwer? Was gefällt Ihnen (nicht) gut?	– In Gruppen. / Mit Partner(in). / Allein. – Ich spreche/lese/schreibe … (nicht) gern. – Übungen / Cassette hören finde ich leicht. Ich finde Grammatik/Aussprache wichtig. – Mir gefällt Gruppenarbeit/Partnerarbeit… (nicht).

A7
Über Unterricht sprechen

a) Was machen Sie gern im Unterricht?
b) Wie kann man sonst noch lernen?
→Ü9 – Ü15

siebenunddreißig • 37

Lernziel
Die Lernenden wissen, was sie an dieser Stelle lernen können, ihre Aufmerksamkeit wird auf ein konkretes Lernpensum gelenkt. Ein Lernziel umfasst eine oder mehrere Aufgaben.

Aufgaben
Die Aufgabe kann aus einer Fragestellung oder Handlungsanweisung bestehen. Zur Lösung der Aufgabe müssen die Lernenden unterschiedliche Aktivitäten, Techniken und Strategien einsetzen. Die Aufgabe ist dem Lernziel untergeordnet und hilft, das Lernziel zu erreichen.

Ausstieg aus dem Buch
Aktivitäten, die sich auf die Lernziele und Aufgaben beziehen, aber außerhalb des Buches stattfinden. (Oft auch durch einen blauen Notizzettel gekennzeichnet.) Erfordern teilweise zusätzliche Materialien (Schere, Leim, Papier).

Übungen im Arbeitsbuch
Die Übungen helfen, die Aufgabe zu lösen, Gelerntes zu festigen und zu sichern oder sich vertieft mit einem Hörtext, einem Grammatikphänomen usw. auseinander zu setzen. Je nach Kenntnisstand und Stärke einer Lerngruppe können mehr oder weniger Übungen gemacht werden.

In der Randspalte finden Sie alle Informationen für den Unterrichtsablauf: Lernziele, Fertigkeiten, Aufgaben, Aktivitäten außerhalb des Lehrbuchs und Verweise auf die Übungen im Arbeitsbuch.

Randspalte

Die Sprache in *Moment mal!*	Durch das Lehrbuch sollen die Lernenden so schnell wie möglich in Kontakt mit authentischer Sprache und Kultur kommen, deshalb wird v.a. in den Anfangskapiteln das Verstehen von Hör- und Lesetexten gefördert. Dabei sollen auch grundlegende Strategien und Techniken geübt werden. Die Sprache, die den Lernenden begegnet, ist teilweise authentisch, teilweise didaktisch reduziert, wenn die Gewährspersonen und Interviewpartner zu komplex oder zu umgangssprachlich gesprochen haben. Die Texte sind aber bewusst nicht so weit reduziert, dass nur die lexikalischen und grammatischen Elemente, die im Zentrum des Kapitels stehen, vorkommen. Wie beim natürlichen Spracherwerb hören und lesen die Lernenden Dinge, die sie vielleicht noch nicht ganz oder nur intuitiv verstehen können. Zum Beispiel werden Partikeln (*wohl, etwa, nur*) in Texten und Redemitteln verwendet, ohne dass sie in Band 1 systematisch thematisiert werden. Ein anderes Beispiel: Präpositionen kommen an verschiedenen Stellen vor, mitunter werden sie zunächst nur hörend und lesend wahrgenommen oder lexikalisiert produktiv gemacht, bevor sie ein paar Kapitel später systematisch geübt werden. Dank dieser Form von Sprachbad können die Lernenden unterscheiden lernen, was in einer konkreten Kommunikations- und Lernsituation wichtig und weniger wichtig ist, bzw. sie können selbst sprachliche Regelmäßigkeiten entdecken und mit Hilfe der systematischen Grammatik-, Wortschatz- oder Ausspracheschulung ihre Hypothesen überprüfen und ihr Wissen selbstständig erweitern.
Der Unterricht mit dem Lehrbuch	Das Lehrbuch ist Lehrmittel für den Unterricht in der Gruppe. Die meisten Aufgaben sind Gruppenaktivitäten, die das gemeinsame Entdecken, Raten, Diskutieren, Vergleichen und Lernen fördern sollen (vgl. dazu die konkreten Unterrichtsvorschläge). Je nach Größe der Gruppen können diese Aktivitäten im Plenum oder in Kleingruppen
Gruppenarbeit	gelöst werden. Der Vergleich der Gruppenergebnisse ist jeweils ein wichtiger zusätzlicher Gesprächsanlass, mit dem die Lernenden untereinander offene Fragen und unterschiedliche Lösungsvorschläge klären können. Dies entlastet Sie von Korrekturarbeit und gibt Ihnen mehr Zeit, den einzelnen Lernenden und den Gruppen zu helfen bzw. den Unterricht zu organisieren.
Einstieg	Die einzelnen Kapitel ermöglichen Ihnen meistens verschiedene Einstiege und Zugänge zum Thema: visuell über Bilder/Fotos; auditiv über einen Hörtext; auditiv und visuell: über einen Hörtext und dazu Bilder/Fotos oder einen Text, visuell-abstrakt über einen Lesetext. Variieren Sie und beobachten Sie, welche Art und Weise des Zugangs für die Lerngruppe am fruchtbarsten ist.

Die Lehrbuch-Cassetten

Sprache und Sprecher	Die zwei Lehrbuch-Cassetten sind v.a. für den Unterricht in der Klasse gedacht. Sie enthalten viele authentische Texte (monologisches und dialogisches Sprechen). Einige Texte sind im Studio nachgesprochen, da die realen Sprecher z.B. ein sehr stark regional gefärbtes Deutsch oder zu schnell und undeutlich sprachen. Die Musterdialoge für das pragmatisch-alltagsbezogene Sprechen sind immer im Studio aufgenommen. Damit ist garantiert, dass der Modellcharakter für die Lernenden deutlich wird.
Verknüpfung von Cassetten, Lehrbuch und Arbeitsbuch	Die Hörtexte werden meistens im Lehrbuch <u>und</u> im Arbeitsbuch ausgewertet: Im Lehrbuch stehen sie im direkten Zusammenhang mit Fotos, Texten und Realien, die als Verstehenshilfen, Vorentlastung, Situierung usw. dienen. Das Hören im Lehrbuch entspricht einer „normalen" Hörhaltung (Radio oder Cassetten hören, einem Gespräch zuhören). Im Arbeitsbuch werden die Hörtexte systematisch ausgewertet und unterschiedliche Hörstrategien geübt.
Zur Arbeit mit den Cassetten	Die Hörtexte sind im Anhang des Lehrerhandbuchs abgedruckt, wenn sie von den Texten im Lehrbuch abweichen. Dies erleichtert Ihnen die Vorbereitung und ggf. die Entwicklung weiterer Übungen. Stellen Sie, wenn nötig, den Lernenden die Transkriptionen im Lehrerhandbuch (kopieren) zum Mitlesen zur Verfügung, wenn die Texte auf der Lehrbuchseite nicht vollständig abgedruckt sind. Wenn der Hörtext im Lehrbuch abgedruckt ist, empfiehlt es sich, dass die Lernenden ihn (zumindest beim ersten Hören) abdecken, um sich voll auf das Hörverstehen konzentrieren zu können.

Das Arbeitsbuch

Das Arbeitsbuch ist integraler Bestandteil des Lehrwerks und sollte von allen Lernenden angeschafft werden. Es dient v.a. der individuellen und autonomen Arbeit, sollte aber auch in den Unterricht einbezogen werden. Die konzentrierte Einzelarbeit hilft den Lernenden, zu üben und Neues zu festigen und die eigenen Lernschritte zu kontrollieren. Die meisten Übungen können mit dem Lösungsschlüssel von den Lernenden selber korrigiert werden.

Das Arbeitsbuch umfasst pro Kapitel Übungen zu den vier Fertigkeiten, zur Wortschatzarbeit, zur Aussprache, zur Grammatik, Lerntipps und eine Rückschau auf das Kapitel (Evaluation).
Im Anhang findet sich als Referenz- und Nachschlagemittel eine Übersicht über die Grammatik der ersten Stufe.

Die vier Fertigkeiten werden durch Übungsvarianten intensiv geübt.
Hören: Die Hörtexte des Lehrbuchs werden unter verschiedenen Aspekten ausgewertet, und auf der Arbeitsbuch-Cassette (s.u.) werden zusätzliche Hörtexte angeboten.

Lesen: Die Lesetexte des Lehrbuchs werden intensiv bearbeitet durch Übungen wie „richtig/falsch", „Fragen zum Text beantworten" usw. Hinzu kommen zusätzliche Lesetexte als Übungsangebot.

Sprechen: Durch kleinschrittige Übungen können sich die Lernenden den komplexeren Aufgaben des Lehrbuchs im mündlichen Bereich annähern oder im Lehrbuch Gelerntes auf andere Situationen/Rollen übertragen.

Schreiben: Das Schreiben im Arbeitsbuch hat eine doppelte Funktion: Einerseits soll es durch die schriftliche Fixierung des Lernstoffs (lernunterstützende Funktion) den Lernerfolg verstärken, andererseits soll das kreative, freie Schreiben gefördert werden (funktionale, ästhetische Funktion).

Die Wortschatzübungen sollen das Wortschatzpensum des jeweiligen Kapitels sichern und umwälzen. Die individuelle Wortschatzarbeit steht dabei im Vordergrund. Wir gehen davon aus, dass unterschiedliche Lernende auch unterschiedliche Bedürfnisse im Bereich des Wortschatzes haben. Im Arbeitsbuch haben sie Gelegenheit, ihren speziellen Wortschatz für sich zu notieren und zu lernen.

Die Ausspracheübungen im Arbeitsbuch sind auf die Aufgaben im Lehrbuch bezogen und vertiefen und variieren das Thema (Lautdiskriminierung, Akzent, Intonation, Melodie usw.).

Die Grammatikübungen sind in den Ablauf des Arbeitsbuchs integriert. Einen direkten Zugriff pro Kapitel finden Sie bei der Grammatikdarstellung im Lehrbuch. Dort sind die dazugehörigen Übungen im Arbeitsbuch angegeben. Die Übungen umfassen: Analyse des Grammatikphänomens, eigene Regelformulierung, Üben und Anwenden. Sie sind nicht gezwungen, beim Arbeiten mit dem Arbeitsbuch genau an dieser Stelle und zu diesem Zeitpunkt die Übungen zu behandeln. Beobachten Sie Ihre Lernenden, versuchen Sie herauszufinden, wann sie reif sind, d.h., wann es für sie ein reales Bedürfnis ist, die sprachsystematischen Aspekte zu thematisieren und zu üben. Machen Sie dann die Lernenden auf das Übungsangebot und die Erklärungen aufmerksam. Geben Sie den Lernenden eine Chance, Grammatik selbst zu entdecken. Die Darstellungsweise in Lehrbuch und Arbeitsbuch ermöglicht auch Lernenden, die stellenweise gefehlt haben, die Grammatik selbstständig nachzuarbeiten: Mit Hilfe der Darstellung im Lehrbuch und der Übungen mit Lösungsschlüssel im Arbeitsbuch können auch Gruppenarbeiten mit nach Fähigkeiten differenzierten Arbeitsaufträgen durchgeführt werden.

Lerntipps Die Lernenden finden in jedem Kapitel mindestens einen Lerntipp, der im Lehrbuch durch einen Schwimmring [⊘] gekennzeichnet ist. Die Lerntipps beziehen sich auf Lerntechniken oder selbstständiges Lernen außerhalb des Kurses, auf die vier Fertigkeiten, auf Wortschatz, Grammatik oder Aussprache. Sie sind immer an eine konkrete Aufgabe oder Übung angebunden. Oft findet sich im Anschluss an den Lerntipp eine Übung zur konkreten Anwendung. In einigen wenigen Fällen ist die Reihenfolge der Tipps in LB und AB nicht identisch, so z.B. in K4, Lerntipps 11–13. Die Auffindbarkeit ist über die Nummerierung jedoch immer gewährleistet (s.a. Liste der Lerntipps im LHB, S. 134).

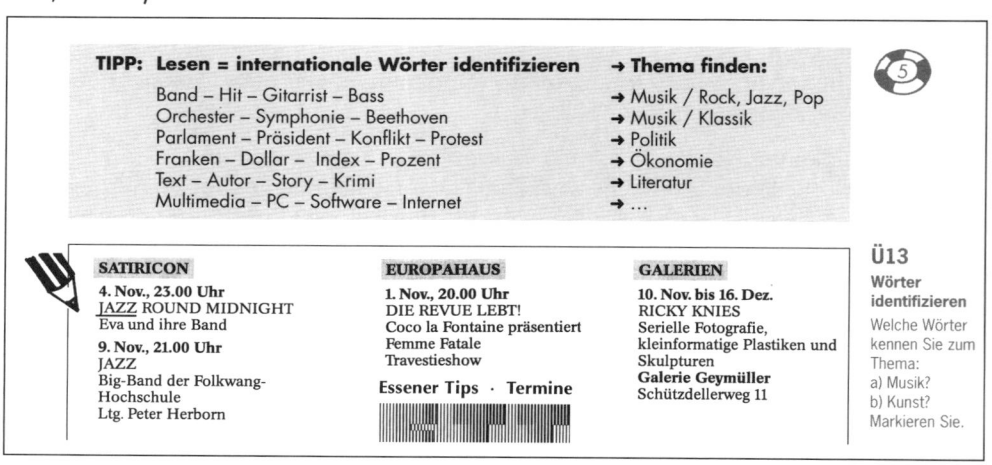

Das Ziel der Lerntipps ist einerseits, das Lernen mit dem Lernmaterial zu optimieren, andererseits sollen Techniken trainiert werden, die das selbstgesteuerte Lernen außerhalb des Kurses fördern. Damit können die Lernenden auch später selbstständig weiterlernen, s. dazu im Einzelnen S. 70 f. im LHB.

Besprechen Sie mit den Lernenden die Tipps. Geben Sie ihnen Gelegenheit, sie auszuprobieren, und sprechen Sie anschließend darüber, ob die Tipps für die einzelnen Lernenden sinnvoll sind oder ob sie vielleicht für sich bessere finden. Es hat sich gezeigt, dass eine Diskussion über die verschiedenen Lerntechniken, die man sich im Laufe seiner Lernbiographie angeeignet hat, sehr fruchtbar für das aktuelle Lernen ist. Deshalb ist auch Kapitel 6 diesem Thema gewidmet.

Rückschau Die Rückschau-Seite, die Sie in jedem Kapitel finden, gibt den Lernenden die Möglichkeit, ihre Fortschritte selbst zu überprüfen. Geben Sie den Lernenden im Unterricht Zeit zur Bearbeitung der Rückschau-Seite und helfen Sie bei den ersten Kapiteln beim Arbeitsauftrag: In einem ersten Schritt überlegen sich die Lernenden, was sie gelernt haben, und schätzen ein, wie gut sie den Lernstoff beherrschen. Anschließend können sie anhand von Aufgaben ihre Selbsteinschätzung überprüfen. Meistens erfolgt dies in Partnerarbeit. Gemeinsam werden dann von den Partnern die jeweiligen Leistungen eingeschätzt. Zum Schluss vergleicht jede/r mit der anfänglichen Selbsteinschätzung. Anhand dieser Ergebnisse können die Lernenden – falls nötig – gezielt nacharbeiten. Die Lernziel-Auflistung zu Beginn der Rückschau-Seite gibt den Lernenden wichtige Hinweise auf die Testinhalte.

Binnen-differenzierung In den Hinweisen „Ideen – Vorschläge – ..." in diesem Lehrerhandbuch machen wir Ihnen exemplarisch Vorschläge, welche Übungen auch für lernschwächere (*) und welche für lernstarke (***) Lernende besonders geeignet sind. Wir erheben damit keinen Anspruch auf Vollständigkeit, aber diese Angaben können Ihnen bei der Planung helfen und sollen dazu anregen, den Unterricht je nach den Stärken der Lernenden zu differenzieren.

Arbeitsbuch-Cassette

Zur Arbeit mit der Cassette

Die Arbeitsbuch-Cassette enthält zusätzliche Hörtexte, die sich für das Lernen außerhalb des Unterrichts eignen. Die Lernenden können mit dem Lösungsschlüssel im Anhang des Arbeitsbuchs ihre Antworten selbst überprüfen. Sie können die Transkripte (LHB, S. 135ff.), wo immer Sie das für nötig halten, für die Lernenden fotokopieren, damit sie sich damit auch selbst überprüfen können. Natürlich können diese Hörtexte auch als zusätzliches Material im Unterricht eingesetzt werden.

Wenn die Lernenden nicht gewohnt sind, Hausaufgaben mit Hörmaterialien zu machen, empfiehlt es sich zu erklären, wie sie am besten damit arbeiten können:
– Übung lesen: Was muss ich machen?
– Text einmal anhören; evtl. mit Bleistift erste Antworten notieren;
– Text noch einmal hören und weitere Antworten ergänzen;
– mit dem Lösungsschlüssel Antworten überprüfen;
– falsche Antworten markieren;
– Text(stelle) noch einmal hören; richtige Antwort notieren;
– mit dem Lösungsschlüssel überprüfen;
– evtl. ganzen Text noch einmal hören.

Lernenden, die große Probleme beim Hörverstehen haben, können Sie die Transkription vorab geben, damit sie beim ersten Hören mitlesen und anschließend die Übung ohne Text lösen können.

Hier ein Beispiel, wie das Zusammenspiel von Aufgaben im Lehrbuch und Übungen im Arbeitsbuch funktionieren kann. Im Lehrbuch geht es darum, ganzheitliches Hören zu üben. Das Hören wird mit Fragen, die Hör- und Informationsinteressen entsprechen, gesteuert:

Hörverstehen im Lehrbuch

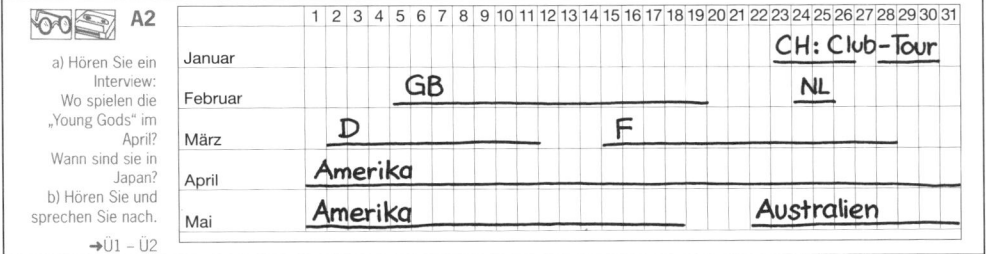

Im Arbeitsbuch wird der gleiche Hörtext unter bestimmten Aspekten strukturiert ausgewertet, der Schwerpunkt liegt auf dem aktuellen Lernpensum und/oder auf dem Trainieren von Hörstrategien:

Hörverstehen im Arbeitsbuch

Die Höraufgaben und -übungen im Lehrbuch und Arbeitsbuch ermöglichen verschiedene Zugänge zu Hörtexten. Je nach Lernergruppe oder Lernziel kann vermehrt mit den offeneren Aufgaben oder den geschlosseneren Übungen gearbeitet werden.

Folien

Inhalt und Einsatz des Folienpakets

Das Folienpaket enthält zu jedem Kapitel mehrere Folien, insgesamt 27, die zusätzliche visuelle Informationen (landeskundliche Bilder/Fotos/Zeichnungen), Spiel- und Kopiervorlagen und visuelle Grammatikdarstellung umfassen. Viele Folien (z.B. Landkarten) sind in verschiedenen Kapiteln einsetzbar. Wie Sie am besten mit den Folien arbeiten können, ist im separaten Folienkommentar zu den Folien beschrieben. An welcher Stelle der Einsatz der Folien jeweils sinnvoll ist, geben wir auf den Überblick-Seiten im Lehrerhandbuch an.

Glossare

Funktion der Glossare

Die Glossare sind nach Kapiteln und Aufgaben des Lehrbuchs gegliedert. Sie enthalten Wörter und Wendungen des Lehrbuchs und ihre jeweilige Übersetzung in der Reihenfolge ihres Auftretens. Einzelstichwörter sind in dem Kontext übersetzt, in dem sie im Lehrbuch erscheinen, und werden, wo nötig, durch Anwendungsbeispiele aus dem Lehrbuch ergänzt.

Bitte machen Sie Ihren Lernenden klar, dass die Glossare eine Hilfe zum Textverständnis sind – kein Ersatz für ein Wörterbuch. Sie enthalten deshalb auch keine über den Kontext des Lehrbuchs hinausgehenden Bedeutungsvarianten oder Kommentare. Zum Umgang mit Wörterbüchern machen wir ab Kapitel 2 Vorschläge im Arbeitsbuch.

Testheft und Testheft-Cassette

Funktion des Testhefts

Das Testheft enthält zu jedem Kapitel einen Test zu den vier Fertigkeiten und zu Wortschatz und Grammatik, einen umfangreicheren Abschlusstest zur 1. Lehrwerk-Stufe sowie ein Testspiel, bestehend aus Spielplan, Zufallskarten und exemplarischen Aufgaben pro Kapitel. Der kopierbare Lösungs- und Bewertungsschlüssel ermöglicht, dass die zunächst für Fremdevaluation angelegten Tests ohne viel Mehraufwand auch zur Selbstevaluation eingesetzt werden können. Die Tests zur Fertigkeit „Sprechen" sind, wie bereits bei den Rückschau-Seiten, grundsätzlich als Partnerarbeit angelegt. Zu den Testaufgaben zum Hörverstehen gehört Audiocassette 1.4.

Detaillierte Informationen, wie Sie die Tests einsetzen können, finden Sie im Testheft.

Aufgaben und Übungen

Im Lehrbuch finden Sie Aufgaben (A), im Arbeitsbuch Übungen (Ü): *Aufgaben* sind oft komplexer, verlangen den Einsatz von Lern- und Kommunikationsstrategien und kombinieren mehrere Fertigkeiten. Sie entsprechen realem Kommunikationsverhalten. Als **Redemittelkasten** Hilfen, um vom gestützten zum freien Sprechen zu gelangen, werden in Redemittelkästen wichtige Strukturen zur Bewältigung der Aufgabe vorgegeben. V.a. in den ersten Kapiteln werden z.B. Fragen und Antworten angegeben, um den Lernenden Sicherheit zu vermitteln. Die Antworten können je nach Lerngruppe oder Übungsphase mit einem Stück Papier oder Haftzetteln abgedeckt werden, so dass die Lernenden die richtige Lösung selbst finden müssen.

Die *Übungen* isolieren Teilaspekte der Aufgabe: Die Lernenden trainieren bestimmte Fertigkeiten, ordnen den Wortschatz, analysieren und üben Grammatikphänomene usw.

Lernsoftware

Auf der CD-ROM zu *Moment mal! 1* finden Sie zu jedem Kapitel ein abwechslungsreiches Übungsprogramm. Besonders zum Selbst- und Nachlernen ist die CD-ROM eine ideale Ergänzung.

Neben zahlreichen Hör- und Leseübungen können die Lernenden Grammatik und Schreiben trainieren und ihren Wortschatz überprüfen. Bei der Aussprache steht die Schulung des Gehörs im Zentrum.

Die Lernenden können zwischen Üben und Testen wählen. Beim Test-Modus sollte die Aufgabe in einer vorgegebenen Zeit gelöst werden.

Auf den Resultatseiten können die Lernenden ihre Ergebnisse mit den Anforderungen des Zertifikats Deutsch vergleichen.

Grammatik lernen und lehren

Grammatik lernen –
Grammatik erwerben

Die Grammatik einer Fremdsprache (Formen, Strukturen und ihr Gebrauch/ihre Funktionen) kann auf unterschiedliche Weise erworben (ungesteuert) oder gelernt und gelehrt werden (gesteuert). Im Fremdsprachenunterricht bietet sich die Chance, den Lernenden Hilfestellungen beim Erlernen der Grammatik als Teil des Fremdsprachenlernens zu geben,

– indem sie (durch das Lehrwerk und durch Sie) auf Regularitäten aufmerksam gemacht werden,
– indem sie diese Regularitäten in Texten selbst entdecken (soweit das möglich und sinnvoll ist),
– indem sie die jeweiligen Formen, Strukturen und Funktionen direkt (in Übungen mit grammatischem Übungsschwerpunkt) oder indirekt (in Übungen mit anderen Übungsschwerpunkten, z.B. Wortschatz, Sprechen, Schreiben, Aussprache) gebrauchen.

Einsicht fördern

Moment mal! ermöglicht alle genannten Lernaktivitäten:
– Die jeweiligen grammatischen Formen/Strukturen/Funktionen sind im Lehrbuch am Ende des Kapitels übersichtlich und anschaulich dargestellt: Anhand dieser Darstellung können die Lernenden durch entsprechende Aufgabenstellungen und Hinweise Einsicht in die jeweiligen Formen/Strukturen/Funktionen gewinnen (vgl. die Hinweise im Lehrerhandbuch zu den Grammatikseiten unter „Das Kapitel im Überblick"). Die Visualisierung und Systematisierung erleichtert den Lernenden die kognitive Verarbeitung und das Behalten.

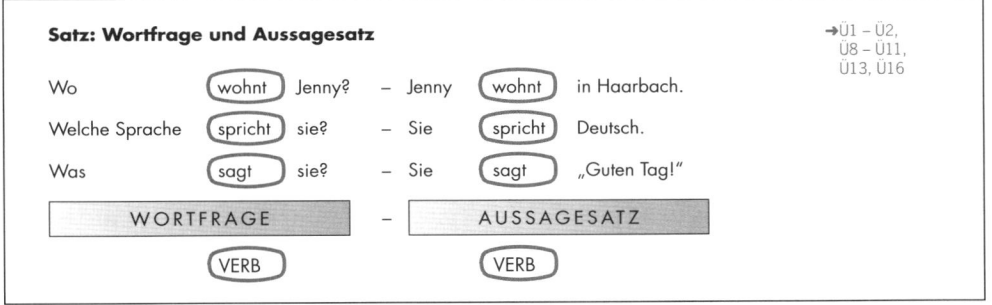

Selbst entdecken

– Die jeweiligen Formen/Strukturen/Funktionen können aber auch von den Lernenden selbst entdeckt und in Regeln gefasst werden: Dazu dienen die entsprechenden Übungen im Arbeitsbuch (in den Randspalten wird das jeweilige grammatische Thema genannt). Diese „Detektivarbeit" aktiviert kognitive Strategien und bringt durch die Diskussion in Partnerarbeit und Gruppenarbeit gemeinsame Erfolgserlebnisse.

Üben und anwenden

– Mit den anschließenden Übungen mit grammatischem Schwerpunkt können die Lernenden ihr grammatisches Wissen kontrolliert üben und anwenden.

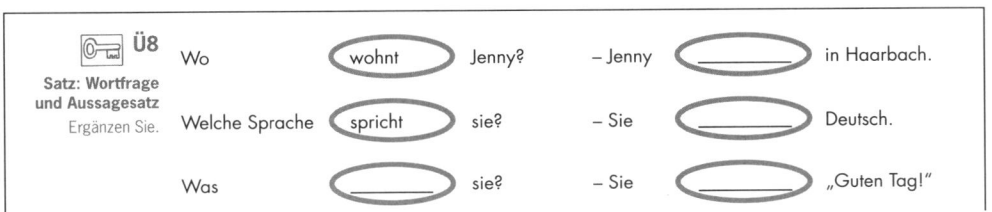

Ü9	1	2	3		1	2	3
Verb: Position	FRAGEWORT (+SUBSTANTIV)						
Wo ist das Verb: in Position 1, 2 oder 3? Ergänzen Sie die Regel.	WORTFRAGE			AUSSAGESATZ			

REGEL ▶

Das Verb ist in Position _____.

Ü10

Sätze schreiben

a) Markieren Sie die Satzgrenzen.
b) Schreiben Sie die Sätze.

c) Lesen Sie nur die Fragen / die Antworten.

dasistanna|wowohntsie|siewohntininnsbruckwelchesprachesprichtsiesiesprichtdeutschwassagtsie
siesagtservuswassagtmariawassagtyvesmariasagtbuenosdiasyvessagtbonjourwelchesprache
sprichtursersprichtschweizerdeutschwoliegtdieschweizimzentrumvoneuropa

Das ist Anna. Wo wohnt sie? ...

Nicht Regelwissen, sondern die Anwendung des Wissens in der Verwendung grammatischer Formen und Strukturen ist das Ziel von Grammatikarbeit, deshalb wird das Erlernte in anderen Übungen des Arbeitsbuchs und in Aufgaben des Lehrbuchs implizit weiter geübt und angewandt.

Verschiedene Zugänge zur Grammatikarbeit

Für die Arbeit an der Grammatik selbst ergeben sich nun unterschiedliche Auswahl- und Kombinationsmöglichkeiten:

– Anhand der Grammatikseiten am Ende jedes Kapitels im Lehrbuch wird Grammatik im Unterricht gelehrt und gelernt. Sie erarbeiten mit den Lernenden gemeinsam Regularitäten, und dieser Lernprozess wird wiederholt und vertieft durch die Bearbeitung der entsprechenden Entdeckungs-Übungen und der Übungen mit grammatischem Übungsschwerpunkt im Arbeitsbuch. Diese Übungen eignen sich auch als Hausaufgabe, da die Lernenden sich mit dem Lösungsschlüssel selbst korrigieren können.

– Anhand der Entdeckungs-Übungen im Arbeitsbuch erarbeiten die Lernenden im Unterricht (in Einzelarbeit oder in Partnerarbeit) die Einsicht in die jeweiligen Formen/Strukturen/Funktionen selbstständig. Die Grammatikdarstellung am Ende jedes Kapitels im Lehrbuch hat dann eher Referenzfunktion und bietet die Grammatik des jeweiligen Kapitels „auf einen Blick". Sie kann aber auch Basis für eine Wiederholung oder Kontrolle des selbst Entdeckten sein.

– Anhand eines Lese- oder Hörtextes, bei dem Lernende auf ein neues Grammatikphänomen stoßen, kann entweder mit den Übungen im Arbeitsbuch gearbeitet oder auf die Übersicht im Lehrbuch verwiesen werden.

Sie und Ihre Lernenden sollten die verschiedenen Möglichkeiten ausprobieren und entscheiden, welche ihnen mehr entspricht. Legen Sie sich nicht auf eine Möglichkeit fest; wählen Sie mal die eine, mal die andere in Abhängigkeit vom Schwierigkeitsgrad des Entdeckungsprozesses bzw. der Stärke der Lerngruppe. Wir geben auf den Überblick-Seiten unter dem Stichwort „Grammatik" zu Beginn der Erläuterungen jeweils Einstiegsmöglichkeiten über Lehrbuchtexte oder Arbeitsbuch-Übungen in Klammern an. Die Erläuterungen selbst beziehen sich immer auf die Grammatikseiten im Lehrbuch.

Die übersichtliche Darstellung im Lehrbuch und die Übungen im Arbeitsbuch ermöglichen auch individuelle Nacharbeit zu Hause oder nach Lernstärken differenzierte Gruppenarbeit im Unterricht.

Schließlich enthält das Arbeitsbuch im Grammatikanhang den gesamten grammatischen Lernstoff der ersten Stufe in einer systematisch geordneten Übersicht (zum Nachschlagen bei Bedarf).

Grammatikanhang

Wortschatzarbeit

Wortschatzarbeit verstehen wir als integrierten Bestandteil der Spracharbeit. Wortschatzarbeit braucht Platz und Zeit im Unterricht und sollte nicht ausschließlich in individualisierende Hausarbeit verlagert werden. Der Austausch im Unterricht und die konkrete Arbeit erleichtern den Schritt von Wörtern zu Wortschatz.

Wortschatzarbeit ist Spracharbeit

Moment mal! bietet deshalb mehrfach Aufgaben und Übungen zur Wortschatzarbeit an: Im Lehrbuch werden in jedem Kapitel die Wörter eines ausgewählten Wortfeldes präsentiert. Die Formen der Darstellung sind an das jeweilige Thema angepasst. Sie lassen sich auf andere Themenbereiche und Wortfelder übertragen.

Wortschatzarbeit im Lehrbuch

In den Darstellungsformen finden verschiedene Lernzugänge Berücksichtigung, damit die Lernenden die Lernformen kennen lernen und entdecken können, die für sie optimal sind:

Verschiedene Lernzugänge

– Kognitive Darstellungen aus Wörtern wie Wort-Netze, Mind-maps, Wort-Kreise u.a. entsprechen analytischen Lernertypen.

kognitiv

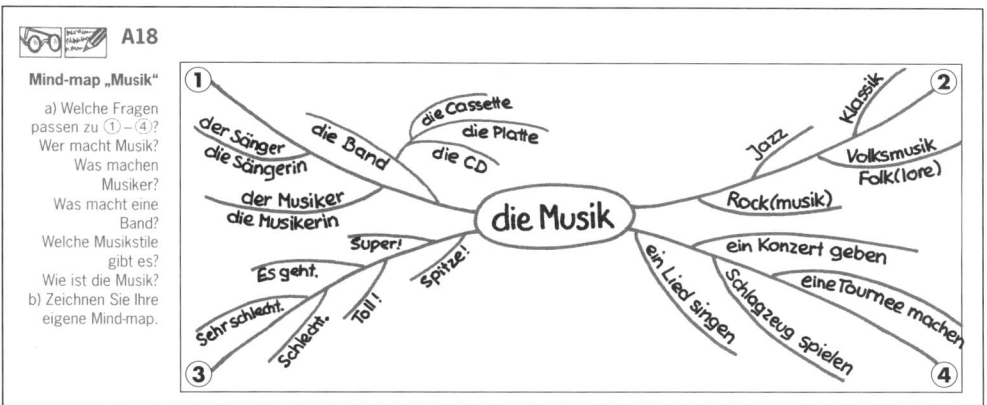

– Bildhafte Darstellungen wie Kombinationen aus Abbildungen und Wörtern oder Bildern aus Wörtern unterstützen das Gedächtnis und entsprechen mehr visuell orientierten Lernenden.

bildhaft

akustisch — Die akustische, wiederholende Präsentation von Wörtern und Ausdrücken in Memorierungstexten hilft Lernenden, die gut über das Gehör lernen können.

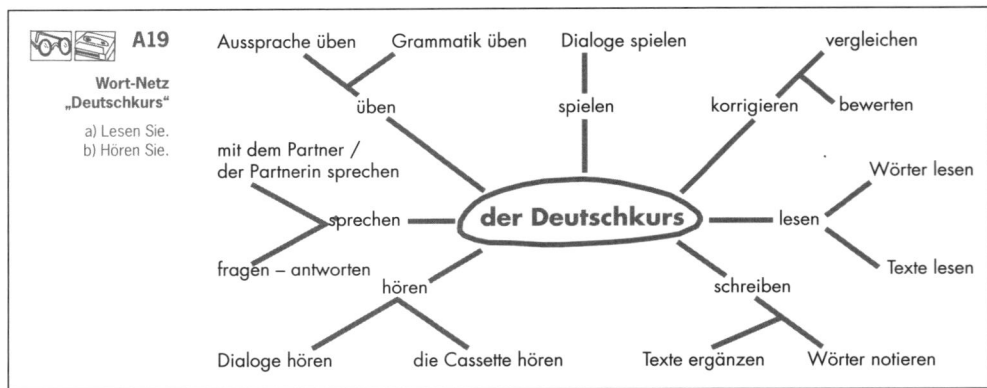

A19
Wort-Netz „Deutschkurs"
a) Lesen Sie.
b) Hören Sie.

Bezug zur individuellen Lebenswelt der Lernenden

Viele dieser Darstellungsformen und Arbeitstechniken können über Arbeitsvorschläge an die Lebenswelt der Lernenden angepasst werden. Individuelle Ordnungskriterien, die den eigenen Denk- und Handlungspräferenzen entsprechen, erhöhen die Motivation und unterstützen das Behalten. Durch die Anwendung von Lerntechniken und die individuelle Auswahl der Wörter und Ausdrücke wird das Wortschatzlernen effizienter und auf reale Bedürfnisse der Kommunikation zugeschnitten. Erst so können die Lernenden über sich selbst Auskunft geben und in einen sinnvollen Dialog mit anderen treten.

Präsentation und Erschließen von neuen Wörtern

Die Präsentation von neuen Wörtern und das Erarbeiten der Wortbedeutungen im Unterricht wird mehrfach unterstützt: durch Arbeit mit Abbildungen, Karten und Realien, durch Internationalismen, durch Nutzung des Kontextes. Die Lernenden sollen mit verschiedenen Erschließungstechniken vertraut werden (zusammengefasst in Kapitel 13). Bedeutungen, die die Lernenden selbst erschlossen haben, Vermutungen, die sie selbst überprüft und verifiziert haben, können leichter fürs Sprechen und Schreiben verfügbar gemacht werden.

Anwenden von neuen Wörtern

Vor allem im Arbeitsbuch gibt es verschiedene Übungen zur Aktivierung des neuen Wortschatzes mit dem Ziel, dass die Lernenden Wörter immer wieder mehrkanalig (lesen, hören, sprechen, zeichnen, spielen, gestisch zeigen) verwenden und festigen.

Unterstützung beim Memorieren

Die Lernenden finden in Lehr- und Arbeitsbuch verschiedene offene und erweiterungsfähige Darstellungsformen für neuen Wortschatz. Wenn der neue Wortschatz zusammen mit bereits bekannten Wörtern zum jeweiligen Thema verbunden und so gelernt wird, werden die neuen Wörter und Ausdrücke besser integriert. Die Lernenden sollen im Unterricht eine Reihe dieser Darstellungsformen erproben, allein, mit Partnern oder in Gruppen, um herausfinden zu können, welche Formen für sie selbst besonders effizient sind, denn selbst erstellte Lernmaterialien unterstützen das Memorieren.

Wiederholung

Was man lernt, vergisst man zunächst auch wieder. Viele Lernende brauchen die Unterstützung von Ihnen bzw. von der Lernergruppe, um Wiederholung in ihre Lernroutine einzubauen.

An vielen Stellen im Arbeitsbuch finden sich Lerntipps zur Wortschatzarbeit, die direkt Lernformen und -techniken zeigen und (für bestimmte Lernzugänge) empfehlen. Sprechen Sie mit den Lernenden über Lerntechniken und Lernerfahrungen und ermutigen Sie sie, Neues auszuprobieren.

Lerntipps im Arbeitsbuch

> **TIPP: Ordnen Sie neue Wörter immer nach *Ihrem* System. Beispiele:**
> **Sortieren Sie Wörter / Ausdrücke nach Orten:** zu Hause / im Kurs /
> im Büro / auf der Straße / im Café …
> **oder nach Zeit:** aufstehen – duschen – frühstücken – losgehen … .

Wenn die Lernenden die folgenden Tipps beachten, werden sie sicher ihren Wortschatz erfolgreich ausbauen können:

Allgemeine Lerntipps

- Lernen in mehreren kurzen Blöcken (15–20 Minuten) mit kurzen Pausen dazwischen ist effektiver, als dieselbe Zeit in einem Stück zu lernen.

Pausen

- Gemeinsames Lernen hilft über Verständnis- und Motivationsprobleme hinweg und bringt mehr Abwechslung.

Gemeinsam lernen

- Zum Wortschatzlernen ist vielen Lernenden nur die lineare links-rechts Technik des klassischen Vokabelheftes vertraut. Diese ist mnemotechnisch nicht sehr effektiv. Offene und ausbaufähige Darstellungsformen, aber auch selbstgemachte Zeichnungen und Skizzen erfordern Platz. Ringmappen oder Karteikarten sind dazu besser geeignet als kleine zweispaltige Vokabelhefte. Sie erleichtern auch Wiederholung und Ausbau des schon erworbenen Wortschatzes.

Wörter notieren

Ausspracheschulung

Eine neue Sprache zu lernen heißt nicht nur, neue Wörter und Grammatik zu lernen, sondern es bedeutet auch, eine neue Aussprache zu lernen, d.h., sich neue Artikulations- und Intonationsstrukturen anzueignen und die Beziehung zwischen Schriftbild und Aussprache in der neuen Sprache zu durchschauen. Dies geschieht bei erwachsenen Lernenden nicht ausschließlich durch Imitation, gewissermaßen nebenbei oder automatisch wie oft bei Kindern. Die neue Aussprache muss auch bewusst gemacht, ausprobiert, spielerisch trainiert und geübt werden. Die Kenntnis von Ausspracheregeln erleichtert und beschleunigt diesen Prozess.

Aussprache lernen

Viele Unterrichtende finden Ausspracheschulung wichtig, weil sie wissen, welche kommunikativen Schwierigkeiten die Lernenden im Unterricht und außerhalb des Unterrichts haben, wenn sie wegen ihrer Aussprache nicht oder nur schlecht verstanden werden, obwohl ihre Sprachkenntnisse ansonsten möglicherweise schon für eine Verständigung ausreichen. Oft stellt sich aber nun das Problem: Wie unterrichte ich Aussprache? Was ist wichtig, was ist weniger wichtig? Welche Übungen sind geeignet? Wie kann ich sie in den Unterricht integrieren?

Aussprache lehren

Diese Fragen möchten wir in *Moment mal!* zu beantworten versuchen und Sie gleichzeitig ermuntern, sich selbst in dieser Hinsicht nicht nur als Lehrende, sondern auch als Lernende zu betrachten. Sie dürfen ausprobieren, sich Zeit lassen und können so mit den Lernenden den Bereich der Ausspracheschulung nach und nach erobern.

Sie finden, auf 14 Kapitel verteilt, grundlegende Übungen und erklärende Darstellungen zur Aussprache, die Ihnen ermöglichen, fundierte Ausspracheschulung in Ihren Unterricht zu integrieren. Da fast das gesamte Laut- und Intonationsinventar beim Erlernen einer Fremdsprache von Anfang an zur Verfügung stehen sollte, haben wir aus den verschiedenen Bereichen der Aussprache gewissermaßen Inseln zu einzelnen Themen geschaffen, die durch Wiederholung in den folgenden Kapiteln systematisch gefestigt und kontinuierlich erweitert werden. Die Übungen zur Ausspracheschulung in jedem Kapitel orientieren sich in Bezug auf Lexik und Grammatik so weit wie möglich an den Themen des jeweiligen Kapitels.

Konzept der Ausspracheschulung in *Moment mal!*

Lautartikulation und Intonation werden parallel eingeführt, der Schwerpunkt liegt dabei auf der Intonation. Die Bereiche wurden so ausgewählt, dass sie auch in aus-

Intonation

gangssprachlich heterogenen Lernergruppen einsetzbar sind. Bei den Übungen zur Intonation geht es zunächst darum, die Teilbereiche der Intonation (Rhythmus, Pausierung, Akzentuierung, Tonhöhenverlauf) bewusst zu machen und die physiologischen Fähigkeiten der Lernenden für die Fremdsprache zu entwickeln. Rhythmus, Akzentuierung und Melodieverlauf sind in verschiedenen Sprachen unterschiedlich, und die Lernenden sollen sich mit der spezifischen Intonation des Deutschen vertraut machen, indem sie ihr Gehör und ihre Sprechwerkzeuge schulen und die neue Intonation ausprobieren und üben. Sie entdecken dabei Regeln, die ihnen helfen, mit der Zeit eine immer größere Selbstständigkeit in diesem Bereich zu erlangen.

Lautartikulation   Bei den Übungen zur Lautartikulation werden die einzelnen Laute systematisch thematisiert. Dabei wird vor allem am Anfang besonderes Gewicht auf die Vokale gelegt. Die korrekte Aussprache der Vokale ist deshalb so wichtig, weil diese als Akzentträger für die Verständlichkeit des Gesagten von entscheidender Bedeutung sind.

Lautschrift   Die phonetische Lautschrift ist als Angebot zu verstehen, das Sie und Ihre Lernenden nutzen können, wenn Sie es als hilfreich ansehen, aber nicht müssen, wenn es von Lernenden als zusätzliche Belastung empfunden wird.

Sprechübungen   Das Übungsmaterial ist so konzipiert, dass es von Ihnen auch selbst gesprochen werden kann. (Die Aussprache-Cassette bietet Ihnen für die meisten Aussprache-Übungen Modelle.) Mehrere Sprecher sind natürlich von Vorteil für die phonetische Gehörschulung. Dennoch sollten Sie nicht darauf verzichten, möglichst oft und viele Übungen auch selbst zu sprechen. So gewinnt die konkrete Unterrichtssituation an Lebendigkeit, an Spaß und Authentizität und ist somit ein entscheidender Faktor für die Motivation der Lernenden.
Wenn Sie die Übungen selbst sprechen,
- können Sie flexibel auf die Kurssituation reagieren (Ü mehrmals wiederholen, deutlich präzisieren, variieren, bestimmte Phänomene durch Gesten, Mimik, Körperhaltung hervorheben, ...);
- können Sie die Lernenden direkt ansprechen (Blickkontakt), Kurzdialoge und spontane Kommunikationssituationen initiieren (Frage-Antwort);
- können die Lernenden beim Sprechen Ihre Lippenbewegungen/-position, Spannungsmerkmale, Mimik mitverfolgen (Lernhilfe!).

Hörübungen   Zur besseren Konzentration kann es sinnvoll sein, die Lernenden aufzufordern, während der Hörübungen die Augen zu schließen oder selbstgesprochene Hörübungen mit ruhiger Musik zu unterlegen. Wichtig ist auch hier, möglichst vielfältige, auch ungewöhnliche Lernmethoden anzubieten und die Lernenden zu ermutigen, die für sie optimalen Lernstrategien und -möglichkeiten herauszufinden.

Ausspracheschulung in den einzelnen Komponenten von *Moment mal!*

Lehrbuch

Thema *Lautartikulation*
- Darstellung der Laut-Buchstaben-Beziehung
- Hör- und Nachsprechaufgaben
- Ausspracheregeln im Anhang
- Übersicht über die Laut-Buchstaben-Beziehung im Deutschen
- Darstellung des Vokal-Vierecks als Visualisierungshilfe für Artikulation (Anhang, S. 112)

Thema *Intonation*
- Einstiegstext zu dem jeweiligen Bereich
- Darstellung der Regel zur Intonation
- Übungen anhand kurzer Sätze/Texte
- weitere Regeln im Anhang

Arbeitsbuch
- Hör- und Nachsprechübungen zur Lautdiskriminierung
- Gehörschulung für intonatorische Merkmale
- Übungen zur Ermittlung von Ausspracheregeln
- vielfältige kommunikative und kreative Übungen zur Festigung des jeweiligen Bereichs

- Spiele
- Tipps zur Ausspracheschulung und Hinweise zum selbstständigen Üben
- Lösungsschlüssel für Ausspracheübungen

Aussprache-Cassette
- Wiederholung von Ausspracheübungen im Selbststudium

In den Hinweisen zu den einzelnen Kapiteln finden Sie Angaben dazu, wie Sie die Ausspracheübungen im Lehrbuch, Arbeitsbuch und der Aussprache-Cassette miteinander kombinieren können.

Im Laufe des Unterrichts mit *Moment mal!* werden Sie immer mehr Möglichkeiten entdecken, die Ausspracheschulung in den Unterrichtsablauf einzubeziehen. Übungen zu Grammatik und Wortschatz, zum sinnerfassenden Vorlesen, Dialogübungen, Hörverstehensübungen usw. können im Hinblick auf die Aussprache erweitert werden. Gehen Sie den Lernenden mit gutem Beispiel voran, indem Sie selbst Texte vorsprechen, bei Übungen mitspielen und die Lernenden behutsam korrigieren, ohne ihnen die Lust und den Mut zum Sprechen zu nehmen.
Durch kontinuierliche Ausspracheschulung werden die Lernenden in die Lage versetzt, selbstständig und bewusst an ihrer Aussprache zu arbeiten und ihre Sprechfähigkeit kontinuierlich zu verbessern.

Ausspracheschulung als Unterrichtskomponente

Rückschau und Tests
Tests liefern Lernenden und Unterrichtenden Informationen über den Verlauf des Spracherwerbsprozesses. Sie sind ein wichtiges Instrument, den Lernprozess zu optimieren, denn frühzeitig diagnostizierte Lücken können leichter aufgefüllt werden und die Einsicht in die eigenen Stärken fördert nicht nur die Motivation, sondern macht es möglich, Lernkapazitäten gezielt einzusetzen. Entsprechend sollten Rückschau und Test integraler Bestandteil des Unterrichts sein.

Warum evaluieren?

Zum Testangebot von **Moment mal!** gehören zwei aufeinander abgestimmte Komponenten: a) die Rückschauseite am Ende des AB-Kapitels und b) ein separates Testheft mit Cassette. Während die Rückschauseiten klar als Selbstevaluation der Lernenden angelegt sind, bleibt es bei den separaten Tests im Testheft Ihnen als Unterrichtenden überlassen, ob Sie sie zur Leistungsmessung benutzen oder den Lernenden zur Selbstevaluation zur Verfügung stellen wollen.

Testkomponenten
Rückschau

Testheft

Der selektive Charakter von Prüfungen und Tests verhindert es häufig, Informationen aus Tests positiv für den Lernprozess zu nutzen. Tests sind für viele Lernende etwas Negatives. Um die Akzeptanz von Tests zu erhöhen, ist es sinnvoll, einen Teil der Evaluation in die Hand der Lernenden zu geben: Sie überprüfen ihr eigenes Können allein (mit Lösungsschlüssel) oder mit einem Partner. Solange die Ergebnisse dieser Selbstevaluation ebenfalls nur in den Händen der Lernenden bleiben, kann in der Regel davon ausgegangen werden, dass sie ihre Leistungen oder die ihres Lernpartners durchaus kritisch einschätzen, wobei es, wie die Forschung gezeigt hat, interkulturelle Unterschiede gibt. Die Grenzen der Selbstevaluation sind da erreicht, wo es um Noten geht. Wollen oder müssen Sie Noten geben, so nutzen Sie bitte die Tests aus dem Testheft entsprechend. Wenn Noten für ihre Lerngruppe nicht vorrangig sind und Sie Ihre Lernenden zu mehr Selbstverantwortung ermutigen wollen, so können Sie Bewertungsraster und Lösungsschlüssel aus dem Anhang des Testheftes für Ihre Lernenden kopieren und auch diese Tests zur Selbstevaluation einsetzen.

Warum Selbstevaluation?

Selbstevaluation, wie auf den Rückschauseiten angelegt, sensibilisiert die Lernenden für den Verlauf des eigenen Lernprozesses, schafft Transparenz und fördert ihre Autonomie. Der Weg führt über eine Rückschau auf die Lernziele des Kapitels und eine subjektive Selbsteinschätzung des eigenen Könnens hin zum selbstständigen oder partnerschaftlichen Überprüfen und Bewerten. Die Lernziele, die in den ersten Aufgaben jeder Rückschauseite aufgelistet sind, geben den Lernenden wichtige Informationen

Transparenz des Lernens
Förderung der Autonomie

über das, was im separaten Test von ihnen erwartet wird. Die Prüfungsformen im Testheft nehmen Bekanntes von den Rückschauseiten und aus dem Arbeits- und Lehrbuch auf. Summative Evaluation wird somit auch transparenter.

Aufbau der Rückschau-Seite

Die Rückschau-Seiten bestehen grundsätzlich aus mindestens 2 Teilen: a) einem Rückblick auf die Lernziele des Kapitels und b) Testaufgaben zu ausgewählten Lernzielen, die die Lernenden allein oder in Partnerarbeit lösen. In den alltagsbezogenen, pragmatischen Kapiteln gibt es darüber hinaus noch kleine Projektideen.

Rückblick auf die Lernziele

Jede Rückschau-Seite beginnt mit einer Reflexionsphase, die der Bewusstmachung des Gelernten dient. Hier sind die Hauptlernziele der Lektion aufgelistet oder müssen auch ausnahmsweise selbst gesammelt werden (K7). Während in den reportageähnlichen Kapiteln die Lernziele unter „Das kann ich auf Deutsch" oder fertigkeitsbezogen, als „Sagen und Verstehen", gesammelt sind, steht in den alltagsorientierten Kapiteln die Handlungsfähigkeit im Vordergrund. Entsprechend wird von „Situationen" gesprochen. Grammatik, Wortschatz und Aussprache sind eine weitere Kategorie. Die Lernzielformulierungen sind weitgehend identisch mit den Formulierungen in den Randspalten des Lehrbuchs oder den Überschriften bei der Grammatik. Die Lernenden überlegen sich, ob und in welchem Umfang sie diese Lernziele erreicht haben, und notieren ihre Selbsteinschätzung in einer 4er Skala: „++, +, −, − −", d.h., sie müssen entscheiden, ob sie etwas können oder etwas nicht können. Ein Ausweichen auf die Mitte wird so bewusst vermieden. Die Lernenden haben hier Gelegenheit, nochmals im Lehrbuch zurückzublättern. Neben den rein sprachbezogenen Zielen werden in den ersten Kapiteln soziale Ziele, wie das Kennenlernen der Gruppe, das Knüpfen von Kontakten ebenso in diese Reflexion einbezogen wie Lernaktivitäten und Lernstrategien.

RÜCKSCHAU — 8

Situationen:
- Über Wohnen sprechen ☐
- Wo und wie ich wohne ☐
- Wohnungseinrichtung beschreiben ☐

Grammatik:
- Verb und Ergänzungen ☐
- Personalpronomen im Akkusativ ☐
- Personalpronomen im Dativ ☐

R1
Was können Sie? ☐
Markieren Sie:
++, +, −, − −.

Ich und die Gruppe:
- Ich spreche mit den anderen, wo und wie sie wohnen. ☐
- Ich kenne die Wohnung meines Partners / meiner Partnerin. ☐

Ich und das Lernen:
- Ich klebe Wort-Zettel auf meine Möbel. ☐
- Ich spreche auf Cassette. ☐

R2
Das mache ich. ☐
Kreuzen Sie an.

Testteil

Die Testaufgaben und die daran anschließende Bewertung auf den Rückschau-Seiten erlauben den Lernenden, ihre eingangs gemachte subjektive Selbsteinschätzung kritisch zu überprüfen und ggf. zu revidieren. Aufgaben zum Sprechen/Hörverstehen in Partnerarbeit nehmen den größten Platz bei den Selbstevaluationsaufgaben ein. Dabei geht es um die Bewältigung der gestellten Aufgabe und nicht ausschließlich um grammatikalische Korrektheit. Positive Kompensationsstrategien können also durchaus eingesetzt werden. Weiterhin gibt es grammatisch orientierte Lückentexte, aber auch Schreiben und Leseverstehen werden in einzelnen Kapiteln überprüft, vereinzelt werden C-Tests (s. K5, R4, Erklärung im LHB, S. 61) eingesetzt. Alle produktiven Aufgaben sind mit Hilfe der Redemittelkästen im Lehrbuch lösbar.

Zum Thema „Selbstevaluation" s.a.: Günther Schneider, Selbstevaluation lernen lassen. In: Fremdsprache Deutsch. Autonomes Lernen. Sondernummer 1996.

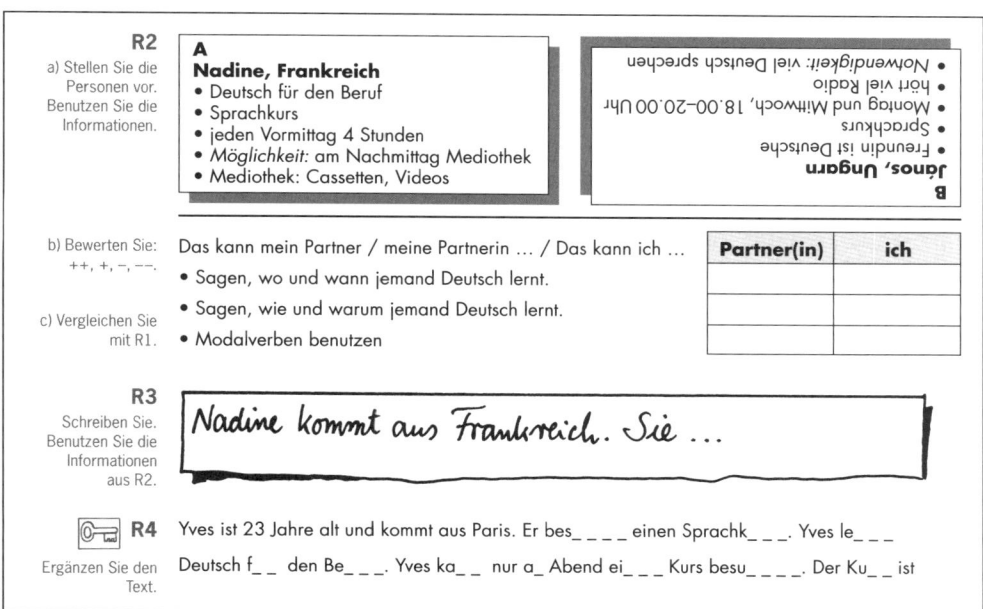

R2

a) Stellen Sie die Personen vor. Benutzen Sie die Informationen.

A
Nadine, Frankreich
- Deutsch für den Beruf
- Sprachkurs
- jeden Vormittag 4 Stunden
- *Möglichkeit:* am Nachmittag Mediothek
- Mediothek: Cassetten, Videos

B
János, Ungarn
- Freundin ist Deutsche
- Sprachkurs
- Montag und Mittwoch, 18.00–20.00 Uhr
- hört viel Radio
- *Notwendigkeit:* viel Deutsch sprechen

b) Bewerten Sie:
++, +, –, ––.

c) Vergleichen Sie mit R1.

Das kann mein Partner / meine Partnerin … / Das kann ich …
- Sagen, wo und wann jemand Deutsch lernt.
- Sagen, wie und warum jemand Deutsch lernt.
- Modalverben benutzen

Partner(in)	ich

R3

Schreiben Sie. Benutzen Sie die Informationen aus R2.

Nadine kommt aus Frankreich. Sie …

R4

Ergänzen Sie den Text.

Yves ist 23 Jahre alt und kommt aus Paris. Er bes_ _ _ _ einen Sprachk_ _ _. Yves le_ _ _ Deutsch f_ _ den Be_ _ _. Yves ka_ _ nur a_ Abend ei_ _ _ Kurs besu_ _ _ _. Der Ku_ _ ist

Hier handelt es sich – bei den alltagsbezogenen, pragmatischen Kapiteln – um kleine Projektideen, mit denen die Lernenden ihr Können im Alltag überprüfen können. Es sind Ausstiege aus dem Lehrwerk und Einstiege in die Alltagssituation. Sie sollen die Lernenden dazu anregen, ihr Deutschlernen im Alltag fortzuführen und ihr Können autonom im Alltag zu überprüfen.

Moment mal!

▶ Fragen Sie jemanden nach der Uhrzeit.
▶ Fragen Sie jemanden nach Plänen für heute Nachmittag/Abend.
▶ Machen Sie mit jemandem einen Termin.
▶ Was machen Sie heute? Machen Sie einen Plan. Schreiben Sie einen Text.
▶ Hören Sie Radio. Welche Uhrzeiten hören Sie? Notieren Sie alle Uhrzeiten.

Moment mal!

Geben sie Ihren Lernenden vor allem zu Beginn Zeit, diese Aufgaben im Unterricht zu bearbeiten. Fordern Sie sie auf, feste Testpartnerschaften einzugehen. Der ideale Arbeitsablauf sieht folgendermaßen aus: Rückschau auf die Lernziele – Selbsteinschätzung des Könnens – konkrete Überprüfung des Gelernten – Selbstbewertung der Ergebnisse, Vergleich der Testresultate mit der anfänglichen Selbsteinschätzung – wenn nötig, individuelles Auffüllen der entdeckten Könnens- und Wissenslücken.

Arbeit mit der Rückschau-Seite

Der Hintergrund von *Moment mal!*

Deutsch hat durch die wirtschaftlichen und politischen Veränderungen in Europa in den letzten Jahren wieder verstärkt die Funktion einer Verkehrssprache. So kann es zum Beispiel vorkommen, dass eine spanische Touristin mit einem Kellner in Budapest Deutsch spricht oder eine Verhandlung zwischen polnischen, russischen und deutschen Geschäftsleuten auf Deutsch geführt wird, d.h., immer mehr Menschen, die nicht deutscher Muttersprache sind, sprechen miteinander Deutsch. Die Öffnung der Grenzen und die damit verbundene größere Mobilität könnte diese Tendenz noch fördern. Gleichzeitig setzt sich innerhalb des deutschsprachigen Raums langsam eine neue Wahrnehmung der verschiedenen Varianten des Deutschen durch. Heute spricht man vom Deutschen als einer plurizentristischen Sprache: Die Varianten des Deutschen in den verschiedenen Regionen Deutschlands, in Österreich und der Schweiz werden vermehrt als gleichwertig angesehen.

Deutsch als Verkehrssprache

Deutsch als plurizentristische Sprache

Moment mal! versucht dem Rechnung zu tragen, die Autorinnen und Autoren kommen aus allen deutschsprachigen Ländern und haben ihre Perspektive und ihre Themen eingebracht, ohne dass nun eine ausgesprochen deutsche, österreichische oder schweizerische Landeskunde vertreten wird. Die Menschen und Lebensausschnitte, die gezeigt werden, sollen stellvertretend für eine bestimmte Wirklichkeit stehen, die in ähnlicher Form in den jeweils anderen Sprachgebieten zu finden ist.

Es kommen auch verstärkt Personen zu Wort, bei denen man hört, dass sie eine andere Muttersprache haben, um dem Umstand gerecht zu werden, dass wahrscheinlich viele sprachliche Kontakte der Lernenden eben solche sind, bei denen die Partner auch nicht deutschsprachig sind. Das Verstehen von solchen Äußerungen, die Fähigkeit, sich auf verschiedene Akzente und Sprechmelodien einzustellen, ist sehr wichtig. Im Unterricht geschieht das unter den Lernenden automatisch, es wird aber selten thematisiert.

Landeskunde

Wissen und Können in Kommunikationssituationen

Zwischenmenschliche und interkulturelle Auseinandersetzung

Landeskunde verstehen wir als Grundlage und pragmatisches Hilfsmittel für sozial adäquates Handeln in kommunikativen Situationen (mündlich und schriftlich), aber auch als Einblick in Lebenswelten, in das rätselhaft Andere, in das ich mich einfühlen und eindenken kann; als Anlass, über mich nachzudenken und darüber mit anderen zu kommunizieren. Dabei geht es uns darum, zu zeigen, wie eine bestimmte Person in einem bestimmten Land lebt, denkt, sich verhält. Je nach Lernsituation, Kenntnissen und Erfahrungen der Lernenden kann der Vergleich mit anderen deutschsprachigen Gebieten angestellt werden. Der konkrete Unterricht ist der Ort, wo die Lernenden (mit Hilfe der Lehrperson) Gelegenheit haben, ihre eigene Lebenssituation, ihre Vorstellungen und Wünsche zu reflektieren und zu kontrastieren – und zwar innerhalb der Lerngruppe und im Vergleich mit dem Ausschnitt aus deutschsprachigen Lebenswelten, den sie dort kennenlernen.

Der Prozess interkultureller Auseinandersetzung beinhaltet folgende Schritte:

wahrnehmen:	das Andere
vergleichen:	das Andere und das Eigene
reflektieren:	das Eigene als das Andere, das Andere als (potentiell) Eigenes
verstehen:	das Eigene und das Andere
integrieren – abgrenzen:	das Eigene und das Andere als Eigenes – das Andere als Anderes

Interkulturelle Verständigung

Die Reflexion über die eigene Kultur, die Fähigkeit, darüber reden zu können, und die Auseinandersetzung mit der anderen, fremden Kultur ermöglicht erst eine interkulturelle Verständigung, wo Gemeinsamkeit und Differenz ihre Rechte haben sollen. Der Verständigung geht eine Verständigungsbereitschaft voraus, die verbunden ist mit dem Verstehen des Eigenen und des Anderen, das sich im Prozess der Kommunikation differenziert und erweitert.

Interkulturelle Kompetenz

Die Auswahl und die Präsentation der Themen und die damit verbundenen Unterrichtsaktivitäten sollen dieses Verstehen fördern, dabei muss man genau hinhören oder hinsehen, das Auge und das Ohr für Nuancen und Abweichungen schärfen und sich auf das Andere und den Anderen einlassen wollen.

Dieser Ansatz entspricht der Definition des Europarates:

„Die interkulturelle Kompetenz beinhaltet

1. die Fähigkeit, eine Beziehung zwischen Ausgangskultur und Zielkultur aufzubauen,
2. die Fähigkeit, unterschiedliche Strategien zu erkennen und zu benutzen, um Kontakt mit Fremden aufzubauen,
3. die Fähigkeit, die Rolle des kulturellen Vermittlers zwischen der eigenen und der fremden Kultur einzunehmen und mit Situationen, in denen interkulturelle Missverständnisse und Konflikte auftauchen, effizient umzugehen."*

* Conseil de l'Europe, Cadre européen commun de référence pour l'apprentissage et l'enseignement des langues. Projet 1 d'une proposition de Cadre, Strasbourg 1996, S. 46 f. (Übersetzung)

In der heutigen Informations- und Medienwelt sind rezeptive Fähigkeiten, d.h., Informationen entziffern, verstehen und verarbeiten, immer wichtiger: Lesend oder hörend Informationen gezielt aufzunehmen und zu einem bestimmten Zweck mit schon Bekanntem zu verknüpfen und zu Neuem zu verarbeiten ist die meist geforderte Fähigkeit und eine wichtige Überlebensstrategie in der heutigen Informationsgesellschaft.

Die Betonung des Rezeptiven (Hörverstehen, Leseverstehen und Grammatik verstehen) innerhalb von *Moment mal!* entspricht zudem den Forschungsergebnissen im Bereich des Spracherwerbs und des Sprachlernens. Durch verstärktes Hören und Lesen werden die Lernenden mit mehr Sprachmaterial als im herkömmlichen Unterricht konfrontiert; dies entspricht der sprachlichen und medialen Wirklichkeit in der eigenen und in der fremden Kultur. Für den Sprachlernprozess bedeutet das, dass die Lernenden nicht mehr gezwungen sind, das, was sie hören oder lesen, gleich produktiv anzuwenden, sondern sie haben erst einmal die Möglichkeit, intuitiv das grammatische, semantische und lexikalische System der Fremdsprache zu verstehen. Segmentieren und Identifizieren beim Hören ist v.a. für Anfänger eine schwierige Aufgabe. Deshalb scheint es uns wichtig, diese Techniken anhand von unterschiedlichen Hörtexten und Übungen besonders zu fördern. Die anfängliche Konzentration auf das Rezeptive hat den Vorteil, dass Lernende, die nicht so schnell sprechen wollen oder können, ein Lernangebot haben, das ihnen Sicherheit und Zuversicht vermittelt. Um so mehr, als Lernfortschritte und Lernerfolge beim Lesen und Hören schneller spürbar werden.

Die Ziele des kommunikativen Fremdsprachenunterrichts der vergangenen Jahre sind durch Entwicklungen in verschiedenen Bereichen (Didaktik, Politik usw.) teilweise überholt, da hinter diesen Postulaten und Zielen ein Konzept des Individuums als Lernendem stand, das heute so nicht mehr zutrifft. Die soziale und kommunikative Kompetenz, das Bewusstsein für das Eigene und das Fremde wird heute schon vermehrt in der sekundären Sozialisation vermittelt (v.a. durch die Medien und die Freizeitindustrie, teilweise auch durch die Schule). In *Moment mal!* soll diesem Umstand insofern Rechnung getragen werden, als das Rollenkonzept der Lernenden als Touristen, im Restaurant oder am Zoll usw. nicht mehr im Vordergrund steht. Mit anderen Worten: Der Lernraum ist nicht mehr so sehr eine projizierte fiktive Realität, er soll mit dem didaktischen Raum zusammenwachsen und so zum realen Erlebnisraum werden: Die Interaktion und Kommunikation im Kursraum stehen im Zentrum. Die Lernenden agieren als Personen mit ihren Bedürfnissen im weitesten Sinne. Diese umfassen soziale, kommunikative und ästhetische Bedürfnisse, Bedürfnisse nach Phantasie und Imagination, aber auch Bedürfnisse nach Qualifikation (z.B. im Beruf) und persönlicher Entwicklung.

Die rezeptiven Fähigkeiten

Informationsgesellschaft

Sprachlernprozess

Schnelle Lernfortschritte

Der Kursraum als Erfahrungsraum

Die Lernenden als Personen

Abkürzungen im Lehrerhandbuch von *Moment mal!*

Um die Hinweise zu den einzelnen Kapiteln möglichst knapp zu halten, verwenden wir folgende Abkürzungen für häufig vorkommende Begriffe, die wir Ihnen hier aufschlüsseln:

LB	Lehrbuch	**EA**	Einzelarbeit	**D·A·CH**	betrifft den Deutschunterricht in deutschsprachigen Ländern (D – A – CH)
AB	Arbeitsbuch	**PA**	Partnerarbeit		
LHB	Lehrerhandbuch	**GA**	Gruppenarbeit		
TH	Testheft	**PL**	Plenum		betrifft den Deutschunterricht in der Welt
RS	Randspalte	**HA**	Hausaufgabe		
RMK	Redemittelkasten	**OHP**	Overheadprojektor	→	Verweis auf weitere Hinweise unter der Rubrik „Ideen, Vorschläge, …" im Anschluss an den Überblick über das Kapitel
Dat.	Dativ				
Akk.	Akkusativ	**evtl.**	eventuell		
GR	Grammatik	**ggf.**	gegebenenfalls		
AUS	Aussprache	**u.a.**	unter anderem		
WS	Wortschatz	**vgl.**	vergleiche		
A	Aufgaben (im LB)	**z.T.**	zum Teil		
Ü	Übungen (im AB)	**best.**	bestimmt		
K	Kapitel	**unbest.**	unbestimmt		
L	Lernende	**s.a.**	siehe auch		

Kapitel 1

Orientierung

Im Zentrum dieses Kapitels steht die multikulturelle Vielfalt und die Mehrsprachigkeit Europas: verschiedene Länder und Städte, verschiedene Menschen und Sprachen; das Kapitel zeigt „Deutschland" als Teil dieses vielfältigen Europas und Deutsch als plurizentrische Sprache – mit je verschiedenen Ausprägungen in Deutschland, Österreich und in der Schweiz. Die L lernen den geographischen Raum „Europa" kennen und sich in der Geographie der deutschsprachigen Länder zurechtzufinden. **Thema**

Wie schafft man Kontakte? Wie grüßt man im deutschsprachigen Raum? Wie stellt man sich vor? Die vier deutschsprachigen Muttersprachler und Muttersprachlerinnen auf Seite 6 und 7 im LB verwenden unterschiedliche Grußformen: „Guten Tag" (überregional), „Grüezi" (schweizerisch, ursprüngliche Höflichkeitsform für „Grüß euch", heute für „Sie" und „du" gebräuchlich), „Servus" (bayrisch/österreichisch, informell). Die zweisprachig aufgewachsene Berlinerin Bilge verwendet die Grußform einer ihrer Muttersprachen, „Merhaba" (türkisch), und verweist damit auf die Normalität des Nebeneinander von mehreren Sprachen und Kulturen auf kleinstem Raum, vor allem in europäischen Großstädten. **Landeskunde**

Handlungsbereich
Lernziele
- grüßen
- sich vorstellen, elementare Auskunft über sich geben (Person, Herkunft und Sprachen), eine andere Person vorstellen
- Fragen zur Person stellen

Grammatik
- Text: Referenz (Nomen und Pronomen)
- Satz: Wortfrage und Aussagesatz
- Verb und Subjekt
- Satz: Aufforderungssatz/Imperativ

Wortschatz
- Fragewörter
- Namen auf Deutsch (Länder/Städte/Sprachen/Personen)
- Kurssprache (rezeptiv)

Aussprache
- Bewusstmachen und Trainieren von intonatorischen Grundmustern: Sprecherische Realisierung des Akzents / Sprechgeläufigkeit / fallende Sprechmelodie als Signal für das Satzende
- Alphabet und Lautschrift kennenlernen

Lernen/Lerntipps
- sich in die deutsche Sprache einhören und einlesen (Lerntipp 1)
- einfache Informationen aus Texten entnehmen
- sich bewusst werden, dass beim Sprachenlernen das nichtsprachliche Vorwissen/Weltwissen zum Verstehen und Sprechen eingesetzt werden kann

Das erste Kapitel bietet bewusst auch Material, das nicht produktiv werden soll. Die Lernenden haben so die Möglichkeit, sich mit der deutschen Sprache vertraut zu machen. Lernpsychologisch ist es wichtig, die Lernenden in den ersten Stunden darauf hinzuweisen, wie viel sie (gemeinsam) schon herausfinden und verstehen können. – K1 ist auch die Einführung in neue, andere Unterrichtsgewohnheiten und -normen und in ein neues Lehrmittel. Als Orientierung werden deshalb die Symbole in der Randspalte in diesem Kapitel versprachlicht. **Besonderheiten**

Wichtige Gesprächsfloskeln sowie Namen und Angaben zur Person werden in K2 wieder aufgenommen, die Kurssprache wird in K2 ausgebaut und gefestigt. **Ausblick**

Das Kapitel im Überblick

1 **Menschen** **A1** Einstieg: L stellen sich vor. Redemittel „ich heiße", „ich komme aus …" an Tafel. Karte
Begrüßen F2 anschauen: Wo spricht man Deutsch? Text hören: Wer spricht Deutsch? Was sagen die
Personen? Im PL Informationen sammeln. Wichtig: An diesem Beispiel das Prinzip der
RMK (der blauen Redemittelkästen unten auf den LB-Seiten) erklären, s. LHB S. 8. Karte
und Bilder ansehen und Text noch einmal hören. Lösungen überprüfen. →

A2 Mit Fotos und Karte erste Sprechversuche machen, zuerst im PL, dann in GA (A1 noch
mal aufnehmen); RMK als Hilfe.

Informationen: **A3** Text lesen, Informationen suchen. Mit Karte vergleichen: Wo ist das? Achtung: Bilge
Personen wohnt in Berlin. Spricht man in Berlin nicht Deutsch? Mit RMK fragen und antworten,
Ü1–Ü3 Fragen variieren. HA: Ü1, Ü2. Ü2 nächste Stunde vorlesen lassen und vergleichen.

Länder und Städte **A4** Text im PL hören. Zuerst entspannt hören und bekannte Namen entdecken, erst dann
Ü4–Ü5 mit Karte und Windrose arbeiten. →
F1

Lerntipp 1 Namen sind wichtige Orientierungspunkte. Sie im Redefluss zu identifizieren, ist für
das Verstehen einer Fremdsprache elementar. Geben Sie den L die Möglichkeit, sich
langsam und immer wieder ins Deutsche einzuhören.

Ü6–Ü11 **A5** Muster im PL geben: Sie fragen, L antworten, L fragen, … . Anschließend PA (grammatische Korrektheit bei den Präpositionen ist nicht wichtig). HA: Ü6. Ü7–9 gemeinsam
im Kurs lösen, Prinzip der GR-Arbeit deutlich machen (Regeln selbst finden). Auf GR-
Übersicht im AB, S. 153ff., hinweisen. →

2 **Name –** **A6** Text im PL lesen. Antworten dialogisch mit dem PL sammeln. Beispiel geben für die fol-
Sprache – Land – gende Aufgabe.
Wohnort
F3

Ü12–Ü13 **A7** In GA bearbeiten, L fragen und antworten. HA: Ü12.

Ü14–Ü15 **A8** In PA oder EA mit dem Rasterausriss bearbeiten, im PL vergleichen. Auch als HA
möglich. →

A9 Texte abdecken, mit Bildern und RMK im PL Beispiel geben für PA. In 2. Phase (ohne
RMK) mit der Karte und den Bildern von S. 6/7 üben. HA: Ü15. →

3 **Name – Wohn-** **A10** Die Bilder zeigen Menschen, die Kontakt aufnehmen, sich grüßen oder sich vorstellen.
ort – Adresse – Der Text macht klar, dass im Deutschen ein Unterschied zwischen der Du- und der Sie-
Personen vorstellen **A12** Form existiert. Wichtig für L, die in der Muttersprache zwischen „du" und „Sie" keinen
 Unterschied machen! Bilder von A10–A12 anschauen, Texte abdecken. Im PL heraus-
arbeiten, was im eigenen Land identisch oder unterschiedlich ist. Anschließend Texte
hören. HA: Ü16. →

F4 **A13** Mit RMK im PL Beispiel geben, dann mit verschiedenen Partnern abwechselnd üben.
Am Schluss freies Üben im Klassenzimmer, herumspazieren und ansprechen. Wenn
sich die L noch nicht gut kennen, Notizen machen lassen als Vorbereitung auf A14,
andernfalls L Zettel mit fiktiver Identität geben.

Ü17–Ü30 **A14** In GA oder PL vorstellen (oder gemeinsames Poster schreiben). Ü17–Ü20 GR erarbeiten; Ü22 als HA (selbstständige GR-Arbeit) mit Hinweis auf GR-Übersicht im AB
(S. 153), nächste Stunde kontrollieren, Probleme besprechen.

4 **Aussprache** **A15** Dialog hören und halbblau mitlesen (evtl. erst beim 2. Hören). Halbblaues Lesen trainiert
Akzent, Pause AUS und fördert die Ausbildung der neuen Sprechgewohnheiten und die Geläufigkeit.
Sprechmelodie Auch für Selbststudium zu Hause zu empfehlen. →

Vorschlag zur Verdeutlichung: Beim Akzentwort Lautstärke verändern; Pause: Satz zunächst abgehackt, dann flüssig sprechen; bei der Sprechmelodie Tonhöhenverlauf durch Handzeichen verdeutlichen.

A16
AUS

Sie sprechen vor, einzelne L sprechen nach. Variation: Namen der L und/oder bekannter Wortschatz.

A17 Ü31

Alphabet hören und halblaut mitlesen. L sprechen das Alphabet allein, Transkriptionszeichen sind Hilfsmittel für die Aussprache. Schreiben Sie Namen an die Tafel, L buchstabieren mit Hilfe der Tabelle.

A18 Alphabet und
AUS Lautschrift
Ü32–Ü33
F5

Wort-Netz „Deutschkurs" lesen (von innen nach außen), anschließend hören; Wort-Netz und Hörtext sind nicht identisch. Frage stellen: Welche Wörter hören sie nicht? Evtl. nochmals lesen im Uhrzeigersinn. Nächste Stunde: Wort-Netz an der Tafel aufbauen. →

A19 Wortschatz   **5**
Wort-Netz
„Deutschkurs"

Form des Wort-Igels auf Tafel oder Folie vorgeben, zur Wiederholung des Themas „Länder, Sprachen, Nationalitäten" in GA oder PA; Wörter als Teil von Wortfamilien bewusst machen; L erstellen als HA eigene Liste mit den Angaben der Lerngruppe.

A20 Wort-Netz
„Europa"

(Einstieg über LB-Text S. 7, A3.) Im PL herausarbeiten, dass die inhaltsleeren Funktionswörter „das" und „sie" sich in diesem konkreten Fall auf „Jenny" beziehen. →

Grammatik   **6**
Text: Referenz (1)
Ü3

(Einstieg über Ü8 und Ü9.) Sätze laut lesen lassen, auf Zweitstellung des Verbs in beiden Satztypen aufmerksam machen, Merkmale der Wortfolge herausarbeiten (Fragewort – Fragezeichen), Fragefokus (z.B. „wo") und Antwortfokus (z.B. „in Haarbach") zuordnen. →

Satz: Wortfrage
und Aussagesatz
Ü1–Ü2, Ü8–Ü11,
Ü13, Ü16

(Einstieg über Ü17 und Ü18.) Sätze lesen lassen. Aufmerksamkeit auf Verb-Endungen und Subjekte lenken: Was fällt auf? (z.B. „Ich": Endung immer „-e"); auf Unterschiede zwischen „Sie" (2. Person, formelle Anrede) und „sie" (3. Person Feminin) hinweisen. Kongruenz von Personalpronomen und Verb-Endungen an Tafel verdeutlichen.

Verb und Subjekt
Ü11, Ü17–Ü20,
Ü23–Ü24

(Einstieg über Ü22.) Lesen lassen, klären: Wo steht das Verb? Bedeutung des Aufforderungssatzes wird durch die beiden Bilder (LB, S. 11) verdeutlicht!

Satz:
Aufforderungssatz/Imperativ (1)
Ü22–Ü24

Rückschauseiten exemplarisch in den Unterricht einbeziehen. →
Bedeutung von „Das weiß ich" im PL klären. Selbsteinschätzung zu „Ich und die Gruppe" in EA beantworten. L auffordern, sich eine Liste mit Namen und Herkunftsländern bzw. Wohnorten zu machen. GR-Themen im LB suchen, Selbsteinschätzung in EA beantworten. Evtl. direkt zu R5 springen.

Rückschau   **AB**
R1 Selbsteinschätzung: Lernziele erreicht? GR: LB, S. 11

Einzelne Punkte im LB suchen: Wo ist das im LB? Auf Randspalte und RMK im LB verweisen. Selbsteinschätzung in EA beantworten.

R2 A3–A14, A18

Im Heft notieren, mit Partner vergleichen und ggf. mit Glossar korrigieren. Mit Selbsteinschätzung in R2 vergleichen.

R3 WS

In PA Personen vorstellen: Name, Land, Nationalität, ggf. Sprache. In PA sich und Partner/Partnerin bewerten, Bewertung in PA vergleichen. Resultat mit Selbsteinschätzung in R2 vergleichen.

R4 A6–A9

In EA ankreuzen, mit Lösungsschlüssel oder GR-Seite Ergebnis kontrollieren. Resultat mit Selbsteinschätzung in R2 vergleichen.

R5 GR: Verbstellung

Kapitelabschlusstest im separaten Testheft, S. 6ff.

Test   **TH**

Ideen – Vorschläge – Bemerkungen – Zusatzmaterial

A1–4 **Vorwissen aktivieren**

Ein Schwerpunkt von K1 ist ein bewusst sanftes, aufbauendes Umgehen mit der neuen Sprache. Die L sollen erfahren, dass sie schon vieles verstehen, wissen oder können, worauf sie aufbauen können. Geographische Namen auf Deutsch und bestimmte Wörter klingen ähnlich oder sehen ähnlich aus wie in der Muttersprache oder anderen Fremdsprachen, die die L kennen (gilt zumindest für bestimmte Ausgangssprachen). Beginnen Sie deshalb die erste Stunde im Kurs ohne Buch. Geben Sie an der Tafel die wichtigsten Strukturen für „Begrüßen und sich vorstellen" vor. Machen Sie eine Vorstellrunde. Sammeln Sie anschließend bekannte deutsche Wörter. Die Grundstruktur deutscher Texte ist nicht grundlegend anders als in vielen anderen Sprachen. Wir möchten den L Mut machen, ihren persönlichen Hintergrund, ihr Weltwissen und ihre mutter- und fremdsprachlichen Erfahrungen von Anfang an in die Gruppe einzubringen und auch für den individuellen Lernprozess nutzbar zu machen.

Vertrauensklima aufbauen

Lernpsychologische Untersuchungen haben gezeigt, dass Angst vor dem Neuen und Frustration keine guten Voraussetzungen für Lernprozesse sind. Die L sollten ihre persönlichen Lernstrategien, ihre individuellen Stärken ausleben können. Geben Sie ihnen Sicherheit und Vertrauen und erhöhen Sie damit ihre Bereitschaft, sich auf das Wagnis der neuen Sprache einzulassen. Die Entdeckungsreise kann beginnen.

Lernende selber entdecken lassen

Aufgrund unserer Erfahrungen eignen sich die folgenden spielerischen Aufgaben besonders gut, um das Selbstvertrauen und die Lernmotivation, aber auch die Neugier auf die deutsche Sprache zu aktivieren. Rückgriff auf Vorwissen oder auf Ähnlichkeiten mit der muttersprachlichen Kultur(Sprache) kann mit Ihrer Hilfe erfolgen, greifen Sie aber nur ein, wenn es nötig ist. Lassen sie die L möglichst viel selbst suchen und entdecken.

A4 **Lese-Spiel:** Zeitung lesen

Gruppenresultate auswerten

Lehrerrolle – Lernerrolle

In PA oder GA einen oder mehrere aktuelle Zeitungstexte bearbeiten lassen: Die L kennzeichnen Namen und internationale Wörter mit einem Marker und notieren die gefundenen Wörter auf einem Zettel. Auswertung: Die Zettel können als Suchaufgabe „Aus welchem Text sind die Wörter?" an andere Gruppen weitergegeben werden. Ideal ist eine Pinnwand, wo die L ihre Suchaufgaben – mit Namen versehen – anpinnen und sich Zettel mit Suchaufgaben holen können. Wichtig: Bei diesem Spiel darf die Muttersprache gebraucht werden. Das Vorwissen in der Muttersprache und Vergleiche mit muttersprachlichen Zeitungen sollen Unterschiede bewusst machen. Wenn die Zettel mit Namen der „Aufgabensteller" versehen sind, können diese die richtige Lösung den anderen Gruppen geben. Sie als Lehrer/Lehrerin können sich auf die „Helferrolle" konzentrieren, indem Sie beraten und in Problemfällen beistehen oder eingreifen. So wird den L von Anfang an klar, dass Lernen in ihren eigenen Köpfen und in der Gruppe stattfindet.

Hör-Spiel: Nachrichten – Aufmerksamkeit lenken durch (einfache) Aufgabenstellungen

Deutschsprachige Nachrichten vorspielen. Die L versuchen, möglichst viele internationale Wörter und Namen zu erkennen. Wichtig: Jedes Hören mit einer Aufgabe verbinden. Beim ersten Hören z.B. Striche machen für jedes Wort, das man erkennt. Beim zweiten Hören können internationale Wörter und Namen auf einem Blatt notiert werden. Tipp: Die Ergebnisse an die Wand pinnen oder im Plenum sammeln. Durch die Veröffentlichung von Arbeitsergebnissen fühlen sich die L in ihrer Arbeit ernst genommen. Resultate können so schneller diskutiert, relativiert und korrigiert werden, ohne dass sich einzelne L bloßgestellt fühlen müssen.

A5 **Geographie-Spiel**

Sehr beliebt sind Rätsel (Eine Stadt mit D ...; ein Land mit P ... usw.) in Kleingruppen, vor allem wenn Personen aus unterschiedlichen Ländern oder Kontinenten zusammenkommen.

Tipp: Je nach Lernergruppe: Beschränken Sie sich zuerst auf Europa. In einer Wiederholungsphase nach K3, wo die Kontinente dazukommen, mit F2 das Rätselraten auf die ganze Welt ausdehnen. In K3 stehen den L auch mehr sprachliche Ausdrucksmittel zur Verfügung.

Durch solche Spiele wird die traditionelle Rollenverteilung „Lehrer–Lerner" etwas aufgelockert: Sie selbst können sich am Ratespiel beteiligen und die L beobachten und nicht nur als Wissensvermittler/in „auftreten".

Wiederholung und Evaluation des Lernfortschritts

Wiederholen schafft nicht nur die Möglichkeit zu erkennen, was man noch nicht kann, sondern gibt vor allem auch Sicherheit und Selbstvertrauen durch das Bewusstsein: „Ich habe etwas gelernt!" Vermitteln Sie den L diese positive Perspektive beim Wiederholen des Lernstoffes: „Es geht schon wieder etwas besser." und „Es muss noch nicht alles aktiv und perfekt sein."

Informationen sammeln   **A8**

Die L bringen ein Foto von sich mit (oder es wird im Unterricht gemacht), gemeinsam werden die Informationen zu den Personen gesammelt, Foto auf Poster aufkleben und die Angaben zu den Personen dazuschreiben.

Aus dem Buch aussteigen – Aktualität   **A9**

In A8 ging es darum, aus einem Text lesend Informationen zu sammeln und Notizen zu machen; in A9 werden diese Informationen als Frage-/Antwortspiel verarbeitet. A8 und A9 lassen sich verändern, indem Sie aus dem Buch aussteigen und mit aktuellen Tageszeitungen arbeiten. Trainieren Sie die L, dass es bei diesen Übungen um Suchaufgaben geht und nicht darum, die Texte (vollständig) zu verstehen oder Wörter im Wörterbuch nachzuschlagen. Drei Beispiele aus einer schweizerischen Tageszeitung verdeutlichen das:

Indien: Rama Rao gestorben

Neu Delhi. – Einer der wichtigsten Oppositoinspolitiker Indiens, N. T. Rama Rao, ist am Donnerstag im Alter von 73 Jahren gestorben. Wie die indische Nachrichtenagentur PTI berichtete, starb er in seinem Haus in der südindischen Stadt Hyderabad an einer Herzattacke. Bis 1982, als er in die Politik ging, war Rama Rao einer der erfolgreichsten und berühmtesten Filmschauspieler Indiens. Er wirkte in über 300 Filmen mit. Zuletzt war Rama Rao Vorsitzender des Oppositionsbündnisses Nationale Front, die als eine der vielversprechendsten Gruppierungen in die nächsten Parlamentswahlen geht. (SDA)

Neuer griechischer Premier

Athen. – Neuer Ministerpräsident Griechenlands ist der frühere Industrie- und Wirtschaftsminister Kostas Simitis. Die Fraktion der sozialistischen Pasok-Partei wählte den 59jährigen am Donnerstag zum Nachfolger des schwerkranken Andreas Papandreou, der am Montag seinen Rücktritt eingereicht hatte. In einer Stichwahl setzte sich der Reformer Simitis überraschend gegen Innenminister Akis Tsohatzopoulos durch. (Reuter)

Ein neuer Film-Name

Zürich. – Mit seinem Spielfilm „Cyclo" holte sich der 33jährige Vietnamese Tran Anh Hung in Venedig den Goldenen Löwen. Zeitgleich mit Vietnam ist der Film jetzt bei uns angelaufen. Im Gespräch mit dem TA spricht Tran über seine fesselnde Filmarbeit und über die Rückkehr in seine Heimat. „Das Thema, das Vietnam heute belastet, ist die bedrohte Unschuld. Um das zu zeigen, habe ich drei Figuren erfunden und ihnen einen Weg vorgeschrieben, auf dem ihre Unschuld aufs Spiel gesetzt wird."

Auswertung der Lesetexte nach dem Raster im LB, S. 8 (A8).

Duzen – Siezen   **A10**
D·A·CH   **A11**
A12

Ein Vergleich zwischen den Anredeformeln im Deutschen und in anderen Sprachen kann die soziale Dimension der Sprache bewusst machen: Wer sagt „du"? Wer sagt „Sie"? Und zu wem? Gibt es überhaupt eine Unterscheidung? Dabei sind Alter, soziale Rolle, Nähe oder Distanz, soziale Gruppen usw. zu berücksichtigen. (Wie halten Sie es in Ihrem Unterricht? Warum duzen oder siezen Sie die L? Wie machen es die L untereinander?) Wann schüttelt man die Hand? Wo ist dabei die linke Hand? Wen darf man beim Begrüßen berühren? Darf man Freunde zur Begrüßung küssen? Wem darf man auf der Straße zuwinken, und wie? Welche Geste macht man mit dem Kopf, wenn man jemanden von weitem grüßt? Gibt es Unterschiede, ob man eine Frau grüßt oder einen Mann? Diskutieren Sie solche Fragen mit den L, spielen Sie pantomimisch Begrüßungsrituale aus verschiedenen Kulturen. Die anderen L raten: du – Sie; Mann – Frau, Kind – Erwachsene; auf der Straße – zu Hause – beim Militär – unter Freunden usw.

Für Lernende mit Muttersprachen, die keinen Unterschied zwischen „du" und „Sie" machen, ist es wichtig, Details zu diesem kulturspezifischen Phänomen zu erfahren. Unumgänglich ist der Hinweis darauf, dass es in deutschsprachigen Ländern als Regelverstoß empfunden wird, wenn beim ersten Gespräch unter Erwachsenen oder bei der Anrede bestimmter Personen (z.B. Vorgesetzte, unbekannte Erwachsene) die Du-Form gebraucht wird.

A15 –A18	**Aussprache** Richtiges Hören – Richtiges Sprechen	Korrektes Hören ist Voraussetzung für kommunikativ erfolgreiches Sprechen. Die Hörfähigkeit der L sollte deshalb zu den einzelnen Schwerpunktthemen immer gezielt geübt und überprüft werden.
	Dialoge sprechen üben	Sie sprechen kurze Dialogsequenzen vor und lassen sie von einzelnen L nachsprechen. Gehen Sie dabei im Kursraum umher und sprechen Sie die L direkt an: Die Ü werden durch Blickkontakt, Mimik, Gestik (evtl. auch durch Varianten im emotionalen Ausdruck wie Freude, Überraschung, ...) interessanter/lebendiger. Variieren Sie die Dialoge mit Namen der L. Dialog im szenischen Rollenspiel üben, starker Einsatz von Körpersprache, Blickkontakt, Mimik, Gesten; L erfahren, dass Verständigung nicht nur über Sprache funktioniert: Mit Händen und Füßen sprechen. Dialog in PA/GA üben. Unterstützen Sie die L durch positive Verstärkung und Ermunterung, korrigieren Sie nur im Einzelfall. Dialoge im PL szenisch vorstellen.
	Korrekturen	Korrigieren Sie in den Übungsphasen zunächst nur Fehler, die Lernpensum des Kapitels sind. Im Laufe des Übungsprozesses sollten jedoch Fehler vorheriger Lernpensen sowie verständnishemmende Fehler möglichst konsequent korrigiert werden, um Verfestigungen (Fossilierungen) zu vermeiden. Da die Aussprache sehr eng mit der Persönlichkeit verknüpft ist, können von gewissen L Korrekturen in diesem Bereich als peinlich oder unbewusst als Eingriff in die Persönlichkeit empfunden werden. Deshalb sollten Korrekturen immer mit entsprechendem Einfühlungsvermögen und möglichst phantasievoll vorgenommen werden, wobei die positive Verstärkung eine hervorragende Rolle spielen sollte! S. dazu K5, LHB, S. 64.
	Lautschrift	Viele L verfügen bereits aufgrund von früherem Fremdsprachenerwerb über Kenntnisse der Lautschrift und können auf dieses Wissen zurückgreifen. Die Lautschrift wird hier für Einzellaute eingeführt, als Visualisierungshilfe für die L und als Verständigungsmittel zwischen Ihnen und den L. Hinweis: Buchstabieren mit einer Buchstabiertafel wird in K2 (AB Ü7) geübt.
A19 –A20	**Wortschatz** Kurssprache	„Kurssprache verstehen" bildet den Schwerpunkt der Wortschatzarbeit in K1. Die L sollen von Anfang an die Möglichkeit haben, selbstständig zu erkennen, was in den einzelnen Aufgaben und Übungen zu tun ist; dies ist v.a. im Hinblick darauf wichtig, dass viele Übungen des AB als HA individuell gemacht werden. Deshalb finden sich auch im AB, S. 11, die Ü27–Ü30 zum Thema Kurssprache (ebenso K2, AB, S. 21, Ü19; K8, AB, S. 85, Ü34–Ü36).
	Wort-Netz	Ein Wort-Netz ist eine geläufige Darstellungsform, um Assoziationen um einen zentralen Begriff herum anzuordnen. Die präsentierten Wörter und Ausdrücke kommen in K1 meist mehrfach in den Arbeitsanweisungen von LB und AB vor, „spielen" ausgenommen. In A19 werden die Wörter für akustische Lernertypen auch in einem memorierenden Hörtext präsentiert. A20 führt Inhalte des K1 (Herkunft, Sprachen und Länder, Lage von Städten und Ländern) zusammen; an die Lernergruppe adaptieren.
	Alternative Arbeitsvorlagen	Kopieren Sie die Logos und Symbole von Ü27 auf eine Folie, schwierige Wörter darum herum vorgeben; zuerst mit Pfeilen Zuordnungen machen, dann geläufige Wörter (lesen, Buch, hören, Cassette usw.) gemeinsam ergänzen. L notieren Wörter und Ausdrücke. Form des Wort-Igels auf großem Papierbogen vorgeben, idealerweise mit einem Gruppenfoto im Zentrum; für jede/n L einen neuen Strahl vorsehen (wie in A19) mit Name, Land, Sprache(n) und einem deutschen Wort, das jede/r aus der eigenen Sprache kennt. (s. auch A8) Nach der Arbeit mit dem K oder am Schluss einzelner Unterrichtsstunden muttersprachlich rekapitulieren: „Was haben wir gemacht?" Mit Ü27 und anschließend Ü29 als optischer Vorlage; L schreiben muttersprachliche Begriffe zu den deutschen Wörtern.

Alle „Pro"-Wörter (hier: „das" und „sie") stehen für andere Wörter im Text (hier der Name „Jenny") oder verweisen direkt oder indirekt aus dem Text heraus in die Realität (hier: die Person Jenny, repräsentiert durch das Foto). Verstehen gelingt erst dann, wenn diese Verweise (oder Referenzen) unbewusst oder bewusst realisiert werden.

Grammatik   **6**
Text: Referenz

Zusammen mit Aufforderungssatz (s.u.) und Satzfrage (vgl. K2) bilden Wortfrage und Aussagesatz die Grundstrukturen der Syntax. Der Schwerpunkt der Darstellung liegt auf der Stellung des Verbs und des Subjekts: Sie bilden die Grundpfeiler des Satzbaus. Darauf macht die Darstellung im LB mit optischen Mitteln unmittelbar aufmerksam, zu dieser Erkenntnis führen die Übungen im AB, auf die verwiesen wird.

Satz: Wortfrage und Aussagesatz

1) Verben raten (in PA oder in Gruppen bis zu vier Personen, mit oder ohne schriftliche Vorbereitung): Person A nennt einen Satz ohne Verb, Person B ergänzt das richtige Verb (1 Punkt) in der richtigen Personalform (noch ein Punkt) und bestimmt die Satzart, Wortfrage oder Aufforderungssatz oder Aussagesatz (ein dritter Punkt); bei wenigstens einer richtigen Lösung nennt Person B einen Satz ohne Verb, Person A oder C ergänzt usw. Beispiel: A: „du aus Berlin" – B: „Kommst du aus Berlin? / Du kommst aus Berlin."

Spiele-Vorschlag

2) Sätze ordnen (Gruppen zu drei Personen): Jede Gruppe schreibt aus dem Textteil des Kapitels so viele Sätze heraus, wie möglich, geordnet nach den drei Satzarten (Arbeitsteilung empfehlenswert); Zeitlimit: 3 Minuten; welche Gruppe hat die meisten Sätze aufgeschrieben? (Für jeden richtigen und im Plenum richtig vorgelesenen Satz 1 Punkt, bei Fehler Punktabzug.)

Die Überprüfung des eigenen Wissens und Könnens gibt jedem L wichtige Informationen über den Verlauf seines Lernprozesses. Werden Lücken rechtzeitig erkannt, kann Fehlendes schnell nachgeholt werden. Formative Tests helfen bei der Optimierung des Lernprozesses.

Rückschau   **R1–5**
Selbstevaluation: Einsicht in den eigenen Lernprozess

Den Lernprozess in die eigenen Hände zu nehmen heißt einerseits, sich selbst Ziele zu setzen, andererseits in der Lage zu sein, Ziele bewusst wahrzunehmen und kritisch einschätzen zu können, inwieweit man sie bereits erreicht hat. Die Rückschauseite dient dazu, diesen Prozess der Selbstreflexion und Selbstevaluation in Gang zu bringen und damit die Autonomie der L zu fördern. Planen Sie für die ersten Kapitel in Ihrem Unterricht genügend Zeit ein, in der die L die Aufgaben der Rückschauseite bearbeiten können. Helfen Sie bei den ersten K im Ablauf, stellen Sie Ihren L ggf. Musterdialoge, basierend auf den RMK, zur Selbstkorrektur zur Verfügung; und denken Sie bitte daran, dass die Testresultate ihren L gehören.

Autonomie fördern

Erste Voraussetzung für erfolgreiches und motiviertes Lernen ist ein gutes Klassenklima. Dazu gehört, dass man zumindest die Namen und – bei heterogenen Gruppen – Herkunftsländer oder Wohnorte der Klassenmitglieder kennt.

Klassenklima

* Ü5, Ü6   ***Ü27, Ü32 (s. LHB, S. 12)

Binnen-   **AB**
differenzierung

Orientierung

Im Vordergrund dieses Kapitels steht die Orientierung in einer fremden Stadt. Die L lernen, sich in einer unbekannten Umgebung (als Tourist/innen) zu bewegen und einfache Informationen über den eigenen Wohnort zu geben.
Milena kommt in der Stadt Essen an und muss sich zunächst allein zurechtfinden, bis sie am anderen Tag eine Freundin trifft, mit der sie die Stadt entdeckt. Reisen, ankommen, sich orientieren sind grundlegende Erfahrungen der L, auf die aufgebaut werden kann.

Thema

Essen, größte Stadt im Ruhrgebiet, liegt im Bundesland Nordrhein-Westfalen, hat 623 000 Einwohner/innen, und war bekannt für Kohlenbergbau; heute Handels- und Dienstleistungszentrum, Universitätsstadt.
Spezifisch landeskundlich ist die Situation „Im Café", wo neben „Kuchen und Kaffee" auch anderes angeboten wird.

Landeskunde

Handlungsbereiche
Lernziele
* nach dem Weg fragen
* sich nach einem Hotelzimmer erkundigen
* (den eigenen Namen) buchstabieren
* im Café bestellen
* eine unbekannte Stadt erkunden; Pläne machen
* eine Stadt vorstellen

Grammatik
* Verben im Präsens
* Satzfrage positiv und negativ
* Situationen in einer Stadt: im Hotel, im Café, …

Wortschatz
* Gebäude, Institutionen, Straßen, Plätze in einer Stadt
* Richtungsadverbien

Aussprache
* Rhythmus: das Wechselspiel von betonten und unbetonten Silben im Wort, in Wortgruppen und im Satz
* steigende und fallende Sprechmelodie: sprecherische Realisierung und grundlegende Regeln

Lernen/Lerntipps
* Situation, Stimmen (Personen) und Thema beim Hören kombinieren (Lerntipp 2)
* Reduktionsstrategien anwenden und dialogisches Sprechen üben (Lerntipp 3 und 4)
* (Internationale) Wörter erkennen und als Verstehenshilfen einsetzen (Lerntipp 5)
* Kurssprache verstehen und für das eigene Lernen einsetzen

Das K ist stark alltagsbezogen und enthält viele Mini-Dialoge. Wichtig sind dabei Formeln wie: „Entschuldigung. – Ja bitte?", „Danke – Bitte." Es beinhaltet eine Menge Internationalismen, die den L – je nach Muttersprache – den Zugang zur deutschen Sprache erleichtern können. Im AB findet sich eine Liste der wichtigsten sprachlichen Mittel für den Unterricht, damit der Unterricht auch im Ausland möglichst schnell auf Deutsch durchgeführt werden kann und die L die Arbeitsanweisungen im LB und AB ohne fremde Hilfe verstehen können.

Besonderheiten

Von K1 wird das Thema „Namen" und „Angaben zur Person" aufgenommen; in K10 wird das Thema „Reisen" aus K2 vertieft und erweitert.

Rück- und Ausblick

Das Kapitel im Überblick

| 1 | **Ankunft** A1 | Bild ansehen und im PL sammeln: Wer ist das? Wo ist das? Was sucht die Frau? Text hören: Geräusche, Stimmen, Wörter. 2. Hören: auf Plan verfolgen, evtl. Dialog laut lesen lassen. 3. Hören: Dialoganfang und -schluss beachten (Höflichkeit). → |

Orientierung: Ort und Weg F6–7

A2 Mit RMK und Plan in PA Dialoge üben.

2 City-Information **A3** Text abdecken; Geräusche, Stimmen, Wörter hören; sammeln. Mit Lerntipp 2 vertiefen. 2. Hören mit Fragen aus A2, evtl. GA, jede Gruppe übernimmt eine Frage. An Tafel Raster mit „Hotel – DM – Wo?". Ergebnis notieren, mit Text im LB vergleichen. Dialog in PA lesen; vorlesen. →

Ein Hotel suchen
Lerntipp 2

Ü1–Ü5 **A4** In PA Dialog frei üben, bei starken L mit Angaben aus Ü1 variieren (schriftlich als HA). Ü5 als HA zur Festigung und Wiederholung.

3 Stadtplan **A5** L suchen Orte/Straßen/Plätze; an Tafel Abkürzungen wie *Burgpl., Hbf., Teichstr.* klären, Vorentlastung für A6.

Orientierung: Ort und Weg F6–7

Ü6 **A6** Text im PL hören, Anfang mitlesen, auf Stadtplan verfolgen. Wichtige Ausdrücke: *links – rechts – geradeaus.* Zweites Hören als Sicherung: Weg notieren, evtl. wichtige Wörter anschließend an Tafel sammeln. Möglicher Anschluss A15, A18, A19. →

Lerntipp 3 **A7** PA mit Karte und RMK, Dialog in PA schreiben, evtl. vorlesen. Weitere Dialoge erfinden.

4 Ankunft im Hotel **A8** Einstieg über Bild: „Gästebuch – Anmeldung – Hotel". Was passiert da? Sammeln. Hören ohne Mitlesen: Wie heißt die Frau? 2. Hören und mitlesen: Wie schreibt man den Namen? Vorsprechen im PL. Eigenen Namen buchstabieren als PA, Partner/in notiert. Im PL Namen der Partner/innen buchstabieren, alle L notieren. →

Anmeldung
Ü7

5 Im Café **A9** Einstieg über Bild und Kurztext. Personen identifizieren: Wer ist die Frau links? Speisekarte: Wortschatz klären. Evtl. bekannte Wörter (Tee, Kaffee, Sandwich): Wie heißt das in Ihrer Sprache? Weitere Wörter sammeln aus dem Bereich „Essen und Trinken". Ist die Karte typisch deutsch? Hören und mitlesen: Was möchte Milena? 2. Hören: Was möchte Beatrix? Mit RMK antworten. 3. Hören: Frage- und Antwortstrukturen an Tafel notieren. →

Bestellen
Lerntipp 4

Ü8–Ü11 **A10** Zuerst Lerntipp 4 besprechen (Akk. des unbestimmten Artikels nicht behandeln! Als Ausdruck lernen.); Dialog in GA einüben, vorspielen. (Ü9a als HA, nächste Stunde Kontrolle mit Ü9b). Auf Dialogstruktur (begrüßen, danken) achten. Ü11 als HA. →

6 Ein Tag in Essen **A11** In EA Text lesen und Frage beantworten; im PL unbekannte Wörter mit Fotos erklären. In GA internationale/bekannte Wörter im Text und in den Bildlegenden ①–④ suchen, im PL vergleichen. Fragen (RMK) im PL beantworten. Ü12 als HA. →

Pläne machen
Ü12

Lerntipp 5 **A12** L notieren in EA/PA Programm in Essen. Erweitern mit Lerntipp 5 und Ü13. In PA/GA fragen und ein gemeinsames Programm erstellen, im PL vorstellen. Ü15–Ü18 in GA (oder HA), L korrigieren mit Lösungsschlüssel und GR im LB: Satzfrage. →

Ü13–Ü19

Eine Stadt vorstellen **A13** In EA oder PA sammeln, Text schreiben (mit RMK), im PL vorstellen; verschiedene Sehenswürdigkeiten an Tafel sammeln. Neue, wichtige Wörter individuell notieren.

7 Aussprache **A14** Wörter/Wortgruppen hören und halblaut mitlesen. Markierungen als visuelle Hilfe für unterschiedliche rhythmische Gestalt. Sprechen Sie „Bahnhof, …", ein L klopft/klatscht den Rhythmus. Reihenübung: L klatscht/klopft Rhythmus, Nachbar/in sagt passendes Wort usw. Achtung: Akzentsilbe muss deutlich (lauter!) zu hören sein. Ratespiel: L/Sie klopfen Rhythmus. L raten/sprechen das Beispiel. →

Rhythmus AUS
Ü20

1. Hören ohne Buch: Inhaltliche Verständnissicherung (Wo? Wer? Was?). 2. Hören: Fragen identifizieren und sprechen. Schreiben Sie Fragen an die Tafel und lesen Sie vor. Melodie durch Handzeichen visualisieren. W-Frage fallend, Satz- und Rückfrage steigend. 3. Hören: L lesen halblaut mit. Dialog in PA üben.

Beispiele hören. sprechen Sie vor und visualisieren Sie Akzent und Melodieverlauf durch Handzeichen, L sprechen nach (evtl. auch mit Handzeichen). Regel zusammenfassen: Fragewort oder steigende Sprechmelodie = Frage.

Sprechen Sie vor, L sprechen nach. Fragen an verschiedene L (Blickkontakt, Mimik, Gestik, emotionalen Ausdruck variieren). Beispiele zu den 3 Fragetypen an Tafel mit Markierung der Sprechmelodie. Weitere Beispiele sammeln. Markieren Sie jeweils den Akzent, L sprechen. Korrigieren Sie, wenn nötig. →

Wörter auf Wort-Karte suchen (auch als Teil von Komposita), Bedeutung mit Karte klären, weitere Wörter ergänzen. In PA abwechselnd Gebäude/Orte suchen, mit vorgegebenen Redemitteln die Lage beschreiben.

1. Hörtext: dem Pfeil folgen. Verstehenskontrolle: Wo liegt das Hotel Europa? 2. Hörtext: das Museum als Zielpunkt. Beide Hörtexte noch einmal hören. Wie oft hört man *links – rechts – geradeaus?* Strichliste machen. →

(Einstieg über LB-Texte 1 u. 2, S. 12 oder Ü3–Ü5 und Ü10.) Paradigma von *suchen* an der Tafel entwickeln, dabei an Bekanntes aus K 1 (Präsensformen) anknüpfen, Pluralformen, Kongruenz Personalpronomen-Verb-Endung verdeutlichen, Personalformen anderer Verben (z.B. *kommen, wohnen, sagen*) bilden lassen. Besonderheiten bei den Verben *arbeiten, nehmen* und *haben* herausarbeiten; analoge Beispiele *(sprechen, lesen)* für Ablaut in der 2. und 3. Person Singular an Tafel schreiben und laut lesen lassen, ebenso Beispiel zu *arbeiten (antworten).*
Die Formen von *sein* und die *möcht-*Formen müssen die L auswendig lernen. →

(Einstieg über Ü15 und Ü16.) Fragen und Antworten lesen lassen. Wo steht das Verb? Satzfrage (positiv) und Satzfrage (negativ) vergleichen anhand der Beispielsätze. Gleiche Bedeutung von „ja" und „doch" nach „nein" läßt sich durch die Ausformulierung der jeweiligen Antwort (z.B.: Ja/Doch, ich möchte ins Museum.) verdeutlichen. →

Rückschauseite nochmals exemplarisch in den Unterricht einbeziehen.
Einzelne Punkte in Randspalten im LB suchen, in EA Kenntnisse einschätzen.

Bedeutung von „Das mache ich gerne." im PL besprechen, in EA ankreuzen.
Punkte zu GR, AUS, WS im PL suchen. L kreuzen Selbsteinschätzung im Raster in EA an. →

Situationen in PA spielen. Nach jeder Situation sich gegenseitig bewerten. Bewertungskriterium ist hier nicht sprachliche Korrektheit: Wurde die Situation mit den zur Verfügung stehenden sprachlichen Mitteln verständlich gelöst? Erfindungsreichtum und unterstützender Einsatz von Mimik und Gestik können bei der Wegbeschreibung mangelnde Sprachkompetenz kompensieren. Nach allen 3 Situationen gegenseitige Bewertungen in PA vergleichen. Situationen in der Liste von R1 suchen, Selbsteinschätzung mit Resultat vergleichen. →

Testen in der Realsituation: L auffordern, diese Aufgaben zu versuchen und sich ähnliche Aufgaben zu stellen.

Kapitelabschlusstest im separaten Testheft, S. 9ff.

A15 Sprechmelodie
AUS Ü21

A16 Akzent und
AUS Sprechmelodie

A17 Fragen
Ü22

A18 Wortschatz **8**
Wort-Karte
„Stadtplan"

A19 Orientierung

Grammatik **9**
Verb: Präsens
Ü3–Ü5, Ü10

Satz: Satzfrage
positiv – negativ
Ü15–Ü18

Rückschau **AB**
R1 Situationen auf
Deutsch

R2 Klassenklima
GR/AUS/WS

R3 Selbstevaluation:
Hörverstehen +
Sprechen
A1–A2, A5–A7,
A18–A19;
A9–A10; A13

Moment mal!

Test **TH**

Ideen – Vorschläge – Bemerkungen – Zusatzmaterial

Minidialog und Rollenspiel

In dem K gibt es viele Mini-Dialoge. Einige L spielen nicht gerne in PA oder vor dem PL, andere L haben keine Mühe, Dialoge auswendig zu lernen. Oft helfen ein paar Requisiten (Plakate, Tücher usw.) und eine Inszenierung (Stühle und Tische umstellen), die die Situation andeutet, in die Rolle einzusteigen. Am Anfang Rollenspiel nicht zur Bewertung oder Benotung einsetzen, da sonst für gewisse L zu viel Stress entsteht. Vor dem Rollenspiel in der Muttersprache über ähnliche (erlebte) Situationen/Personen sprechen. Spielen Sie die Rollen vor oder übernehmen Sie eine Rolle in einer Gruppe. Dies motiviert zögernde L. PA bietet die Möglichkeit, im geschützten Raum zu üben und weich zu korrigieren. Lassen Sie den L Zeit und helfen Sie ihnen, in eine Rolle einzusteigen. Klären Sie vor dem Einsatz von Rollenspielen folgende Fragen:
Wie wird das Rollenspiel vorbereitet, durchgeführt und nachbereitet? Ist der Arbeitsauftrag klar? Wird ein Beispiel/Modell vorgegeben? Welche (Rollen-)Vorgaben werden gemacht? Werden Sozialformen berücksichtigt? Gibt es ein Zeitlimit? Ist die Rolle des Lehrers / der Lehrerin definiert? Sind eventuelle Beobachter-Aufträge für die L klar formuliert?[1]

A1 **Deutsche Städte**
Himmelsrichtung

Karte Zugverbindungen wenn möglich als Folie auf OHP (Vergrößerung ca. 200 %). Beginnen Sie im PL mit Fragen, L machen weiter: Wo liegt Essen? Wo liegt …? Was liegt im Osten von …? Wiederholung Himmelsrichtungen (K1).

Zugverbindungen in Deutschland

---

[1] nach Manfred Schewe: Fremdsprache inszenieren. Zur Fundierung einer dramapädagogischen Lehr- und Lernpraxis. Oldenburg, 1993, S. 155

Außersprachliche Elemente (Geräusche, Stimmen) helfen, Hörtexte leichter zu verstehen, und sind keine Erschwerung. L können, wenn sie sich auf diese Elemente beim 1. Hören konzentrieren, ihr Weltwissen aktivieren und eine Erwartungshaltung bezüglich des Inhalts und der Gesprächssituation aufbauen. Als Hörstrategie muss das immer wieder bewusst gemacht und geübt werden.

Lerntipp 2

Transfer mit Stadtplan der eigenen Stadt. Wo wohnst du? / Wo wohnen Sie? Weg vom Kursort oder einem wichtigen Punkt der Stadt erklären. Ein deutscher Tourist / Eine Touristin in der eigenen Stadt fragt nach dem Weg vom Bahnhof zum Museum usw. Einen vereinfachten Stadtplan mit Spielanleitungen finden Sie im Foliensatz (Folie 6 und 7).

**A5–
A7**

Den eigenen Namen zu buchstabieren ist im Alltag von zentraler Bedeutung. Verstehen, wenn jemand buchstabiert, ist sowohl im Unterricht wie im Alltag (z.B. am Telefon) sehr wichtig. Deshalb sollte dies intensiv und immer wieder geübt werden. Die sichere Beherrschung des Alphabets ist auch für die Benutzung des Wörterbuchs entscheidend (vgl. Ü14).
Bei (für fremde Ohren) schwierigen Namen eignet sich die Buchstabiertabelle:

Buchstabieren **A8**

Buchstabiertafel

A = Anton	J = Julius	S = Samuel
Ä = Ärger	K = Kaufmann	Sch = Schule
B = Berta	L = Ludwig	T = Theodor
C = Cäsar	M = Martha	U = Ulrich
Ch = Charlotte	N = Nordpol	Ü = Übermut
D = Dora	O = Otto	V = Viktor
E = Emil	Ö = Ökonom	W = Wilhelm
F = Friedrich	P = Paula	X = Xanthippe
G = Gustav	Q = Quelle	Y = Ypsilon
H = Heinrich	R = Richard	Z = Zacharias
I = Ida		

Sie können auch mit den L eine eigene Tabelle mit Vornamen zusammenstellen (X = Xaver, Y = Yvonne, Z = Zora).
Lassen Sie sich an der Tafel die Liste der Kursteilnehmer/innen diktieren. Machen Sie bewusst Fehler, um Korrektur und Nachfrage zu provozieren; decken Sie die Namen ab und diktieren Sie jetzt, jede/r L schreibt in EA, Lösungen vergleichen.

Rollenspiel: Kurseinschreibung im Sekretariat, PA: Angestellte/r – L, Formular (ohne Zahlen → K 3) ausfüllen.

Name: _____	Vorname: _____
Straße: _____	
Ort: _____	
Herkunft (Land): _____	
Sprachen: _____	

Eigene Getränke- und Speisekarte mit bekannten/internationalen Wörtern zusammenstellen; Dialog variieren. In Muttersprache über Thema „Kuchen und Kaffee" diskutieren. Wo gibt es diese Tradition auch? Welche Traditionen gibt es anderswo?

Landeskunde **A9**
Speisen und Getränke

Je nach Stärke der Lerngruppe kann das dialogische Sprechen zuerst mit den Ü im AB vorstrukturiert und aufgebaut werden.

A10

Weitere Informationen:
Fremdenverkehrsamt Essen   oder Internet http://www.essen.de
Rathaus
Porscheplatz
D-45127 Essen

A11

Lerntipp 5
Isotopie –
Textkohärenz

Zur Kohärenz eines Textes oder eines Gesprächs trägt in einem hohen Maße das Thema bei. Aktuelle Themen wie Sport, Mode, Politik, Film, Theater usw. sind stark mit Namen – von Personen und Ländern/Städten – verbunden, aber auch mit Lexemen, die semantisch miteinander verbunden sind. Dadurch wird im Text eine themenbezogene Bedeutungsebene aufgebaut, die auch „Isotopie-Ebene" genannt wird.

In Lerntipp 1 und 5 zeigen wir, wie ausgehend vom Verständnis von Namen und Wörtern in vielen Fällen das Thema eines Textes erschlossen werden kann.

Weltwissen aktivieren

Entscheidend für das Verstehen beim Lernen einer Fremdsprache ist das Weltwissen, über das kompetente Sprecher aufgrund ihrer Erfahrung im Umgang mit Personen, Dingen und Situationen verfügen. Dazu gehören kulturspezifische Kenntnisse (z.B. Tageszeitungen haben einen Sportteil, aktuelle Sportresultate können da gefunden werden). Ein Beispiel:

Aufgabe:
- Text schnell lesen
- Bekannte Wörter markieren

Text 1

NUR NICHT HUDELN!

Eine Gesellschaft im Tempo-Rausch: Schneller essen, schneller kommunizieren, schneller lernen... In Österreich – wo sonst – gibt es seit kurzem einen Verein, der sich dem organisierten Kampf gegen das Diktat der Geschwindigkeit verschrieben hat. Wer mehr über die „Jäger der verlorenen Zeit" – so der Titel der Reportage über stressfreie Methoden zur Wiederentdekung der Langsamkeit – erfahren will, benötigt dafür nur zweierlei: ein TV-Gerät und – Zeit.   So, 19.30, ZDF

Text 2

CHAMPIONS LEAGUE: SALZBURGER FESTSPIELE?

Oder müssen sich die Baric-Kicker nach ihrem Höhenflug im UEFA-Cup nun auf eine Bruchlandung gefasst machen? Die erste Hürde der Salzburger bei ihrer Rückkehr aufs internationale Fußballparkett heißt AEK Athen. In derselben Gruppe (D) kämpfen Ajax Amsterdam und AC Mailand um den Einzug ins Viertelfinale.

Mi; 20.15, ORF 2

Text 3

SEIN LEBEN UND SEINE FILME

Vor hundert Jahren, am 15. September 1894, wurde Jean Renoir geboren, der, von seinem malenden Vater Auguste beeinflusst, durch den poetischen Realismus und die Darstellung impressionistischer Stimmungen stilbildend war für den französischen Film.

- *Le déjeuner sur l' herbe* (dt. Titel: „Frühstück im Grünen") So; 21.40, TV 5
- *Porträt Jean Renoir* So; 23.10, TV 5
- *Toni* Di; 23.00, WDR
- *Die große Illusion* Di; 23.40, BR 3
- *Bestie Mensch* Mi; 1.10, ORF 2

- Passende Wörter als Wortkette notieren

⬭—⬭—⬭—⬭

- Thema finden: Welcher Text gehört zu welchem Thema?

Thema A

Thema B

Thema C

Text	1	2	3
Thema			

Die vorgeschlagenen Aufgaben lassen sich auch als Hausaufgaben machen, falls deutschsprachige Zeitungen erhältlich sind und Radio- oder TV-Sender empfangen werden können. Wichtig bei Hausaufgaben mit Zeitungen, Radio und TV ist ein klarer Arbeitsauftrag. Machen Sie die Auswertung in einer der folgenden Stunden, um die L zu weiterem selbstständigen Entdecken und Arbeiten zu ermutigen.

Hausaufgabe auswerten

Ein Gefühl für den deutschen Sprechrhythmus zu entwickeln fällt vielen L schwer und sollte deshalb intensiv geübt werden. Rhythmische Strukturen können besonders gut über andere Kanäle gezeigt und erfahrbar gemacht werden (Körperbewegungen, Gesten, Klatschen/Klopfen, mit den Füßen stampfen, ...). Verwenden Sie deshalb diese Mittel möglichst oft.

Aussprache A14–
Sensibilisieren A17
für den
Sprechrhythmus

Bei W-Fragen findet man häufig auch den steigenden Melodieverlauf, der auf eine freundliche, persönliche Sprechintention hindeutet. Bei fallendem Melodieverlauf ist die Intention eher sachlich auf die Information gerichtet.

W-Fragen und Sprechmelodie

Die Wort-Karte „Stadtplan" enthält in einer vertrauten Form wichtige Einrichtungen und Gebäude einer Stadt. Die Wörter der Liste am linken Rand sind über Vignetten (City-Information), Vignetten und Aufschriften (Post, Theater) oder über die Zeichnung (Bahnhof, Park, Museum) semantisiert; einige Wörter sind nur Teil von Komposita (Museumsstraße) enthalten. Die Technik, bekannte oder zu erwartende Wörter in einer halbauthentischen Vorlage zu suchen, ist eine wichtige Übung, Angst gegenüber authentischem Material abzubauen. Für L in D-A-CH kann so gezeigt werden, wie sie in ihrer eigenen Umgebung authentisches Material als Lernmöglichkeit nutzen können.
a) Nach 1 Ankunft: Zur Einführung von WS
b) Nach 3 Stadtplan: als Vorentlastung der Realie (A6) oder
c) mit Betonung auf Darstellung und Anordnung von WS als Lernvorlage nach 6 Ein Tag in Essen, als Strategie zum WS lernen.

Wortschatz A19–
Wort-Karte A20

D·A·CH

Einsatzmöglichkeiten im Unterricht

Im Anschluß an A18 den authentischen Stadtplan von Essen (S. 13) ebenso als Suchaufgabe bearbeiten: aus Wortliste (A18) finden sich H(aupt)b(ahnho)f, Hauptpost bzw. Postgiroamt, Rathaus, Altkath(olische) K(irche), Theater(platz), darüber hinaus Stadtbibliothek (A1), Münster, (Alte) Synagoge (A12).

Alternativen

Leere Grobskizze des Stadtzentrums oder der unmittelbaren Umgebung des Kursortes (Kopie oder Folie) im Kurs mit Aufschriften (und Vignetten) ergänzen, WS an den Lernort anpassen.

D·A·CH

Den schematischen Stadtplan von Ü6 (Folie 6/7) oder eine Kopie der Wortkarte (A18) ohne Wortliste vorlegen, Wortschatz gemeinsam sammeln und notieren.

Lerner mit Vorkenntnissen

Stühle und Bänke zu einer Stadt aufbauen. Die Tische sind Gebäude, die Zwischenräume Straßen. L stellen Schilder für Post, Café usw. auf die Tische. L beschreiben einen Weg von ihrem Platz zu einem anderen. Die anderen benennen den Zielpunkt.

Weitere Aktivitäten

L bauen Stadt, ziehen Rollenkarten für Partnerdialoge, die die Situationen aus dem K wiederholen und variieren. L suchen den passenden Ort in der Stadt, bereiten Dialoge vor (Material dazu in RMK und Ü1, Ü8, Ü9) und spielen.

„Blinde Kuh": Ein L hat die Augen verbunden/geschlossen. Der andere führt ihn mit einfachen Befehlen „links", „rechts" usw. durch die „Stadt". Oder: Alle führen gleichzeitig jeweils ihre Partner durch den Klassenraum. Ziel: möglichst wenig Kollisionen.

9	**Grammatik** Verb: Präsens	Die tabellarische Übersicht knüpft an K1 (Kongruenz von Verb und Subjekt) an und bietet die Formen im Überblick. Auch die Abweichungen von der Grundform (repräsentiert durch das Verb *suchen*) werden aufgeführt: Verben auf Stammauslaut „t" (*antworten*), Verben mit Ablaut (*nehmen), haben, sein,* außerdem die Konjunktiv-II-Form *ich möchte.* Denn diese Verben gehören zum Basiswortschatz und tauchen sehr früh und immer wieder auf. Die Anforderungen an die Lernenden sind relativ hoch, es ist schwerer, einmal falsch erworbene Formen zu korrigieren, als sich auch schwierige Formen gleich richtig einzuprägen. Von Ihnen sollte der Hinweis kommen, dass die regulären Formen (*suchen*) bei weitem am häufigsten sind, dass man bei Stammauslaut „t" praktisch gezwungen ist, ein „e" in der 2. Person Singular und Plural zu sprechen, dass man bei den relativ wenigen Verben mit Ablaut im Singular am besten die entsprechende Form gleich mitlernt (*nehmen, du nimmst*): Dann verlieren die Abweichungen viel von ihrem Schrecken.
	Satzfrage: positiv/negativ	Die relativ seltene Form der negierten Satzfrage wird hier gleich mit behandelt, um das Pensum komplett zu haben, zumal nur eine Winzigkeit zu beachten ist („Doch" statt „Ja" bei bestätigender/zustimmender Antwort).
	Spiele-Vorschlag	Verben suchen: Alle Verben aus Texten der K1 und 2 heraussuchen und ordnen (PL, arbeitsteilig): Jede/r nimmt sich einen Abschnitt, eine Randspalte, einen Redemittelkasten vor, schreibt die Verben heraus und bestimmt ihre Form (1., 2., ... Person); die gefundenen Verbformen werden im PL vorgetragen (und von allen anhand des jeweiligen Textausschnittes kontrolliert). Erweiternde Variante: Zu jeder Form muss die analoge Singular- bzw. Pluralform gebildet werden (z.B. „Was nimmst du?" – „Was nehmt ihr?"). Reduzierte Variante: Verben nur aus einigen Texten heraussuchen lassen. Personen raten: Alle L schreiben ihre Identität (Name, Herkunft, Adresse, ...) auf eine Karte; die Karten werden gemischt und verdeckt verteilt; in Gruppen von 4–6 Personen muss die jeweilige Identität durch Stellen von <u>Satzfragen</u> allmählich erraten werden; der Karten-/Identitäts„inhaber" antwortet nur mit „Ja", „Nein" oder „Doch". Variante: Es sind nur 5 Fragen erlaubt.
AB	**Rückschau** Klassen- und Lernklima spüren	Nachdem jede/r L R2a) individuell beantwortet hat, kann eine kleine Umfrage in der Klasse gemacht werden. Schreiben Sie dazu Text- und Bewertungsraster von „Ich und die Gruppe" auf ein großes Plakat und hängen Sie es in der Klasse auf. L tragen ihre persönlichen Einschätzungen ein. Das Gesamtbild gibt Ihnen eine Rückmeldung über Vorlieben und Abneigungen der L. Gleichzeitig haben die L die Möglichkeit, ihre individuelle Einschätzung in Beziehung zur Klasse zu setzen.
	Gruppenevaluation: Sprechen	Partner-Evaluation, wie beispielsweise in R3, kann häufig zur Gruppenevaluation ausgebaut werden, wobei die Gruppe aus mindestens 3 Personen (Rolle A, Rolle B und Bewertende/r) und maximal 6 Personen bestehen sollte. Da das gegenseitige Bewerten trainiert werden muss, können Sie den Gruppen über die Schultern schauen. Geben Sie immer zunächst den L die Chance, ihre Bewertung zu machen, bevor Sie Ihre Einschätzung sagen.
	Erweiterung	Für die Gruppenevaluation ist es sinnvoll, mehr Aufgabenkärtchen zu haben. Mit der folgenden Kopiervorlage können Sie Kärtchen aus dem AB für die ersten beiden Situationen variieren.

AB	**Binnen- differenzierung**	* Ü3, Ü8, Ü14 *** Ü6, Ü9b), Ü13

Kapitel 3

Orientierung

Im Zentrum des Kapitels steht eine Musikergruppe auf ihrer Welttournee: Musik ist sprach- und grenzüberschreitende Kommunikation. Die Musiker kommen aus der Schweiz. Sie sind ein Beispiel für multikulturelle Musikgruppen: deutschsprachige und französischsprachige Schweizer, mit spanischen und brasilianischen Eltern, sprechen untereinander Deutsch, Französisch oder Englisch. Sie singen auch in verschiedenen Sprachen. Die Gruppe ist viel unterwegs: Ihre Heimat ist die Bühne und die Musik. Damit wird ein Lebensgefühl von vielen (nicht nur jungen) Menschen angesprochen.

Thema

Musik (= Töne als Sprache) gehört zur „condition humaine" und bietet deshalb den L die Möglichkeit, sich noch besser kennen zu lernen und zu vergleichen, nach dem Motto: Sag mir, welche Musik du hörst, und ich sage dir, wer du bist / woher du kommst.

Landeskunde

Handlungsbereiche

Lernziele

- sich zeitlich orientieren: Monate, Tage
- nach Zeitpunkt und Zeitdauer fragen und antworten
- über Musik sprechen
- Gefallen/Missfallen äußern
- Zählen, Rechnen
- Telefonnummern verstehen und sagen

Grammatik

- unbestimmter und bestimmter Artikel im Nominativ und Akkusativ
- Nullartikel
- Verben mit Akkusativ

Wortschatz

- Kontinente
- Monatsnamen
- Kardinalzahlen
- Musik: Musiker, Musikstile, Instrumente, Musik machen
- Ausdrücke des Bewertens: von *Spitze!* bis *Sehr schlecht!*

Aussprache

- Vokale, Vokalquantität: lang – kurz, Lippenposition: gerundet – ungerundet, Artikulationsort von Vokalen
- Ausspracheregeln aufgrund bestimmter Buchstabenfolgen
- Anhang LB, S. 112 ff.: Überblick über die Vokale im Vokalviereck, Ausspracheregeln

Lernen/Lerntipps

- Unterschiede zwischen Muttersprache und Deutsch erkennen: Lerntipp 6
- Sprachbewusstsein für die deutsche Sprache fördern: Deutsch unter verschiedenen Sprachen lesend und hörend identifizieren: u.a. Lerntipp 7
- Strukturiert Informationen aus Texten erschließen (W-Fragen): Lerntipp 8
- Mind-map als Form der Aufbereitung von Lernstoff und Informationen

Das K ist in Form einer Reportage aufgebaut. Wichtige Stationen und Facetten eines „Musikerlebens" werden gezeigt: die Musiker vor und hinter der Bühne, ein Aufnahmestudio, Zuschauerreaktionen und Zeitungsbericht. Dieser erste längere Lesetext soll den L Lust und Mut machen, im Dickicht von Buchstaben und Wörtern von Verstehensinsel zu Verstehensinsel zu springen. Das K enthält einige „modische", anglo-amerikanische Wörter und Ausdrücke aus der Musik-Szene. Damit soll gezeigt werden, dass Sprachen sich gegenseitig beeinflussen. Es geht nicht darum, die Wörter aktiv zu beherrschen, sondern darum, einen Anlass zu bieten, über ähnliche Phänomene in der eigenen Sprache nachzudenken.

Besonderheiten

Von K1 wird das Thema „Ländernamen" ergänzt durch die Namen der Kontinente. Die Personenbeschreibung wird durch Alter, Tätigkeit erweitert. Wochentage und Ordinalzahlen folgen in K4. „Präferenz nennen" wird in K5 (Sommerfest), K6 (Lernen), K12 (Essen und Trinken) wieder aufgenommen.

Rück- und Ausblick

Das Kapitel im Überblick

1 **Die Welttournee** Informationen zu Ort und Zeit F1/2	**A1** Tournee-Plan anschauen, Abkürzungen erraten. Welche Länder kennen die L persönlich? Text lesen und Monate und Länder/Kontinente mit dem Tournee-Plan und Weltkarte (bzw. Karte K1, LB, S. 6/7) vergleichen.

Ü1–Ü2   **A2**   a): Text hören (Fokus: Wo? Wie? Wann?) und mit Tournee-Plan vergleichen. 2. Hören: zuerst Monate auf Blatt notieren, beim Hören Länder(abkürzungen) ergänzen (oder umgekehrt). Evtl. 3. Hören mit Ü1. Dann Sprechübung in PA mit RMK. →
b): (Evtl. nur bei schwächeren L) Monatsnamen hören oder vorlesen. Nachsprechen, Betonung von *August* beachten. Mit Ü2a) Klang- und Schriftbild zuordnen. Vergleich mit anderen Sprachen. Diskussion: Was ist typisch Deutsch? z.B. Umlaut, Endung *-r/-er; k* und nicht *c*. Ü2b) als HA.

Zahlen   **A3**   a): Hier Zahlen nur so weit behandeln, dass die L die Aufgabe A3b) mit Hilfe des RMK lösen können (Fokus: Wie lange?). Bei „3 Sampling" wird intensiv geübt. Machen Sie die L auf das Bauprinzip (s. Lerntipp 6) und Ausnahmen aufmerksam. Lassen Sie die L eigene Zahlen finden, schlagen Sie mit den L im Buch die Seitenzahl nach (z.B. 85). Evtl. Ü8–10 vorziehen. Konzentration auf korrekte Aussprache. Je nach Ausgangssprache haben die L unterschiedliche Probleme: *zwei, zwölf; vier, fünf, sechs.*
b) Muster im PL, dann PA oder GA mit Tournee-Plan (oder mit eigenem Plan) üben.

2   **Die Musiker**
Informationen zu
Personen   **A4**   Fotos betrachten und raten: Wer ist wer? Wie alt sind die Personen? Welche Musik machen sie? Welche Instrumente spielen sie? Auf dem Foto oben von links nach rechts: Urs, Franz, Alain. (Evtl. Ü3 als Stütze einbeziehen, später als HA mit „eigenen Instrumenten" ergänzen.) Informationen an der Tafel sammeln – Text zweimal hören: L machen Notizen nach Raster. Nicht korrigieren! →

Ü3   **A5**   L ergänzen/korrigieren in EA/PA ihre Notizen selber. Die L bekommen so Vertrauen in die eigene Korrekturkompetenz.

Ü4–Ü6   **A6**   In PA mit RMK einüben. L auf die verkürzte, pragmatisch richtige Antwort *„Eine Welttournee."* usw. aufmerksam machen. Ü4 zur Festigung als HA. Ü4b) auf Blatt Papier zum Einsammeln. Wiederholung mit Ü5. →

3   **Sampling: Zahlen und Musik**
Zahlen verstehen
Ü7–Ü14
Lerntipp 6   **A7**   Zahlen mehrmals vorspielen und auf Foto mitlesen, je nach Lust der L mitsprechen. Dies ist ein Beispiel für Sampling: Die Aufnahme wurde von den Young Gods im Computer gespeichert und bearbeitet. Die Rhythmisierung der Zahlen erleichtert das Memorieren. Zur Kontrolle Ü7. Ü8 und Ü11 als HA. Für Ü12 Zettel oder Ausschnitt aus Telefonbuch für PA vorbereiten. Person A bekommt „Name" und „Ort", Person B „Name", „Nummer" und „Vorwahl" (mehrfach). Spielen und anschließend Rollen wechseln.

4   **Das Konzert**
Gefallen/
Missfallen äußern   **A8**   Die drei Interviews in Abschnitten hören. Die Lesetexte variieren von Transkription über Bericht in der „Er"-Form zu Notizen. 2. Hören ohne Hilfe der Lesetexte, um Hören und Notieren zu trainieren. Bei starken L direkt nur mit Hörtexten einsteigen. Text 1 und 3 als schriftliche Ü in einen Bericht übertragen lassen.

Über Musik   **A9**   Vor A9 an Tafel verschiedene Musikstile sammeln, wenn möglich von eigener Cassprechen
Ü15–Ü16
F13   te vorspielen; in GA Interviews machen. Gruppenergebnisse auf Plakat festhalten. Plakate aufhängen. L lesen und machen Notizen zu einzelnen Personen/Äußerungen. Abschluss: L erfragen weitere Informationen.

5   **Der Zeitungsbericht**
Informationen in
Texten
Ü17–Ü18
Lerntipp 7   **A10**   In EA lesen; Notizen des Journalisten mit Text vergleichen. (Evtl. Fotokopie machen, damit L Pfeile zeichnen, unterstreichen oder nummerieren können). Lerntipp 7 besprechen. Im Zeitungstext und im PL weitere Beispiele suchen. Ü18 hören, Raster an Tafel, zur Wiederholung Ü18 als HA.

Lerntipp 8 besprechen. EA: Antworten auf W-Fragen im Text markieren oder nach Modell unten auf der Seite notieren. Im PL vergleichen. Ü19 in GA (oder als HA) als Strategietraining. Fragen evtl. schriftlich beantworten lassen.

In PA Fragen stellen; vorher evtl. Fragestrukturen an Tafel erarbeiten.

Musikausschnitt anhören; L äußern im PL ihre Meinung (mit RMK A8/9, Ü16). →

1. Hören: Welche Interjektionen sind bekannt/international? L sprechen die bekannten Ausrufe. Semantisierung: Sie sprechen einige Ausrufe mit extremer Mimik. Malen Sie eine Sonne / Wolke mit Regen / Wolke mit Sonne an die Tafel. L kommentieren die Bilder. Mit anderen Sprachen vergleichen. 2. Hören: L lesen die Ausrufe mit.

L sprechen die Ausrufe mit möglichst viel emotionalem Ausdruck. Ü25: Vokale mit Konsonant verknüpfen: z.B. mih, moh, muh, meh, ... Anhand F8 (Sagittalschnitt) die Artikulation der Vokale, die Zungenbewegung bewusst machen: Sie zeigen auf die Vokale [i:, a:, u:] und sprechen langsam den entsprechenden Laut dazu, L sprechen mit. Die Laute sollen „auf der Zunge zergehen"! Später mit dem Vokalviereck erweitern. →

1. Hören: L hören die Wortpaare lang-kurz, Sie visualisieren die Quantität durch Gesten, z.B. lang: mit den Händen/Armen vor dem Körper einen Expander auseinanderziehen, kurz: mit dem Finger schnipsen.
2. Hören: L lesen die Beispiele mit. L lesen Beispiele. Sie sprechen Wortbeispiele (A16, A17, andere), L reagieren mit Handzeichen auf kurzen Vokal, z.B. mit Zeigen einer Faust, auf langen Vokal mit Zeigen der flachen Hand. →

L lesen laut und bilden Wortgruppen, z.B. *im April, in Dresden*; Sätze, z.B. *Im April spielen wir in Dresden.* Beim Lesen/Sprechen/Korrigieren zunächst nur Vokalqualität, dann auch Sprechgeläufigkeit und Satzakzent beachten.

Mind-map in beliebiger Reihenfolge lesen lassen, fehlende Bedeutungen „aus der Umgebung" erschließen lassen oder erklären, auch gestisch (bei ③); anschließend den Ästen bzw. Abzweigungen Fragen zuordnen. In GA oder PL weitere Wörter (z.B. Musikstile) aus dem Kapitel ergänzen und/oder nach eigenen Kriterien neu anordnen. →

(Einstieg über LB-Text 5, S. 21 oder Ü20–Ü22.) Bilder anschauen und Beispielsatz-Paare laut lesen lassen, Formen der unbest. und best. Artikel an Tafel schreiben (lassen), Begriffe und Funktionen einführen (Unbest. Art.: *ein, ein, eine* → unbekannt/neu im Text; Best. Art.: *der, die, das* → bekannt/nicht neu im Text); Genus-Begriffe (mask., neutr., fem.) einführen und zuordnen lassen (*der/ein Text* usw.); Begriffe „Nominativ" und „Akkusativ" einführen und Beispiele zuordnen, auf Verb + Akk. bei entsprechenden Verben (*lesen, machen, hören*) aufmerksam machen, Akkusativformen vergleichen lassen: Wo sind Nominativ und Akkusativ verschieden? →

(Einstieg über Ü23.) Sätze lesen lassen. Beispiel lernen lassen. Für weitergehende Informationen (Wann wird der Null-Artikel gebraucht?) ist es noch zu früh. Weitere Beispiele aus K1 und K2: *Sie kommt aus Spanien* oder *Er kommt aus der Schweiz.*

Themen in LB suchen, Seitenzahlen und Aufgabennummern notieren. Selbsteinschätzung markieren.

Kontinente und Monatsnamen in EA im Heft notieren. In PA Lösungen erfragen und mit eigenen Lösungen vergleichen. Telefonnummern erfragen und notieren. Gemeinsam korrigieren. Sich und den Partner / die Partnerin bewerten.

In EA Text lesen. Sich gegenseitig in PA Fragen zum Text stellen (Wer? Was? usw.).

Lücken füllen, mit Lösungsschlüssel vergleichen.

Kapitelabschlusstest im separaten Testheft, S. 12 ff.

A11 Ü19
Lerntipp 8

A12

A13 Meinungen sagen
Ü20–Ü23

A14 Aussprache **6**
AUS Vokale
F8

A15 Ü24–Ü25
F8

A16 Lange und kurze
AUS Vokale

A17 Ü26–Ü27
Lerntipp 9

A18 Wortschatz **7**
Mind-map „Musik"

Grammatik **8**
Unbestimmter
Artikel /
Bestimmter Artikel:
Nominativ und
Akkusativ
Ü20–Ü22

Null-Artikel
Ü23

R2 Rückschau **AB**
LB-Struktur
erkennen:
Lernziele erreicht?

R3 Zahlen nennen
Selbstevaluation –
WS: A1–A2; A3

R4 A13

R5

Test **TH**

Ideen – Vorschläge – Bemerkungen – Zusatzmaterial

Die Reportage als Gestaltungsprinzip und Handlungsangebot

In Kapitel 3 wird das erste Mal ein Thema durch die ganze Einheit „durchgezogen". Eine Musikergruppe wird von verschiedenen Seiten beleuchtet: Fotos und Realien zeigen die Gruppe und das Umfeld in unterschiedlichen Situationen. Textsorten variieren: Radiosendung, Monolog, Interview, Notizen und Zeitungsbericht. Der chronologische Ablauf: Tourneeplanung, unterwegs sein, das Konzert und mündliche und schriftliche Reaktionen darauf bilden den Handlungsrahmen des Kapitels.

In den folgenden K treffen Sie immer wieder auf die Form der Reportage. Damit wird ein doppeltes Ziel verfolgt: Einerseits soll den L ein Angebot gemacht werden, sich mit einem Thema, d.h. mit Personen, ihrem Denken, Fühlen und Handeln auseinander zu setzen und damit über sich und ihre Partner/Partnerinnen Neues zu erfahren und einen eigenen Standpunkt zu finden. Andererseits bietet diese Form die Möglichkeit, Teile oder das Ganze in ähnlicher Form selbst zu gestalten. Sie können den L ein Projekt vorschlagen, hier „Porträt einer Musikergruppe", das differenziert nach Interessen und Stär

Der Unterrichtsraum als Handlungsraum

ken der L aufgeteilt werden kann, am Schluss aber in ein gemeinsames Produkt fließt: Eine Radiosendung produzieren, Interviews machen, Recherchen über Musiker, Kurzbiographien zusammenstellen, das können konkrete Aufgaben an verschiedene Gruppen sein. L entwickeln so ihre eigenen Lernmaterialien für sich und ihre Mitlernenden. Sie können auch – ausgehend vom Thema des K – thematische Bereiche selbst inszenieren. Eine Musikergruppe gründen, die Band stellt sich auf der Bühne vor. Dies kann in Form einer Pantomime oder je nach L mit realen Instrumenten gemacht werden. Geben Sie den L so oft wie möglich die Gelegenheit, aktiv zu werden, eigene „Produkte" zu kreieren, ihre eigenen Interessen und ihre Phantasie einzubringen. Deutsch lernen wird so zum sozialen und emotionalen Erlebnis.

A2

Die L stellen eine eigene Wunsch-Tournee zusammen und füllen leeren Terminplan aus. Partner fragen und die Daten (in einer anderen Farbe auf dem Plan) eintragen. Oder: In GA eine Radioansage anhand des Tourneeplans vorbereiten. Ein Mitglied der Gruppe spielt den Radiosprecher: „Hier ist Radio Rock. Die Tournee der Young Gods. Die Young Gods sind ..." (Rollenspiele erleichtern das Einüben von Phonetik und Intonation. Durch die Übernahme einer Rolle fällt es bestimmten L leichter, zu sprechen und die phonetischen und intonatorischen Besonderheiten der fremden Sprache spielerisch einzuüben.)

	1	2	3	4	5	6	7	8	9	10	11	12	13	14	15	16	17	18	19	20	21	22	23	24	25	26	27	28	29	30	31
Januar																															
Februar																															
März																															
April																															
Mai																															
Juni																															
Juli																															
August																															
September																															
Oktober																															
November																															
Dezember																															

Zur Wiederholung von Ländernamen: In GA innerhalb von 5 Minuten so viele Ländernamen wie möglich sammeln. Vorlesen: Für jedes gefundene und richtig geschriebene Land gibt es 2 Punkte; für ein falsch geschriebenes Land 1 Punkt. Sieger ist die Gruppe mit den meisten Punkten.

A4 **Variantenreiches Deutsch**

Die Interviews mit den Musikern zeigen zwei wichtige Aspekte der deutschen Sprache: Deutsch in einer regionalen Ausprägung und Deutsch als Verständigungssprache von Nicht-Deutschsprachigen. Dabei geht es v. a. darum, dass sich die L beim Hörverstehen an verschiedene Varianten der deutschen Sprache gewöhnen und ihr Ohr trainieren. Uns scheint es wichtig, aufzuzeigen, dass Deutsch nicht nur von Deutschen gesprochen wird. Auch in den deutschsprachigen Gebieten gibt es große Abweichungen von der

Standardsprache, an die sich die L beim Verstehen gewöhnen müssen. Die klare Unterscheidung zwischen Verstehen (Hörverstehensschulung) und Sprechen (Ausspracheschulung) ermöglicht den L, ihre Kenntnisse optimal einzusetzen.

In der deutschsprachigen Schweiz sprechen die Leute im Alltag Dialekt, sie schreiben oder lesen aber Hochdeutsch. Die Muttersprache der Zürcher/innen ist Zürichdeutsch, der Basler/innen Baseldeutsch. Schweizerdeutsch als Sprache existiert nicht, sondern besteht aus einer Menge relativ kleinräumiger Dialekte, die sich teilweise stark unterscheiden. Mit Ausländern und Ausländerinnen und mit den italienisch- und französischsprachigen Schweizer/innen sprechen die Deutschschweizer/innen Hochdeutsch oder Italienisch bzw. Französisch. Die meisten Deutschschweizer/innen sprechen sehr selten Hochdeutsch (Standarddeutsch), sie lesen, schreiben und hören (Medien) es aber täglich. Sie sprechen lieber ihre Muttersprache, den Dialekt oder eine Fremdsprache als Standarddeutsch.

Die Sprachsituation in der Schweiz

Sätze formulieren lassen wie: „Links ist Franz. In der Mitte ist Alain. Das rechts ist Urs Hiestand, er spielt Schlagzeug." Komplexität der Strukturen den L anpassen. Eine vollständige Beherrschung der Lokalangaben ist nicht nötig, wird z.B. in K8 wieder aufgenommen. Transfer in die Gruppe: L sagen, wer links bzw. rechts von ihnen sitzt. („Links ist Ali, in der Mitte bin ich, rechts ist Véronique.") Plätze tauschen. Oder: Alle L bekommen eine Nummer. (Links ist Nummer 10, rechts ist Nummer 15.)

Fotos/Bilder beschreiben

Je nach Lerngruppe kann die Ü ausgebaut werden, sie bietet sprachlich schwächeren L eine gute Gelegenheit, ihre spielerisch-kreativen Fähigkeiten einzubringen. Gruppen nach Musikvorlieben oder nach Herkunftsländern zusammensetzen, evtl. leichten deutschen Lied- oder Songtext einstudieren. (Material: „Kleine Deutschmusik", „Heute hier – morgen dort", Langenscheidt) Mit Requisiten eine Bühne aufbauen. Jede Gruppe tritt auf und spielt pantomimisch oder imitiert mit Geräuschen ein Musikstück. Die anderen L spielen das Publikum. Evtl. Szene „einfrieren" und das Publikum notiert sich die einzelnen Instrumente auf der Bühne (s.a. K13, LHB, S. 119). Oder: Die Gruppen stellen sich vor: „Wir sind die Young Devils. Ich spiele Sampler . . . ."
Variante: Jede/r L schreibt ein Instrument, das er/sie spielen möchte, auf ein Blatt Papier. Die Blätter werden in der Gruppe eingesammelt und neu verteilt. Ein L liest vor, die anderen raten, wer das sein könnte. (Die Verknüpfung von Person und Instrument ermöglicht eine starke mentale Verankerung des Wortschatzes.)

Ü5 **AB**

Zahlen rhythmisch sprechen (z.B. Walzer-Takt: 1-2-3; 1-2-3), evtl. im Raum bewegen/tanzen oder klopfen. Andere Zahlen, z.B. 5–8, 9–12 auf ähnliche Weise einüben. Verschiedene Gruppen sprechen gleichzeitig unterschiedliche Zahlenreihen. Dies verlangt eine starke Konzentration und Kooperation in der Gruppe. Lerntipp 6: andere Sprachen an Tafel notieren, Bildungs- und Strukturprinzipien vergleichen.

Rhythmisches Sprechen **A7**
Lerntipp 6

Durch gezielte kontrastive Vergleiche auf der Ebene der Aussprache, Morphologie (Ü2), Wortbildung, Grammatik und des Wortschatzes (u.a. Lerntipp 7, Ü18) und der Pragmatik (K4, A2, Begrüßen) entwickeln die L ein Bewusstsein für Unterschiede zwischen den verschiedenen Sprachen.

Sprachbewusstsein

Dieses kognitive und intuitive Wissen erleichtert ihnen das Lernen (Was ist anders als in anderen Sprachen? Was ist gleich?) und sie können bald auch ein Sprachgefühl für die neue Sprache (Was ist typisch Deutsch?) entwickeln.

Bingo; Vorbereitung: Machen Sie für jede/n L eine Vorlage: 12 Zahlen, z.B. zwischen 0 und 20 oder 1 und 100. Notieren Sie verwürfelt die Zahlen in den Kasten. Maximum 3 L/Gruppen sollten eine identische Vorlage haben. Geben Sie den L kleine Papierstreifen zum Abdecken der Zahlen.

Ü14 **AB**
F5

AB		Durchführung: Jede/r L bzw. jede Gruppe (3–4 L) bekommt eine Vorlage und Papierstreifen. Sie rufen Zahlen und notieren sie oder legen sie (F5) auf den OHP (nicht einschalten!). Wer die Zahl hat, deckt sie mit dem Papierstreifen ab. Nächste Zahl usw. Wer zuerst alle Zahlen abgedeckt hat, ruft: Bingo! und hat gewonnen. Korrektur: Gewinner liest Zahlen vor. Mit Zahlen auf OHP vergleichen. Wenn falsch, ein Punkt Abzug, wenn alle richtig, ein Punkt plus. Nächste Runde: Ein L ruft die Zahlen. Variante: „Die böse Sieben": Im PL reihum zählen. Die 7 und alle anderen Zahlen, in denen 7 vorkommt, werden durch ein „brrr" ersetzt: 1, 2, 3, 4, 5, 6, brrr, 8, 9, … Wer nicht aufpasst, scheidet aus oder muss ein Pfand geben. Schwieriger: auch Zahlen, deren Quersumme 7 ergibt, z. B. 16, oder die durch 7 teilbar sind, z. B. 14, werden durch „brrr" ersetzt.

A13 — Dient als Wiederholung des K: Stellen Sie 5–10 Musikausschnitte auf Cassette oder Video zusammen oder alle L bringen ein für ihr Land typisches Musikstück oder ihre Lieblingsmusik mit. Musikstil: Was ist das für Musik? Herkunft: Woher kommt sie? Gefallen: Was gefällt Ihnen/Euch? Hitparade erstellen: Was hast du / haben Sie auf Platz 1? Wer hat Rock-Musik auf Platz 10? Ich habe die Musik aus Deutschland auf Platz …

A14– **A17**	**Aussprache** F8	Für erwachsene L und bestimmte Lernertypen reicht Imitation als Lernmethode nicht aus. Kognitive Lernhilfen, optische Veranschaulichung wie das Vokalviereck können wichtige Hilfen für die sprecherische Umsetzung des Gehörten sein.
A18	**Wortschatz** Lernziele	„Mind-mapping" kommt aus der Moderationstechnik und verbindet logisches Sprachdenken und visuelles, bildhaftes Verarbeiten und Memorieren, somit die Funktionen beider Gehirnhälften. Man notiert einzelne Wörter (oder maximal kurze Phrasen). Die einzelnen Hauptäste sind Oberbegriffe oder umfassen Wörter/Begriffe mit gleichen semantischen Merkmalen (Ort, Zeit, Person, Funktion usw.). Diese visuelle Anordnung von Wörtern erleichtert das Behalten und Abrufen von Wortschatz beim Sprechen oder Schreiben. Geben Sie den L Gelegenheit, diese Technik <u>im Unterricht</u> kennenzulernen und auszuprobieren. Empfehlen Sie den L auch, eigene Mind-maps selbst herzustellen. Es ist in der Folge eine sinnvolle Ü, Wortfelder aus anderen Kapiteln auf eine Mind-map übertragen zu lassen, vor allem als Technik der Wiederholung. (Beispiel K2, *Was macht Milena in Essen?* Die Abschnitte/Zwischentitel können als mögliche Hauptäste dienen.)
	Einsatzmöglichkeiten im Unterricht	A18 kann als Vorentlastung für A10 eingesetzt werden; im Anschluss an A 12 oder A13 bietet sich dann eine GA an, in der zuerst, mit Ihrer Hilfe, der Inhalt des Lesetextes als Mind-map angeordnet und dann entsprechend dem Vorwissen und den Interessen der L erweitert wird.
8	**Grammatik** Artikel-Wörter und Substantiv (1): Nominativ und Akkusativ	Neben den Formen geht es hier vor allem auch um die Grundregel für den Gebrauch des unbestimmten gegenüber dem bestimmten Artikel, die durch die Bilder und die Beispielsätze vermittelt wird. Die Regel ist recht weitreichend und deshalb eine gute und früh vermittelbare Hilfe.
	Null-Artikel	Eine entsprechend weit reichende und früh vermittelbare Regularität gibt es für den Gebrauch des Null-Artikels nicht, sieht man einmal ab von seiner Funktion, den unbestimmten Artikel im Plural zu ersetzen / zu repräsentieren (vgl. K4).
AB	**Binnen-** **differenzierung**	*Ü3, Ü5 ***Ü12, Ü15

Kapitel 4

Orientierung

Im Zentrum dieses Kapitels stehen zwei Menschen mit ihren Alltagsritualen im Spannungsfeld zwischen Arbeitszeit und Freizeit. Brigitte Bauer und Max Lemper haben nicht die gleiche Arbeit, gehen auch verschieden mit ihrer Zeit um; während Brigitte als Produktmanagerin einen eher geregelten, „normalen" Tagesablauf hat, arbeitet Max als Journalist sehr oft auch am Abend oder in der Nacht. Die Bilder und Texte zeigen die beiden Menschen in ganz verschiedenen Situationen: Ausschnitte oder Momentaufnahmen aus dem Alltagsleben in einer mittelgroßen Stadt.

Thema

Das K gibt Einblick in den „deutschen Alltag" und bietet so die Möglichkeit, intensiver über den Alltag und die Menschen im eigenen Kulturraum nachzudenken. Wie sieht der Arbeitsalltag aus? Wann stehen die Menschen auf? Wann und wie gehen sie zur Arbeit? Sind Frauen, die arbeiten und allein leben, typisch? Wie viele Menschen besitzen einen Terminkalender? Was tun Menschen in der Freizeit? Verlaufen Alltagsrituale ähnlich oder anders? Darf man bei Ihnen nach dem Befinden fragen, ohne die Antwort abzuwarten? Darüber lässt sich auch in der Muttersprache diskutieren und schreiben.

Landeskunde

Handlungsbereich

Lernziele

- Tageszeit verstehen und sagen – Tagesablauf beschreiben
- soziale Rituale: Begrüßen, Zurückgrüßen, Verabschieden
- Uhrzeit erfagen und sagen – Termin vereinbaren
- nach dem Befinden fragen – Auskunft geben über das Befinden
- Telefonieren
- Einladen – Reagieren auf Einladung

Grammatik
- trennbare Verben: Satzklammer
- Artikel und Substantiv: Singular und Plural
- Ordinalzahlen (der erste, der zweite, …)

Wortschatz
- Tätigkeiten im Alltag (aufstehen, frühstücken, …)
- Zeitangaben (Wann?) – Zeiträume (Wie lange?) – Uhrzeit (Wie spät …?)
- Freizeit und Hobbys (ins Kino gehen, Zeitung lesen, …)

Aussprache
- Vokale a, ä, e, i: Laut-Buchstaben-Beziehung
- Vokalquantität (lang/kurz) und -qualität (gespannt/ungespannt)
- gleich bleibende Sprechmelodie

Lernen/Lerntipps
- Lernen im Alltag (Lerntipp 10: Uhrzeit)
- systematisches Notieren und Markieren (Lerntipp 11: trennbare Verben)
- Wortschatz individuell ordnen (Lerntipp 12)
- Struktursignale (Zeit, Ort und Strukturwörter, Lerntipp 13) und Textstruktur erkennen

Das vierte Kapitel bietet Material, das erst später systematisch behandelt wird (z. B. Präpositionen), hier aber bewusst oder unbewusst wahrgenommen wird, ohne es direkt zum Lernpensum zu machen. Für die Lernenden ist es wichtig, den Akzent im produktiven Bereich auf schon Bekanntes, das erweitert wird, zu legen (Grüßen, Zahlen, Zeitangaben) und im rezeptiven Bereich mit neuen sprachlichen Phänomenen in Kontakt zu kommen: Bestätigung und Sicherheit sind beim Fremdsprachenlernen ebenso zentral wie das Gefühl, nicht alles gleich wissen zu müssen.

Besonderheiten

Grüßen wird aus K1 und 2 aufgenommen und erweitert.
Zahlen und Zeitangaben (Monat) aus K3 werden erweitert.
Zeitangaben und Uhrzeiten können in K5 und K6 wiederholt werden (Mediothek/ Sommerfest/Lerntipps: Wann lernen? / Wie lange lernen?)

Rück- und Ausblick

Das Kapitel im Überblick

1 Wie spät ist es? A1
Tageszeit/Uhrzeit
und Begrüßung/
Verabschiedung
Ü1

Tagesablauf-Uhr anschauen und Dialoge hören. Das Prinzip des inneren Nachtkreises und des äußeren Tageskreises klar machen. Im Kasten den Unterschied zwischen offizieller und inoffizieller Uhrzeit klären. →

F9 A2
Lerntipp 10

In GA auf einem Plakat eine Tagesablauf-Uhr in der Muttersprache zeichnen. Tageszeiten und entsprechende Grußformen eintragen, mit der Tagesablauf-Uhr im Buch vergleichen, Unterschiede markieren.

Ü2–Ü6 A3

L stellen ihre Uhr auf eine beliebige Zeit. Die L gehen im Klassenzimmer herum, begrüßen sich, fragen nach dem Befinden und fragen sich gegenseitig nach der Uhr- und Tageszeit. Das Spiel erst in Du-Form, später zur Wiederholung, in der Sie-Form spielen. Für schwächere L Redemittel an Tafel oder anfangs RKM benutzen. Ü4, Ü6 als HA. →

2 Am Morgen ... A4
am Mittag ... A6
am Abend
Tagesablauf
beschreiben

Wortschatz des Lesetextes mit A18 oder einem Memory-Spiel vorentlasten. Im PL Fotos und Texte vergleichen. Welche Sätze passen zu den Bildern? In PA Tätigkeiten von Brigitte und Max notieren, die verstanden werden. Ergebnisse vergleichen. Das Raster in Ü7 zur genauen Verständniskontrolle benutzen; das Raster dient auch als Vorbereitung für A7. →

A5

Der Hörtext ist ein Hörspiel ohne Worte. Sie hören nur Geräusche (vgl. Lerntipp 2), die zu Alltagsritualen gehören. Die Hörszene bietet die Möglichkeit, entweder den Wortschatz oder die dazugehörigen Uhrzeiten zu vertiefen oder zu wiederholen.

Ü7–Ü10 A7

Bei der Versprachlichung der unterschiedlichen Tagesabläufe in PA den RMK und das Raster von Ü7 benutzen. Auch schriftlich als HA möglich.

A8

Zur Vorbereitung der PA den Tagesablauf als HA schreiben lassen; vor der PA kurze Korrekturphase, indem Sie Ihren eigenen Tagesablauf als Modell auf OHP zeigen. →

3 Im Büro A9
Wochentage –
Datum – Termine
Ü11–Ü14

Zur Vorentlastung im PL Foto und Terminkalender anschauen. RMK mit Ordinalzahlen einführen. Warum telefoniert Brigitte wohl? Hypothesen sammeln. Dialog anhören und verifizieren.

A10

In EA im selbstgemachten Terminkalender für drei Tage Termine eintragen. In PA mit Hilfe des RMK Telefongespräch spielen und nach freien Terminen fragen, Termin eintragen und zum nächsten Partner wechseln. →

4 Arbeit und A11
Freizeit
Wochenplan
Lerntipp 11

Text in PA lesen, „freie Zeit" suchen. Notizen evtl. auf leeren Wochenplan übertragen. Text noch einmal lesen und Wortschatz in zwei Wortigeln (Arbeit – Freizeit) gruppieren. Beim Notieren der Verben taucht das Problem der trennbaren Verben auf. Evtl. noch einmal Grammatik einbeziehen. Verb + Infinitiv (*geht . . . essen*) hier nicht thematisieren.

Jemanden einladen **A12**

1. Hören: Fragen beantworten. 2. Hören: Als Kontrast zum formellen Telefongespräch eine informelle Einladung. Was ist identisch? Was ist anders als beim Gespräch mit Herrn Dietrich? →

Freizeit **A13**
Ü15–Ü19
Lerntipp 12

Text lesen, in GA „Wochenendplakate" mit Wortigel und Zeichnung anfertigen, im Kursraum aufhängen und besprechen. Oder: Liste der Freizeitaktivitäten von Brigitte B. in PA/GA erstellen lassen. Was mache ich gerne? Nicht gerne? Bewerten (+/–), eigene Aktivitäten ergänzen. Vergleichen. Ü16, Ü17 als HA.

Ü20–Ü26 **A14**

Freie PA in Du-Form mit einem möglichst ausführlichen Wochenplan. Wochenplan als HA wie bei A8. Ü22 als HA. →

a) L hören die Beispiele und lesen mit. Bewusstmachen der Laut-Buchstabenbeziehung. Wiederholung der Ausspracheregeln (evtl. weitere Beispiele finden). Mit F8 unterschiedliche Kieferöffnung bewusst machen.
Variante: Bücher sind geschlossen. Sie schreiben z. B. die Beispiele zum i-Laut verwürfelt an die Tafel. Sie lesen die Beispiele vor, L zeigen durch Handzeichen (Faust / flache Hand o. ä.) die Vokalqualität an. Sie markieren den Akzentvokal lang/kurz. Weiter wie in Variante 1.
b) Sie sprechen die Beispiele vor und fordern einzelne L zum Nachsprechen auf (Blickkontakt, Gesten). Erweitern Sie Ihr Übungsmaterial mit Wortgruppen, kurzen Sätzen, Frage/Antwort-Sequenzen.

A15 Aussprache   **5**
AUS Vokale: a, ä, e, i
F8
Ü27–Ü30
(K2: Ü22)

1. Hören: Bücher sind geschlossen. L hören Text. Verständnissicherung, Informationen im PL sammeln: Personen? Situation? Was gibt es zum Frühstück? 2. Hören: L lesen halblaut mit.

A16 Sprechmelodie
AUS

a) L lesen mit. Sie sprechen die Beispielsätze, Visualisierung der Sprechmelodie durch Gesten. Gegenüberstellung: fallende Sprechmelodie am Satzende, gleichbleibende Melodie im Satz. Sie fordern einzelne L zum Nachsprechen auf. Für L kann es hilfreich sein, auch das eigene Sprechen gestisch zu unterstützen.
b) Text in Abschnitten sprechen, mehrere L sprechen nacheinander den gleichen Abschnitt. Sie korrigieren. Text in PA vollständig lesen lassen (evtl. mehrmals).
HA: Text (oder anderer Text aus K4) zu Hause laut lesen/sprechen. Auf Sprechmelodie, Sprechgeläufigkeit und Satzakzent achten. Nächste Stunde vortragen.

A17
AUS

a) Vignetten und passende Wörter zusammenbringen, übrige Wortbedeutungen klären; in PA oder GA v. a. Aktivitäten für Freizeit ergänzen. →
b) Uhr als Muster (auf Tafel/Folie) vorgeben, Traumtag über *gern, nicht gern* bzw. über *Arbeit* oder *Urlaub, Ferien* oder auch *Lieblingsort* klären; Anordnung um Uhr als Grundlage für HA, Brief an deutsche Kollegin oder deutschen Freund schreiben. →

A18 Wortschatz   **6**
Wort-Pfeil:
„Tagesablauf"
F9

(Einstieg über LB-Text 2, S. 25 oder Ü8–Ü10.) Infinitive (mit überdeutlicher Betonung der jeweiligen Präfixe, da Betonung und Trennbarkeit korrelieren) und Sätze laut lesen lassen, Begriffe „Präfix" und „Satzklammer" einführen, Beispielsätze bestimmen lassen (Wortfrage, Satzfrage, Aussagesatz, Aufforderungssatz), reguläre Stellung des Verbs in diesen Sätzen verdeutlichen (Wiederholung aus K1 und 2), weitere trennbare Verben (*ankommen, aussteigen, anschauen*) in Beispielsätzen einüben (erst PA, dann PL). →

Grammatik   **7**
Trennbare Verben:
Satzklammer
Ü8–Ü10,
Ü22–Ü23
Lerntipp 13
F18

(Einstieg über Ü24–Ü26.) Singular- und zugehörige Pluralformen lesen und auswendig lernen lassen, in PA überprüfen lassen. Singular- und Pluralformen vergleichen: Wie heißt der Artikel im Pural? Welche Pluralendungen gibt es? →

Artikel-Wörter und Substantiv (2): Singular und Plural
Ü24–Ü26
Lerntipp 14

In EA markieren. L auffordern, die Punkte im LB zu suchen.

R1 Rückschau   **AB**
Selbsteinschätzung:
Lernziele erreicht?

In EA markieren.

R2

Zwei zusätzliche Termine in EA im Plan notieren. In PA Situation spielen und einen gemeinsamen Termin finden. Dialog bewerten, Bewertung mit Partner/in und Selbsteinschätzung in R1 vergleichen.

R3 Selbstevaluation:
HV + Sprechen,
A10; WS:
Uhrzeiten

Lückentext mit Hilfe der inhaltlichen Vorgaben aus R3 und Kärtchen A in EA ergänzen, mit Lösungsschlüssel korrigieren. →

R4 Schreiben

Ermutigen Sie Ihre L, diese Vorschläge auszuprobieren und sich dabei zu fragen: Kann ich das?

Moment mal!

Kapitelabschlusstest im separaten Testheft, S. 15 ff.

Test   **TH**

Ideen – Vorschläge – Bemerkungen – Zusatzmaterial

A1 –A3

Zeit und Landeskunde D·A·CH 🌐

Zeit ist relativ. In unterschiedlichen Kulturen ist *kurz* oder *lang* für eine Zeitdauer nicht gleich. Ab wann sagt man *Guten Abend*? Was heißt *pünktlich*? Was heißt *etwa um 4 Uhr*? Die Tagesablauf-Uhr bietet genug Stoff, um mit wenigen Fragen den Blick für kulturelle Unterschiede zu schärfen; kleine Unterschiede wahrzunehmen und zu formulieren (mit Gesten, Zeichnungen oder in der Muttersprache) hilft, Verständnis und Offenheit für Anderes, Fremdes zu bekommen.

Offizielle und inoffizielle Uhrzeiten

„Warum muss ich zwei verschiedene Formen von Zeitangaben lernen, genügt nicht einfach die offizielle?" Diese Frage einer Studentin im Kurs kann zuerst mal mit „Doch." beantwortet werden. Für den aktiven Gebrauch genügt anfänglich sicher <u>eine</u> Form. Im deutschen Alltag aber haben sich – trotz digitaler Uhren – die inoffiziellen Formen gehalten und sind daher für das Verstehen sehr wichtig. Vergleichen Sie, wenn Sie eine sprachlich heterogene Lerngruppe haben (bzw. die L noch andere Sprachen beherrschen), die Art und Weise, wie Zeit ausgedrückt wird, z.B. 9.30: deutsch: halb <u>zehn</u> (= eine halbe Stunde <u>vor 10</u>); englisch: half <u>past nine</u> (= eine halbe Stunde <u>nach neun</u>); französisch: <u>neuf</u> heures <u>et</u> demie (<u>neun</u> Uhr <u>und</u> eine halbe Stunde) usw.

Regionale Varianten verstehen

Je nach Lernort sollten die L auch auf regionale Varianten inoffizieller Uhrzeitangaben (z.B. „viertel elf" = 10.15 Uhr, oder auch „drei viertel elf" = 10.45 Uhr) hingewiesen werden (in Österreich und Süddeutschland).

So sagt man	in Deutschland	in Süddeutschland	in der Schweiz	in Österreich
10.15	Viertel nach 10	viertel 11	Viertel nach 10	viertel 11/Viertel nach 10
10.45	Viertel vor 11	drei viertel 11	Viertel vor 11	drei viertel 11/Viertel vor 11

Uhrzeiten weltweit

F9

Verwenden Sie die Folie oder die Vorlage unten, um Zeiten weltweit zu vergleichen. Notieren Sie die Redemittel an der Tafel: In ... ist es jetzt ... . Wie spät ist es in ...? In PA oder GA üben. Bei A7 können die L auch einen Vergleich mit dem Tagesablauf von Brigitte Bauer und einer fiktiven Person in New York, Tokio, Moskau usw. machen.

Wann der Wecker läutet

	Aufstehen	Arbeitsbeginn	Schlafengehen
Belgien	7:15	8:30	23:00
Dänemark	6:45	8:15	23:35
Deutschland West	6:45	7:45	23:10
Deutschland Ost	6:15	7:00	22:50
Finnland	6:30	8:00	23:15
Frankreich	7:00	8:30	23:30
Griechenland	7:00	8:00	00:40
Großbritannien	7:00	9:00	23:30
Irland	8:00	9:00	23:45
Italien	7:00	8:15	23:20
Luxemburg	7:00	8:00	23:20
Niederlande	7:00	8:15	00:00
Norwegen	7:00	8:00	23:30
Österreich	6:15	7:30	22:50
Polen	6:00	7:00	23:10
Portugal	7:00	8:30	23:30
Schweden	6:15	8:00	23:15
Schweiz	6:45	7:45	23:15
Spanien	8:00	9:00	00:15
Tschechische Republik	5:45	7:00	23:00
Ungarn	5:45	7:15	23:05

Zahlen aus: Der Standard, Wien, 6. 11. 1992

Reaktionsspiel mit der Uhr: Die L stellen ihre Uhr auf eine bestimmte Zeit (oder malen eine Uhr mit irgendeiner Zeit), stellen sich im Kreis auf: L1 gibt <u>seine</u> Uhr mit der Zeit an L2 und fragt „Entschuldigung, wie spät ist es?", L2 liest blitzschnell die Uhrzeit ab und reagiert: „Moment bitte, es ist ...". Wenn die Uhrzeit stimmt, sagt L1 „Vielen Dank", wenn die Zeitangabe nicht stimmt, sagt L1 „Entschuldigung, wie bitte?". Dieses Spiel kann zur Auflockerung mehrmals durchgeführt werden, die L kontrollieren sich in der Regel sehr gut selbst, da sie die eigene, ihnen bekannte Uhrzeit erfragen. Das Spiel kann bei der Wiederholung variiert werden: offizielle Uhrzeit, inoffizielle Uhrzeit, Nachtzeit oder Tagzeit. Wichtig bei Spielen ist, dass sie vom Persönlichen (persönlicher Tagesablauf, Wochenplan, Terminkalender) ausgehen und lernzielorientiert sind. Sie sollten mehrmals, aber nicht zu lange gemacht werden: am Anfang zur Auflockerung, zwischendurch zum Einüben und als Wiederholung.

Spieltipp: Legen Sie bei Spielen am Anfang ein großes Blatt mit den Redemitteln auf den Boden (oder an die Wand) oder verweisen Sie im PL direkt vor dem Spielen/Üben auf die Redemittel im entsprechenden RMK. Dieses Vorgehen hilft erfahrungsgemäß unsicheren L beim Üben/Spielen in Partner- oder Gruppenarbeit, gibt nicht nur mehr Sicherheit, sondern fördert auch in hohem Maße die Selbstkorrektur. Dadurch wird auch das Vertrauen ins eigene Lernen gestärkt.

Kurze, interaktive **A3**
Spiele fördern **A8**
die Motivation **A10**
 A14

Individuell/Lernziel-
bezogen spielen/
üben

Redemittel als
Lernhilfen steuern
den interaktiven
Lernprozess bei
GA oder PA

Ballspiel mit
Uhrzeiten

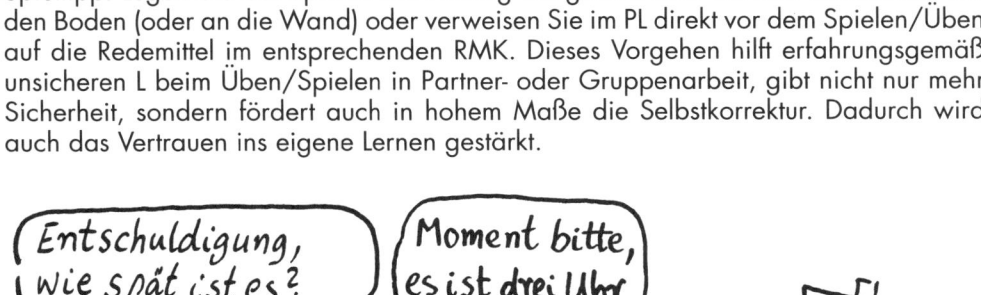

Die Grundlage des Spiels ist wie oben. Benötigtes Material: ein Ball. Durchführung: Alle L sitzen im Kreis. L1 wirft L2 den Ball zu und ruft: „Bei mir ist es drei, wie spät ist es bei dir?" L2 ruft die Zeit und fragt, den Ball weiterwerfend, L3 usw.

Der Text über Brigitte Bauer ist in der 3. Person Singular, der von Max Lemper in der 1. Person Singular geschrieben. Damit haben die L je ein Modell, um über sich oder eine andere Person zu sprechen. Gleichzeitig können sie die unterschiedlichen Verb-Endungen erkennen. Lassen Sie die L die beiden Texte (oder ähnliche) in die jeweils andere Form übertragen.

Vorbereitung: Für jede Gruppe ein Set Kärtchen. Durchführung: Gruppen bilden (3–4 L pro Gruppe), Kärtchen verteilen. Kärtchen durchmischt mit Text, Wort nach unten auf dem Tisch auslegen. Aufgabe: Passendes Bild und Wort finden. Wenn nicht richtig, Kärtchen an den gleichen Ort zurücklegen. Wenn richtig, bekommt L die Kärtchen. Sprachliche Übung: Jeder L sagt laut, was er gezogen hat: „aufstehen und telefonieren". Ziel: alle Kärtchen aufdecken. Gewonnen hat, wer die meisten Paare gefunden hat. Die leeren Kärtchen für anderen Wortschatz verwenden. (Zeichnen Sie selbst oder vielleicht findet sich unter den L jemand; in homogenen Lerngruppen auch Zuordnung Muttersprache – Deutsch möglich.)

Wortschatz-Spiel: **A4–**
Memory **A6**

	der Wecker klingelt		aufstehen	
sich anziehen		duschen		frühstücken
	der Bus fährt ab		das Stadtzentrum	
aussteigen		zu Fuß gehen		der Terminkalender
das Büro		Zeitung lesen		
telefonieren		diskutieren		Freunde treffen
	ein Bier trinken		ins Theater gehen	

Wochenplan einer imaginären Person in Gruppen erstellen. Geben Sie eine allgemein bekannte Person vor oder lassen Sie die L selber entscheiden. Gruppen stellen Wochenplan vor, die anderen raten Person oder Beruf.

Zusammenfassung von K3 und K4:

Ratespiel zum **A8**
Tagesablauf/ **A14**
Wochenplan

Systematischer **A10**
Überblick über die
Präpositionen bei
Zeitangabe

Wann?

Tageszeiten	Wochentage	Datum
am Morgen **am** Vormittag **am** Mittag **am** Nachmittag **am** Abend **in** der Nacht	**am** Montag **am** Dienstag **am** Mittwoch **am** Donnerstag **am** Freitag **am** Samstag **am** Sonntag	**am** Freitag, dem 11. 1. 1952 (**am** elften Ersten 1952) **am** 8. Mai 1948 (**am** achten Mai 1948)

Monate	Jahreszeiten	Jahr
im Januar / Jänner Ⓐ **im** Februar **im** März ...	**im** Frühling **im** Frühsommer **im** Spätherbst **im** Winter	1994 **im Jahre** 2005 Das war 1994.

Uhrzeit
um halb zehn **um** 20 Uhr 30 **um** Mitternacht kurz **nach** halb drei so **gegen** Viertel vor zwölf lieber **vor** 6 (Uhr)

Wie lange?

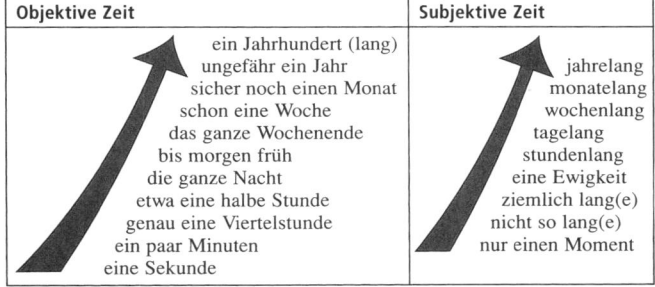

Objektive Zeit	Subjektive Zeit
ein Jahrhundert (lang) ungefähr ein Jahr sicher noch einen Monat schon eine Woche das ganze Wochenende bis morgen früh die ganze Nacht etwa eine halbe Stunde genau eine Viertelstunde ein paar Minuten eine Sekunde	jahrelang monatelang wochenlang tagelang stundenlang eine Ewigkeit ziemlich lang(e) nicht so lang(e) nur einen Moment

Memo, Langenscheidt 1995

L1 wirft L2 den Ball zu und fragt: „Wann hast du Geburtstag?" L2 antwortet und wirft fragend den Ball an L3 weiter: „Und du, wann hast du Geburtstag?"

Je nach Lerngruppe und Lernort kann auf regionale Varianten und Varianten bei Vertrautheit hingewiesen werden (wird in K12, K14 wieder aufgenommen).

Ballspiel:
Ordinalzahlen
Geburtstag

Telefonieren: **A12**
formell – informell **A9**

SICH ALS ANRUFENDER AM TELEFON VORSTELLEN

hier ist + *Name* | *vor oder nach*
hier + *Name* | BEGRÜSSEN
Guten Tag, hier ist Daniel Berg.
Hier ist Berg, guten Abend.

SICH ALS ANGERUFENER AM TELEFON MELDEN

Nennung des Namens (+ BEGRÜSSEN*)*

ja, (bitte)?

hallo! *(bei Störung; verschiedene Intonation)*

SICH AM TELEFON VERABSCHIEDEN

auf Wiedersehen!
auf Wiederhören!

Kontaktschwelle Deutsch als Fremdsprache, Langenscheidt 1980

| AB | **Ü20**
Einladen | Einladungen werden nur selten direkt geäußert. Meist werden sie über indirekte Sprechakte formuliert wie: „Vorschlagen" oder „Fragen, ob jemand Zeit oder Lust hat". |

- Kommst du mit?   ○ Ja gern! (Wo gehen wir hin?)
- Komm, wir gehen ins Café.   ○ Einverstanden!

- Hast du Zeit?   ○ Nein, leider nicht.
- Möchtest du auch ins Konzert?   ○ Nein, lieber ins Kino.
- Haben Sie Lust?   ○ Tut mir leid, ich habe keine Zeit.

Lerntipp 12
Textkohärenz: Struktursignale beim Lesen und Hören erkennen

Aussteigen aus dem Buch

Den logischen Bau eines Textes mit Hilfe von temporalen oder lokalen Angaben zu erschließen ist für die meisten L von der Muttersprache her kein Problem. Deshalb empfiehlt sich hier, aus dem Buch auszusteigen und mit aktuellen Texten aus Tageszeitungen zu trainieren. Wählen Sie am Anfang ein paar Texte aus, die von der Textsorte her klar strukturiert sind. Lassen Sie dann die L selbst Texte suchen. Machen Sie die L darauf aufmerksam, dass es bei diesen Übungen um Markierungs- oder Suchaufgaben geht, die lösbar sind – und dass es nicht um das (vollständige) Verstehen des Textinhaltes und schon gar nicht ums Nachschlagen von Wörtern geht.

5 Aussprache
Korrektur: Vokalqualität (gespannte/ungespannte Vokale)

Vokale treten im Deutschen als Paare auf. Man spricht lange Vokale mit viel Spannung, kurze Vokale hingegen sind ungespannt, d.h., sie werden mit wenig Muskelspannung artikuliert. Es ist deshalb wichtig, dass die langen Vokale mit genug Spannung gesprochen werden, damit das [eː] nicht wie [ɛː] klingt. Sonst wird aus wen [veːn] wenn [vɛn], aus Tee [teː] wird [tɛː] usw. Um den L die Artikulation zu erleichtern, sollte der Laut in einer (ent)spannungs-freundlichen Umgebung/Situation geübt werden.
Viel Sprechspannung:
➤ steigende Sprechmelodie: Wie? Tee? Um sieben?
➤ Emotionen wie Überraschung, Erstaunen: Wie?? Was??
➤ Emotionen wie Freude, Begeisterung: SUPER!! WAHNSINN!!
Wenig Sprechspannung:
➤ fallende Sprechmelodie: Sie kommt heute nicht.
➤ Emotionen wie Enttäuschung, Traurigkeit.   Ach, jetzt ist der Bus weg. Schade …

Spiel: Gleichbleibende Sprechmelodie

Bekannt als „Koffer packen" spielen wir: „Zum Frühstück gibt es …". Ein L beginnt den Satz mit einem Frühstückssatz, folgende L wiederholen den vorherigen Satz und fügen jeweils ein neues Nomen hinzu: 1. L: Zum Frühstück gibt es Brot. 2. L: Zum Frühstück gibt es Brot und Butter. 3. L: Zum Frühstück gibt es Brot, Butter und Kaffee. 4. L: … Achten Sie auf die Sprechmelodie im Satz (gleichbleibend), am Satzende (fallend) und auf den Satzakzent (letztes Glied der Aufzählung).

AB **Ü31**
Vorschläge zu einer Textinszenierung
Sprechen

Pantomime

1. Lesen: Sie lesen den Text laut (ruhiges, gleichbleibendes Sprechtempo), L lesen mit (evtl. wiederholen). 2. Lesen: Sie lesen den Text mit verändertem Sprechtempo, L lesen synchron mit. 1. Zeile: ruhig, gelassen; 2. Zeile: schneller; 3. Zeile: noch schneller; 4. Zeile: Pause – Frage – Pause – Antwort. In GA Text sprechen üben, im PL vortragen.

Als Einstieg, Ermutigung, Spielerklärung simulieren Sie mit 2–3 (mutigen) L ein Partygespräch: Sie spielen ohne Worte, Sie übernehmen zum Anwärmen zunächst die Gesprächsführung und fallen nach und nach in verschiedene Rollen/Gesprächsmuster: Sie sprechen/hören aufmerksam, gelangweilt, höflich, interessiert, überhaupt nicht (zu); weitere Spielarten der Partykommunikation könnten sein: anderen ins Wort fallen, aufeinander einreden, sich produzieren, andere nicht zu Wort kommen lassen, … Dann verteilen sich L in kleinen Gruppen (3–4) im Kursraum und simulieren pantomimisch ein Partygespräch.

Variante: In kulturell heterogenen Lernergruppen können die Spielgruppen kulturell homogen zusammengestellt werden; so können kulturell unterschiedliche Kommunikationsformen sichtbar werden.

1. Szene: Pantomimisches Partygespräch in Kleingruppen
2. Szene: L liest (besser spricht) Text (Ü31) vor (ruhig, gelassen)
3. Szene: Mehrere L sprechen den Text im Chor mit verändertem Sprechtempo
4. Szene: Pantomimisches Partygespräch im PL, L spricht Text (ruhig)

Die einzelnen Szenen sollten vorher gut einstudiert und geübt werden. Die Inszenierung könnte einem anderen Kurs oder auf einer Kursparty vorgeführt werden.

Kleine
Theaterinszenierung
Viel reden –
nichts sagen

Chronologische Anordnung von Wortschatz, wie Pfeil oder Uhr, erleichtert Memorieren und eignet sich als Darstellungsform für alles Erlebte. Individuelle Anpassung an konkreten Tagesablauf jedes einzelnen L wichtig. L können über sich selbst Auskunft geben und strukturieren neuen Wortschatz nach ihrem vertrauten Alltag (vgl. A8), ihren Bedürfnissen oder Vorlieben.

Wortschatz **6**
A18

Lernziele

A18a vor A10 als Unterstützung für mögliche Termine und Absprachen; A18b im Anschluss an A13, den Wortschatz für Freizeitaktivitäten aus dem Text einordnen und ausbauen für den Traumtag. Briefformeln zur Verfügung stellen, wenn L als HA einen Brief schreiben (*Liebe/r …; herzliche/viele/Grüße; alles Gute (Liebe) …*).

Einsatzmöglichkeiten im
Unterricht

Notizzettel von A8 als linke Spalte eines Blattes nehmen, passende Nomen oder assoziierte Wörter (auch in der Muttersprache) notieren, z.B.: *ins Büro gehen: die Straße, die Straßenbahn, der Bahnhof, die Post*; mögliche Stationen des Weges notieren.

Alternative
Arbeitsvorlagen

Für L mit Zugang zu Zeitungen: Programm des Lieblings-Radio- oder TV-Senders als linke Spalte, die den Tagesablauf vorgibt; rechts ergänzen L ihre Aktivitäten zur jeweiligen Zeit.

---

tagsüber

abends

RADIO Ö1

6.00 Nachr. **6.15** Guten Morgen, Österreich **6.57** Gedanken für den Tag **7.00** Morgenjournal; dazw.: **7.22** Kultur aktuell **7.35** Guten Morgen, Österreich **7.52** Leporello **8.00** Morgenjournal **8.15** Pasticcio **8.55** Vom Leben der Natur **9.00** Nachr. **9.05** Radiokolleg: Projekt Österreich: Oberösterreich (4); 9.30: Die Kunst der Konzentration (4); 9.45: Von Shakern, Schamanen und Scharlatanen (4) **10.00** Nachr. **10.05** Schubertiade Feldkirch 1996: Schubert: a) Fantasie für Klavier zu vier Händen f-Moll, D 940, b) Fantasie für Violine und Klavier c-Dur, D 934, c) Fantasie c-Dur, D 760 („Wandererfantasie") **11.40** Radiogeschichten: „Der Zug aus Rhodesien"; von Nadine Gordimer **12.00** Mittagsjournal **13.00** Musicalkonzert: Leigh: Der Mann von La Mancha; Wright/Forrest: Kismet; Rodgers: Carousel u. a. **13.55** Wissen aktuell **14.00** Nachr. **14.05** Da capo (Transparent) **14.45** Klassik pur: Mozart: Symphonie Es-Dur, KV 132; Janacek: Suite aus „Das schlaue Füchslein"; Delibes: Coppelia-Suite; Sullivan: Ouvertüre zu „The Yeomen of the Guard" **15.40** Kulturjournal **15.55** Literaturminiatur: Jörg Mauthe: „Österreich" **16.00** Nachr.

16.06 Von Tag zu Tag:
Der größte Star des Burgtheaters? – Claus Peymann nach 10 Jahren Direktion

16.38 Intermezzo (Haydn) **16.58** Ein und alles **17.00** Nachr. **17.05** Moment – Leben heute **17.30** Spielräume

18.00 Abendjournal:
mit Journal-Panorama: Der Wald, der König und die Menschenrechte; eine Reise nach Bhutan

18.55 Religion aktuell **19.00** Dimensionen: Fibrinogenarmes Blut: Eine neue Therapie bei Gefäßverschlüssen

19.30 Stimmen hören:
Chormusik der Romantik. Psalmenvertonungen und Motetten von Mendelssohn-Bartholdy und Spohr

20.30 Terra incognita – Nigeria: Chinua Achebe: „Der Pfeil Gottes"

21.01 Im Gespräch:
Zum 1. Weltkongreß für Psychotherapie in Wien (30. 6. bis 4. 7.): Gespräch mit Horst-Eberhart Richter, Professor für Psychosomatik an der Universität Giessen

22.00 Nachtjournal mit Sport **22.20** Kunstradio – Radiokunst **23.00** Zeit-Ton: CDs zum Sommerbeginn – Neue Musik für entspannte Tage **0.00** Mitternachtsjournal **0.08** Ö 1 danach **0.13** Ö1-Klassiknacht

FM 4-TIP

19.00 Home Base: u. a. mit: 1. Österreichische Regenbogenparade zum „Christopher-Street-Day" (Geburtsstunde der 2. Lesben- und Schwulenbewegung, vor 27 Jahren in New York; bis 22.00)

Ermuntern Sie die L, ihren persönlichen Wortschatz zu sammeln und nach einem eigenen Prinzip zu sortieren. Dies kann für die Bereiche „Arbeit" und „Freizeit, Hobbys" sehr schön gezeigt werden.

Wortschatz individualisieren und nach
eigenem System ordnen

Individuelle Lerner-bedürfnisse fördern	„Rohmaterial" aus dem Unterricht als HA bearbeiten lassen. Nicht alle Wörter in einer Fremdsprache sind für alle gleich wichtig, es gibt einen individuellen Wortschatz, der die Biographie der L berücksichtigt.

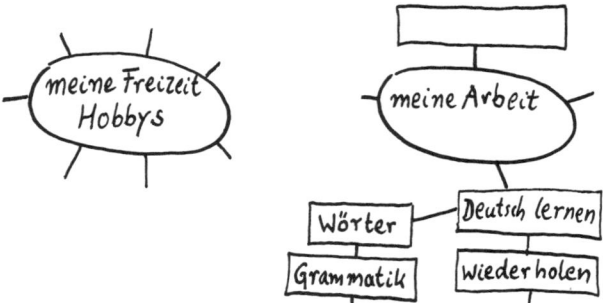

7	**Grammatik** Trennbare Verben: Satzklammer	Die für das Deutsche typische Satzklammer wird anhand der Verben mit trennbarem Präfix eingeführt. Dieser Verbtyp ist im Vergleich mit anderen Sprachen ungewöhnlich. Gerade diese Ungewöhnlichkeiten sprechen für eine frühe Thematisierung. Drei Dinge sind wichtig: (1) Trennbare Präfixe erkennt man daran, dass sie in der Infinitivform betont sind. (2) Das Präfix steht im Satz immer am Ende. (3) Die Stellung des Verbs selbst in den einzelnen Satzarten (vgl. K1 und 2) ist dagegen ganz regulär.
	Artikel-Wörter und Substantiv (2): Singular und Plural	Leider sieht man es den Substantiven im Singular oft nicht an, nach welchem der 6 Pluraltypen (1, 2a, 2b, 3, 4, 5) sie ihren Plural bilden. Deshalb ist es sinnvoll, die Pluralform bei jedem Substantiv immer gleich mitzulernen (Lerntipp 14). Dieses Lernen kann dadurch erleichtert werden, dass Sie auf vorhandene und zum Teil weitreichende Regularitäten aufmerksam machen.

Typ 1:   85 % der Maskulina und 64 % der Neutra bilden den Plural auf **-e**.
Typ 2a): 90 % der Feminina mit Endbuchstaben **-e** bilden den Plural auf **-n**.
Typ 2b): 90 % der Feminina mit Endbuchstaben Konsonant bilden den Plural auf **-en**.
Typ 3:   25 % der Neutra bilden den Plural auf **-er**.
Typ 4:   100 % der Maskulina und Neutra auf **-el, -en, -er** haben keine erkennbare Pluralendung.
Typ 5:   95 % der Fremdwörter aus dem Englischen und Französischen bilden den Plural auf **-s**.

Daraus ergibt sich: Maskulina enden mit hoher Wahrscheinlichkeit im Plural auf **-e**; Feminina enden mit sehr hoher Wahrscheinlichkeit auf **-(e)n**. Bei Neutra ist die Vorhersage schwierig. Fremdwörter (engl., franz.) haben mit sehr hoher Wahrscheinlichkeit **-s**. Wörter auf **-el, -en, -er** haben mit Sicherheit keine erkennbare Pluralendung. Freilich bleibt es den einzelnen L überlassen, ob und in welchem Umfang sie sich dieser Regularitäten bedienen. Umlaut bei umlautfähigen Vokalen kann bei den Typen 1, 3, und 4 erscheinen. Substantive, die entweder nur in der Singular- oder nur in der Plural-Form gebräuchlich sind, müssen als Sonderfälle behandelt und eingeprägt werden.

AB	**Rückschau** Punktesystem für R4	Sie können für R4 eine landesübliche Punkteskala anwenden, das Minimum für „bestanden" sollte bei 60 % der Gesamtpunkte liegten; Sie können auch die folgende Skala benutzen: Pro richtige Lösung einen Punkt, ergibt bei 10 Lücken: 9–10 Punkte = sehr gut, 8 Pkte. = gut, 7 Pkte. = befriedigend, 6 Pkte. = ausreichend, weniger als 6 Pkte. = nicht bestanden. Schreiben Sie die Skala an die Tafel. Es steht den L frei, sie zu benutzen. Wichtig: Die Ergebnisse „gehören" den L. Benutzen Sie sie nicht für Benotung und Bewertung. Um sich ein Bild von der ganzen Gruppe zu machen, können Sie die L fragen, wer bestanden hat. Geben Sie den L Tipps zur individuellen Wiederholung. Wenn Sie Ihre L testen wollen, so benutzen Sie bitte die Kopiervorlagen aus dem Testheft.
AB	**Binnen-differenzierung**	*Ü1, Ü4, Ü16 ***Ü5, Ü24–25

Orientierung

Thema der K5 und 6 ist „Sprachen lernen". K5 konzentriert sich auf einen Deutschkurs im „Inland" und zeigt die Arbeit und Freizeitgestaltung in einem großen Sprachen- institut in Norddeutschland (Bremen). Leitfiguren sind vier Studierende aus Spanien, den USA und Schweden, deren Lern- und Kurserfahrungen Ihre L zur Diskussion eigener Beobachtungen anregen sollen. In der 2. Hälfte des K5 geht es um ein Sommerfest, dessen Programm von den Studierenden, die aus 48 verschiedenen Ländern kommen, gestaltet wird.

Thema

K5 regt dazu an, Erfahrungen mit deutscher Sprache innerhalb und außerhalb des Sprachkurses zu machen, Kontakte mit Angehörigen anderer Nationalitäten herzu- stellen und ein internationales Fest, hier in deutscher Umgebung, zu feiern.

Landeskunde

Handlungsbereich

Lernziele

* Motive fürs Deutschlernen / Sprachen Lernen nennen
* Lernmöglichkeiten und -schwierigkeiten benennen
* Meinungen/Vorlieben zu Unterricht und Lehrmaterialien äußern
* sich vorstellen; begrüßen, nach dem Befinden fragen
* nach Vorlieben fragen; einladen; zum Mitkommen auffordern

Grammatik

* Modalverben: Konjugation
* Satzklammer: Modalverb – Verb
* Bedeutungen der Modalverben (Möglichkeit, Notwendigkeit, Erlaubnis/Verbot, Vor- liebe/Abneigung, Fähigkeit, Wille/Absicht, Auftrag/Rat)

Wortschatz

* Wortschatz zu „Sprache und Lernen", Wortgruppen zu „Mediothek"
* Thema „Fest": Programm und Gespräche mit anderen Festteilnehmern

Aussprache

* Vokale o, u: Laut-Buchstaben-Beziehung
* Wortakzent bei deutschen und internationalen Wörtern
* Basisregel zum Satzakzent

Lernen/Lerntipps

* mit verschiedenen Medien lernen
* Informationen zu einem bestimmten Thema notieren und strukturieren, mit Wort-Netz und Mind-map arbeiten (Lerntipp 15)

In K5 kommen Sprachanfänger zu Wort. Ihre Äußerungen sind authentisch, d. h. z. T. fehlerhaft, was im Schriftlichen (vgl. Ü2) korrigiert, im Mündlichen toleriert wird (vgl. A3, Interview). Die vier Lernenden im LB operieren mit den sprachlichen Mitteln, die ihnen im momentanen Stadium zur Verfügung stehen (mit ihrer Zwischensprache/ Interimsprache), und Ihre L sollen motiviert werden, ebenso „risikobereit" zu sprechen.

Besonderheiten

Das Thema „Sprachen lernen" (Motive, Lernmöglichkeiten, Lerntechniken, Unterricht) wird in K6 vertieft, wobei in K6 der Schwerpunkt auf Lerntechniken und Lernzielen liegt.

Ausblick

Das Kapitel im Überblick

1 Der Sprachkurs **A1**
Über das Deutsch-
Lernen sprechen
Ü1–2

Personen auf dem Foto identifizieren. 6 Kurztexte lesen. Welche Meinung/Aussage finden Sie besonders wichtig? Jede/r L nennt zunächst nur eine. Diskussion. – „Schreiben Sie selbst einen Kurztext!" (Zur Auswahl: Guter Unterricht, ein gutes Lehrbuch, was ist schwer im Deutschen, wie kann man gut lernen?). PA oder GA, im PL vergleichen. Dazu Ü1: Meinungen sortieren, ebenfalls die Meinungen aus eigenen Kurztexten. Ü2: Korrektur dieser und der eigenen Kurztexte. →

Ü3 **A2**

Text entlastet Interview A3. Text vorlesen und vorlesen lassen. Fragen zum Text auf eigene Situation übertragen: Warum lernen Sie / lernst du Deutsch?

Ü4 **A3**

Einhören: zunächst nur Vorstellung (auf Schwedisch, Spanisch, Englisch und Deutsch). Welche Sprachen? Das Interview ist symmetrisch aufgebaut (jeweils Frage und 4 Antworten). Abschnitt für Abschnitt anhören. Ggf. Fragenraster benutzen und L machen Notizen (s. S. 63). – Zur Frage „Wen verstehen Sie am besten?": Esther spricht mit zu geringer Spannung; Leslies Stimme dagegen ist sehr deutlich. Diskussion darüber im PL. – Ü4 in EA, dann Vergleich im PL. Von Rezeption zu Produktion: Jede/r L interviewt Nachbar(i)n, Redemittel im RMK. →

2 Die Mediothek **A5**
Informationen zum
Lernen verstehen

In der Information des Sprachinstituts kommt die Satzklammer vor („Klammersprache Deutsch"), s. LB, S. 62. Möglichkeit des Sprachvergleichs. Erklärung an der Tafel nach dem Muster von Ü7 oder LB-Grammatik. Bedeutung von „können" und „müssen" klären. →

Ü5–8 **A6**
Lerntipp 15

Das Zitat („Am Anfang …") leitet zum Interview A7 über. Zur induktiven Erarbeitung der Konjugationstabelle (Ü6b) zuerst die Bedeutungen der Modalverben erklären (LB, S. 35). „Mögen" wird meist als Vollverb gebraucht und bildet dann keine Klammer. Ü5, Ü6, Ü8 als HA.

Ü9 **A7**

a) Vor Abhören des Interviews entwerfen L eine „Mind-map" (Lerntipp 15) mit Wörtern und Begriffen zum Thema „Mediothek". Interview gleich ganz hören. Evtl. Raster mit den Fragen austeilen. Zur weiteren Verarbeitung Ü9.
b) L können (fiktiv) mit Simone kommunizieren und sich ein Programm ausleihen. Redemittel im RMK.

Ü10–Ü13 **A8**

Text 2 schließt an Interview und Text 1 an, weitet Thema „Sprachinstitut" aus und leitet zur Aktualisierung des Themas durch die L mit Ü10 über. Die Bedeutungen der Modalverben werden hier durch Mini-Kontexte und dialogische Einbettungen noch deutlicher (Ü13 evtl. als HA). Ü12 mündlich ausweiten: „Können Sie mich verstehen?" usw.

3 Das Sommer- **A9–**
fest **A11**
Ein Fest
vorbereiten
Ü14–Ü16

Die Fotos haben im Programm ihre Entsprechungen (z.B. Foto 2: Origami, Kunst des Papierfaltens). Zunächst Tätigkeiten beschreiben/erraten lassen (auch mit einfachen sprachlichen Mitteln). Vor Studium des Programms u.U. Ü16 (Mind-map) vorziehen: Wörter und Begriffe zum Thema „Sommerfest" sammeln. Programm genau lesen, mit Fotos vergleichen. Dann Programmpunkte nach Raster Ü14 sortieren. Ü15 als PA führt noch genauer in den Text. Über Vorlieben für best. Programmpunkte sprechen, daraus mit RMK Dialoge („Kommst du mit …") entwickeln. Hörtext Ü16 führt direkt ins Geschehen, daraus einzelne Aussagen/Wörter notieren und Mind-map (s.o.) erweitern.

An einem Fest **A12**
teilnehmen

Die 4 Personen des Eingangsfotos tauchen wieder auf; der Frage nachgehen: „Was machen und denken sie?" Vermutungen anstellen. Foto 5 und 10 evtl. auf Folie über OHP zeigen und Dialoge dazu in PA schreiben.

A13

Erst dann Text lesen und mit eigenen Gedanken und Entwürfen vergleichen.

A14

Mit RMK Dialoge spielen. L fädeln sich ins Fest ein (mit viel Gestik/Mimik).

Ü17–Ü19 **A15**

Reportage (keinen Bericht, Perfekt fehlt noch) direkt aus dem Geschehen schreiben („In Raum 15 sehen wir Fotos aus Nepal …"). – Ü19 hebt Thema auf höhere Ebene, in PA Gedicht in Reihenfolge bringen. Vortragen im PL und 19b): Tafelanschrieb der Titel in verschiedenen Sprachen durch die L.

a) Bücher geschlossen, Sie sprechen in beliebiger Reihenfolge Beispiele mit o- und u-Lauten, L zeigen durch Handzeichen die Vokalquantität. Im PL Wortbeispiele zu den Lauten sammeln und in einer Tabelle (lange/kurze o-/u-Laute) an Tafel schreiben. Bewusstmachen der Laut-Buchstaben-Beziehung und der Ausspracheregeln. Mit F8 Kieferöffnung visualisieren. Sie sprechen die Beispielwörter, L sprechen nach. Variante: L hören die Beispiele und lesen synchron mit; weiter wie oben.
b) Beispiele vorsprechen und einzelne L sprechen nach. Übungsmaterial auf Wortgruppen, kurze Sätze, Fage-/Antwort-Sequenzen erweitern.

L hören Beispiele und lesen halblaut mit. Sie lesen noch mal und klopfen den Rhythmus als Echo. Sie sprechen, L klopfen Echo. Hinweis, dass bei internationalen Wörtern der Wortakzent auf unterschiedlichen Silben liegen kann, z.B. Hotel, Taxi. Weitere Beispiele im PL sammeln, Wortakzent vergleichen. →

Bücher geschlossen, L hören Text, zentrale Informationen im PL zusammentragen. L hören Text noch mal mit Konzentration auf Satzakzent und lesen halblaut mit. →

L hören Beispielsätze zum Satzakzent, besprechen die Regel und üben mit Text A18. Lesen Sie satzweise vor (evtl. mit Gesten), einzelne L sprechen nach. Sie korrigieren Satzakzent, Sprechgeläufigkeit und Sprechmelodie. L üben den Text in PA, vortragen im PL. HA: Text laut lesen üben. →

Im Anschluss an A8, Ü11 oder als Abschluss der LB-Arbeit mit Beispielen von LB, S. 31, auf inhaltlich passende und nicht-passende Wort-Gruppen (= Kollokationen) hinweisen, L suchen weitere im Text und notieren. →
In PA Kombinationen bilden, anhand der Notzen überprüfen, L als „Schiedsrichter". L für Notieren und Lernen von Kollokationen sensibilisieren. →

(Einstieg über LB-Text 2, S. 31 oder Ü6.) Formen lesen lassen; in PA mit den Formen von „suchen" (K2) vergleichen: Was ist gleich? Was ist anders? Wechsel des Stammvokals (außer bei „sollen") in Formpaaren einprägen lassen (z.B. „ich kann" – „wir können"). →

(Einstieg über Ü7 und Ü8.) Sätze lesen lassen; Position von Modalverb und Verb? Mit Satzklammer in K4 vergleichen (Position von Verb und trennbarem Präfix). Die Beispielsätze ohne Modalverben bilden lassen (z.B.: Die Studenten leihen für vierzehn Tage Bücher aus.) →

(Einstieg über Ü12.) Sätze in PA dialogisch lesen (z.B.: „Was können die Studenten machen?" – „Sie können ...." – „Was wollen sie machen?" – „Sie wollen ...."); Bedeutungskategorien klären (mit Wörterbuch), weitere Beispielsätze in PA bilden und den Kategorien zuordnen; Sammlung und Zuordnung der Beispielsätze an Tafel. →

In EA einschätzen. Schlagen Sie den L vor, sich konkrete Situationen vorzustellen.

In PA abwechselnd die Personen vorstellen. Präsentation bewerten, Bewertungen vergleichen und auf eine Einschätzung einigen. Resultat mit Selbsteinschätzung in R1 vergleichen.

Text der ersten Aufgabenkarte im Heft schriftlich festhalten, Partner korrigieren. Unklarheiten im PL besprechen.

C-Test-Prinzip: Der erste Satz bleibt unverändert. Ab dem zweiten Satz wird bei jedem zweiten Wort die Hälfte der Buchstaben weggelassen. Bei ungleicher Anzahl Buchstaben wird ein Buchstabe mehr weggestrichen. Die Anzahl der Striche gibt die Anzahl der Buchstaben vor.
Kapitelabschlusstest im separaten Testheft, S. 18ff.

A16 Aussprache 4
AUS Vokale: o, u
Ü20–Ü21
F8

A17 Wortakzent
AUS Ü22

A18 Satzakzent
AUS

A19 Ü23
AUS

A20 Wortschatz 5
A21 Ausdrücke
kombinieren:
„In der Mediothek"

Grammatik 6
Modalverben:
Präsens
Ü6, Ü8, Ü13

Modalverb und
Verb: Satzklammer
Ü7–Ü8
F18

Modalverben:
Bedeutungen
Ü12–Ü13
F10

R1 Rückschau AB
Selbsteinschätzung:
Lernziele erreicht?

R2 Selbstevaluation
Sprechen, A2, A3,
Wiederholung:
K1, A6–9; K4, A1,
A3, A7–8, A13

R3 Schreiben wie
bei R2

R4 C-Test

Test TH

Ideen – Vorschläge – Bemerkungen – Zusatzmaterial

A1 Deutsch von Nicht-Muttersprachlern

Sie werden vielleicht bemängeln, dass Äußerungen von Nicht-Muttersprachlern gedruckt in einem Deutschlehrbuch erscheinen und evtl. ein nicht normgerechtes Vorbild abgeben.

Wir nehmen jedoch das Deutsch der Lernenden als eigene Sprachform, die im Wandel ist, ernst. Alle L sollen wissen, dass „ihr" Deutsch trotz Einschränkungen in Aussprache, Form und Semantik ein zu dem Zeitpunkt gültiges Ausdrucksmittel ist. Und: Haben Sie auch schon diese Beobachtung gemacht: Ein/e L sagt etwas auf Deutsch, was Sie akustisch nicht verstehen. Sie fragen nach und bekommen spontan die „akustische Verdolmetschung" von Mit-L, die ihre Kollegin ohne Probleme verstanden haben. Oder: Sie nehmen selbst im Ausland an einem Sprachkurs teil und stellen fest, dass Sie Ihre Mit-L oft besser verstehen als die Lehrperson – trotz aller Fehler, die Sie „mitfühlen".

Und: Sie lernen eher von Fehlern anderer, als dass diese sich bei Ihnen einschleifen, wie man lange gedacht hat.

Fehlerkorrektur
(vgl. K1, LHB S. 32)

Die Fehler in den Kurztexten werden durch Ü2 korrigiert, und zwar durch Vergleich mit der korrekten Version, was wesentlich effektiver ist als in den Text hinein zu korrigieren, weil die L selbst beteiligt sind.

Wir plädieren dafür, (fast) alle <u>schriftlichen Äußerungen</u> der L zu korrigieren. Der Einwand, dadurch werde Schreibangst ausgelöst, trifft nach unserer Erfahrung nicht zu. Entscheidend ist vielmehr, wie korrigiert wird. Ein korrekter Paralleltext (wie bei Ü2) ist sicher die anregendste Korrekturform, weil sie die L zum Suchen und Vergleichen anregt; leider ist diese Art von Korrektur aber sehr zeitaufwendig. Darum ist eine Art Korrektur-Code, der die L suchen und nachdenken lässt, die zweitbeste Möglichkeit. Als Signale könnten dienen:

H   Hilfsverb, Modalverb (sie *hat* gekommen)
K   Kasus (er fragt de*m* Lehrer)
G   Genus (*das* Übung)
Kon   Kongruenz Nomen–Adjektiv (gute*s* Unterricht)
SV   Kongruenz Subjekt–Verb (er komm*st* aus Schweden)
B   Buchstabieren (wir sprechen über intere*s*ante *t*emen)
UN   Unbekannt: Dieses Wort, diesen Ausdruck gibt es im Deutschen nicht.
X   Hier fehlt ein Wort (ich lerne Deutsch Radio)
+   prima!
?   Ich verstehe nicht, erklären Sie mir das?

Das Zeicheninventar muss langsam erweitert werden. Zusätzlich zum Zeichen am Rand des Textes kann die kritische Stelle im Text unterstrichen werden. Bei fortgeschritteneren L oft nicht nötig.

Bei schwächeren L kann es sinnvoll sein, nur gerade das zu korrigieren, was aktuelles Lernpensum ist.

Bei <u>mündlichen Korrekturen</u> scheint es nützlich, die L an den Überlegungen zu beteiligen, wie, wann, warum korrigiert wird.

Wenn L, wie z.B. die 4 Interviewten, ihre Gedanken ordnen, fremde Wörter benutzen, so sind sie oft gar nicht in der Lage, auch noch eine eingestreute Korrektur mitzuverarbeiten. Die Korrektur gleitet an ihnen ab oder zerstört die mühsam überlegte Konstruktion ganz. Fehlerkorrektur kommt nur in bestimmten Sprachzusammenhängen an, etwa wenn es um formales Üben geht oder um eng geführte Äußerungen zu einem bestimmten Thema. In freieren Phasen, wo die Gedanken ganz auf Inhalte, zumal selbstgewählte, konzentriert sind, kann eine grammatische Korrektur die Äußerungsbereitschaft stören. Deshalb sollte sich die Korrektur auf inhaltliche Hilfe (etwa ein Wort fehlt) beschränken. Dafür ist die Aufnahmebereitschaft groß.

Wir sollten also mit den L besprechen, dass in Übungsphasen regelmäßig, bei freien Äußerungen nur dann korrigiert wird, wenn die L es ausdrücklich wünschen. – Dabei sollten Sie den L die Chance geben, den Fehler selbst zu finden und zu korrigieren (z.B. durch fragenden Gesichtsausdruck), ehe Sie direkt eingreifen. Zur Verständnissicherung in der Kommunikation müssen Fehler oder Ungenauigkeiten in der Wortwahl in einem interaktiven Verfahren (vorsichtige Zwischenfrage oder nachträgliche Frage) geklärt werden. – Um die Mitteilungen nicht zu unterbrechen, können Fehler notiert und nachträglich besprochen werden.

Bei allem gilt: Die Korrektur dient nicht der Legitimation der Unterrichtenden („corrigo ergo sum"); ständiges korrigierendes Lehrerecho bleibt fast immer ohne Folgen.

Beim Hörtext läuft der Ton davon, kann nicht angehalten und zurückgeholt werden. Viele L haben darum Schwierigkeiten mit dem Hörverstehen.

Differenzierung   **A3**

L, die Schwierigkeiten beim Hören haben, kann eine visuelle Hilfe, z.B. ein Frageraster helfen, weil sie sich dann inhaltlich vorbereiten können. Man kann auch einige Stichworte vorgeben, die das Verstehen stützen. (Bei besonderen Schwierigkeiten kann das ganze Interview in Stichwörtern vorgegeben sein.)

	Warum Deutsch?	Andere Sprachen?	Schwer?	Wie lernen?	Wie lange?	Guter Unterricht?	Gutes Lehrbuch?
Anders	*Beruf*						
Esther	*Zukunft*						
Leslie	*Mutter*						
Elena	*wichtig*						

Fortgeschrittene L können ohne Hilfe ihre Notizen machen und hinterher Ü4 ohne Mühe ausfüllen.

Ü4b) schlägt vor: Wählen Sie eine Frage: Diskutieren Sie ... Notieren Sie. – Hier ist wiederum eine Differenzierung nützlich, indem schnelleren L gleich zugemutet wird, das ganze Interview (mit Hilfe des RMK) untereinander zu führen und Notizen dazu zu machen.

Ü4   **AB**

Es ist auch eine Stufung möglich, indem erst die eine Frage behandelt und dann das ganze Interview geführt wird.

Es geht in K5 und K6 um Lernen und Lernen Lernen, und am Ende jedes K gibt es eine Rückschau, in der über den Lernfortschritt reflektiert wird.

„Lerntagebuch"

Eine nächste Stufe wäre, ein Lerntagebuch zu führen, in das kontinuierlich (auf Deutsch und in der Muttersprache) eingetragen wird, was aus dem Unterricht, den Gesprächen mit anderen L und vom Lernen außerhalb des Unterrichts bemerkenswert, fraglich oder unverständlich erscheint. Die L sollten auch Überschriften oder kleine Artikel aus Zeitungen, Programmen, evtl. auch Kopien von Lehrbuchstellen einkleben, Zeichnungen machen und beschriften, Wegbeschreibungen, Treffpunkte, Veranstaltungen etc. notieren; Erlebnisse mit anderen L, auch aus anderen Kursen, mit der Zimmerwirtin, der Bedienung in Lokalen oder Geschäften festhalten. Geben Sie selbst eine Anregung, verteilen Sie Ihre Notizen von einem Unterrichtstag an die L und besprechen Sie sie.

A5	**Sprachvergleich**	Die Satzklammer (Modalverb–Verb) ist in Abschnitt 6, Grammatik, und Ü7 anschaulich dargestellt. Sie prägt sich als Besonderheit des Deutschen noch besser ein, wenn man die L bittet, einen deutschen Satz, der mit großem Abstand an die Tafel geschrieben wird, darunter in verschiedenen Muttersprachen zu übersetzen. Die Spannweite der Klammer im Deutschen wird dadurch noch plastischer. In sprachhomogenen Klassen (z.B. im Ausland) bietet sich der Sprachvergleich natürlich sehr viel häufiger an als in den gemischten Kursen der Volkshochschulen in Deutschland, Österreich oder der Schweiz.

D·A·CH

A17	**Aussprache** Regeln zum Wortakzent	Bei den Regeln zum Wortakzent handelt es sich z.T. um sehr allgemeine Regeln (Fremdwörter), die hier aus didaktischen Gründen nicht weiter differenziert werden. Der Wortakzent mit der entsprechenden Vokalquantität sollte bei neuen Wörtern – ebenso wie Genus- und Plural-Angaben – immer markiert, mitgelernt und von Ihnen korrigiert werden.
A18– A19	Satzakzent und verstehendes Hören	Die Wahrnehmung des Satzakzents zu trainieren ist wichtig fürs Hören. Die zentrale Information trägt den Satzakzent (eigentlich „Textakzent"); wenn L den Satzakzent heraushören können, fällt es ihnen leichter, wichtige Schlüsselwörter für das Textverstehen zu erkennen.
	Regeln zum Satzakzent	Langsames Sprechen, längere Sätze, bestimmte Sprecherabsichten erfordern selbstverständlich mehrere Akzente, u.U. auch mehrere Satzakzente. Aus lernpädagogischen Gründen haben wir uns hier zunächst auf Regeln großer Reichweite beschränkt, um den Zugang zu dem komplexen Bereich der Akzentuierung – der auch Muttersprachlern in hohem Maße unbewusst ist – zu erleichtern. Sie bieten eine pragmatische Grundlage, sich die dazu notwendigen Basiskenntnisse anzueignen und sie – nicht zuletzt auch durch bewussteren Umgang damit – schrittweise zu vertiefen.
	Korrekturen	Der Mund ist in allen Kulturen ein starkes erotisches Signal; der direkte Blick auf den Mund eines Gesprächspartners wird als unangenehm, anzüglich, distanzlos, entblößend empfunden. Diese Tatsache erklärt häufig die berechtigte Scheu, die Aussprachekorrektur und die Arbeit an der Artikulation, bei der man sich auch auf Mund und Lippen konzentrieren muss, mit sich bringen. Lippenrundung wird in einigen Kulturkreisen (z.B. Indonesien) als obszön interpretiert; verständlich, welche zusätzlichen Barrieren bei Menschen dieses Kulturkreises überwunden werden müssen, um gerundete Vokale zu üben!
		Ermutigen Sie die L, zu Hause viel und laut zu sprechen (auch vor dem Spiegel), um sich so auch an das „neue Gesicht" zu gewöhnen. Distanz wahren, auf Abbildungen zurückgreifen, Rollenspiele, vorsichtig, aber kontinuierlich korrigieren sind wichtige Voraussetzungen und Hilfestellungen für den Umgang mit dieser u.U. heiklen Situation in der Ausspracheschulung.
A20	**Wortschatz** Lernziele	Die muttersprachliche Kompetenz, mögliche und unpassende Kollokationen (Wort-Gruppierungen) zu unterscheiden, soll auf die Aneignung der Fremdsprache übertragen werden. „Zeitungen und Zeitschriften üben" schließt sich aus, „mit Arbeitsblättern üben" ist inhaltlich und syntaktisch möglich.
A21	Alternative Arbeitsvorlagen	Vorlage A21, nach Möglichkeit vergrößert, kopieren und zerschneiden, oder L schreiben Teile auf kleine Zettel. Beim Zusammenlegen in PA oder GA möglichst viele Kombinationen machen lassen (viele kleine Zettel nötig!).
6	**Grammatik** Modalverben: Präsens	Die Übersicht bietet die Modalverben auf einen Blick, einschließlich des relativ selten gebrauchten „mögen", dessen weitere Besonderheit darin besteht, dass es meist selbständig, ohne angekoppeltes weiteres Verb gebraucht wird; da es aber zu den klassischen Modalverben gehört und zudem die Basis der hochfrequenten „möcht-"-Form (als Konjunktiv II zu „mögen") ist und damit es später nicht noch einmal nachgetragen werden muss, wird es bereits hier mit behandelt. In formaler Hinsicht stellen die Modalverben kein allzu großes Problem dar, wenn man sich auf die Besonderheiten

im Vergleich zu Verben wie „suchen" konzentriert: Vokalwechsel im Singular, nicht realisierte Personalendung in der 1. und 3. Person Singular.

Bei diesen Konstruktionen begegnet den L aufs Neue die aus K3 bekannte Satzklammer; trennbare Verben (*ausleihen*, …) bleiben in dieser Konstruktion unverändert; das Modalverb besetzt die gewohnte Stelle des Verbs im Satz und wird konjugiert, das angekoppelte weitere Verb steht im Infinitiv am Satzende.

Modalverb und
Verb: Satzklammer

Freilich können die Modalverben auch alleine gebraucht werden; dabei handelt es sich meist um elliptische Konstruktionen, bei denen ein Verb mitgedacht werden kann: „Ich will nach Hause (fahren)." Oder die Verbalhandlung ist in einem textverweisenden Referenzmittel enthalten: „Ich will das nicht." (z.B. rauchen). Da dieser Gebrauch aber seltener ist und er sich zudem auf die „volle" Form zurückführen lässt, wird er hier nicht eigens thematisiert.

Anhand der Beispielsätze werden die Grundbedeutungen der einzelnen Modalverben vermittelt, die entsprechenden Begriffe (Möglichkeit, …) müssen u.U. über das Glossar oder ein zweisprachiges Wörterbuch geklärt werden. Natürlich handelt es sich hier nur um einen Einstieg in die Bedeutung und den Gebrauch der Modalverben. Weitere Bedeutungsnuancen sind zu klären, wenn sie in Texten auftauchen. Mit den Grundbedeutungen verfügen die L aber bereits über eine sichere Basis, um Sätze mit Modalverben adäquat verstehen und bilden zu können.

Modalverben:
Bedeutungen

Vorbereitung: Vierer-Gruppen, jede/r schreibt sieben Handlungen mit Verb im Infinitiv auf je einen kleinen Zettel (z.B. ins Kino gehen, Tee trinken, einen Sprachkurs besuchen, …). Alle Zettel werden verdeckt auf die Mitte des Tisches gelegt. A zieht einen Zettel und bildet einen sinnvollen Satz mit einem Modalverb: Bei richtiger Lösung darf A einen weiteren Zettel ziehen (maximal zwei) und noch einen Satz mit Modalverb bilden; dann folgt B usw.

Spiele-Vorschlag

Variante: In Partnerarbeit nennt A eine Aktion mündlich (z.B. *hier: rauchen*), B formuliert eine Frage mit Modalverb, A beantwortet die Frage (z.B. *hier: rauchen – Darf ich hier rauchen? – Ja./Nein.*). Dann nennt B eine Aktion usw.

Rückschau R2
Gruppenevaluation
Erweiterung mit HV

Vorbereitung: Machen Sie halb so viele Kopien von R2, wie Sie L in der Klasse haben. Schneiden Sie die Kärtchen aus.

In der Klasse: Teilen Sie die Klasse in Gruppen zu 4 Personen: 2 Personen spielen (1 Sprecher/in, 1 Hörer/in), 2 Personen beobachten und bewerten. Schreiben Sie folgendes Notizraster an die Tafel, das die L notieren:

wer?	woher?	warum?	wann?	wie?

Jede Gruppe erhält 12 Kärtchen. Sprecher/in zieht 3 Kärtchen und löst nacheinander die Aufgaben. Hörer/in notiert die gehörten Informationen in dem Raster. Die Beobachter bewerten Sprechende/n oder Hörende/n. Danach weden die Rollen getauscht. Die Übung ist beendet, wenn jede/r L 3 Kärtchen gelöst hat und 3× Notizen gemacht hat.

*Ü4, Ü7   ***Ü3, Ü11, Ü13

**Binnen-
differenzierung** AB

Kapitel 6

Orientierung

Thema

„Sprachen lernen" ist Thema dieses Kapitels. „Wie lernen andere, wie lerne ich?", steht im Mittelpunkt des Interesses. Der Weg zu selbstständigem Lernen beginnt damit, dass L im Unterricht Gelegenheit haben, praktisch zu erfahren, dass jeder anders lernt, dass nicht jede Art von Lernen für jeden passt, dass jeder für sein Lernen selbst Einsatz von Zeit, Mitteln und Methoden bestimmen muss.

Dieses Kapitel deckt das Thema „Sprachen lernen / Lernen lernen" aber keineswegs ab; vielmehr soll es an einer frühen Stelle einen Anstoß geben, frühere und aktuelle Erfahrungen im Lernprozess zu reflektieren und ihn optimal zu planen und zu gestalten. Autonomes und zielgerichtetes (Sprachen-)Lernen ist ein lebenslanger Prozess, der immer wieder reflektiert und in der Gruppe und individuell aktiviert werden muss. Die Entwicklung zum selbstgesteuerten Lernen kommt nicht von selbst in Gang und ist auch nicht mit einem Kapitel abgeschlossen.

Während in K5 die Atmosphäre und die Möglichkeiten einer Institution im Mittelpunkt standen, geht es hier um Anstöße zur Selbstreflexion, die von ganz unterschiedlichen Lernzugängen und -typen angeregt sind. Dem systematischen Lernen der Hauptfigur Giovanna steht die nahezu beiläufige Nutzung von Lernmöglichkeiten durch ihren Partner Herbert Rathmaier gegenüber.

Handlungsbereich

Lernziele

- Lernmöglichkeiten beschreiben und über das eigene Lernen sprechen
- Lernziele notieren und über Unterricht sprechen
- Lerntipps verstehen und geben

Grammatik

- Artikel-Wörter *der/ein/kein* im Nominativ, Akkusativ und Dativ
- Possessivartikel

Wortschatz

- Schulsachen und Gegenstände im Kursraum
- Aktivitäten im Unterricht
- Bedeutung von Präpositionen mit Dativ (Lerntipp 17)

Aussprache

- Vokale ö, ü, y: Laut-Buchstaben-Beziehung
- Wortakzent bei trennbaren und nicht trennbaren Verben und davon abgeleiteten Substantiven

Lernen/Lerntipps

- Lernen planen: einen Zeitplan machen (Lerntipp 16), Lerndauer, Pausen
- Wiederholen und Memorieren
- Sich über den eigenen Lerntyp und die verwendeten Lerntechniken klar werden
- Wortschatz lernen mit Bildern (Lerntipp 18)

Rückblick/Ausblick

Der Weg zu selbstständigem Lernen ist in *Moment mal!* implizites Thema in jedem Kapitel: Lernzielangaben als Gliederungsprinzip, Lerntipps mit Hinweisen auf die inhaltliche, methodische und zeitliche Planung des Lernens, Sprache im Deutschkurs, gebündelt in K1, 2 und 8, Präsentation und Trainieren von Wortschatz in ausgewählten Darstellungs- und Memorierungsformen, die Rückschau-Seite, die jedes Kapitel des Arbeitsbuches beschließt.

Das explizite Thema „Sprachen lernen" dient dazu, diese Fülle an Zugängen und Hinweisen einmal schwerpunktmäßig zum Thema in der Gruppe zu machen.

Das Kapitel im Überblick

1   **Lernen: wann,**   **A1**   Informationen aus Fotos entnehmen: Was haben die Bilder mit Lernen zu tun? Im PL
              wo, wie?   Vermutungen sammeln. Text lesen. Bei a) Motive, eine Sprache zu lernen, sammeln,
      Lernmöglichkeiten   bei b) Informationen zu Beruf und Tagesablauf. Ü1 als mögliche Vorentlastung für A2,
         beschreiben   ebenso im Anschluss an Ü3 möglich.
                    Ü1

                    Ü2   **A2**   Erstes Hören; Teil a) selektiv auf Lernmöglichkeiten auswerten, Sie notieren Stichwörter
                  auf Folie, da Material für A3; Teil b) durch Hypothesen vorentlasten, evtl. auf Nähe
                  Innsbrucks zu Italien (Karte LB, S. 6) verweisen.

       Über Lernen   **A3**   Interviews im PL vorstrukturieren: Auf Folie von A2 weitere Inhalte sammeln, Fragen
          sprechen   nach Muster aus RMK formulieren und notieren. Interview in der Gruppe durchführen,
            Ü3–Ü4   mit „Publikum"; evtl. Rollen einmal wechseln.
         Lerntipp 16   Alternative für Interviewer: Die Interviewten wählen eine Rolle aus den Situationen von
                  Ü3; Beschreibung von zwei Situationen aus Ü3 als HA, ebenso Ü4.
                  Diskussion von A3 und A4 wenn möglich auch in der Muttersprache führen.

2   **Lerntechniken**   **A4**   Text ① lesen und Bedeutung *Merkzettel* klären. Merkzettel lesen, Verständnis sichern;
      Lernziele notieren   evtl. von Interview A2 ausgehend: Merkzettel für Herbert R. machen. →

            Ü5–Ü7   **A5**   Satzanfänge des Merkzettels auf Tafel/Folie vorgeben, individuell mit Wörterbuch be-
                  arbeiten lassen; anschließend auswerten, mündlich sammeln, stichwortartig notieren,
                  die häufigsten Nennungen herauslösen. Festhalten für allfällige spätere Diskussion. Ü5
                  als möglicher Einstieg vor A4, als PA; oder im Anschluss an A5. Bei Bedarf im PL auf
                  Häufungen bei bestimmten Antworten reagieren. Ü6 als Sensibilisierung, in einspra-
                  chigen Gruppen evtl. durch größeren muttersprachlichen Lernertypentest austauschen.
                  Ü7 als HA. →

   Sätze konstruieren   **A6**   a) Bild und geklebten Ausschnitt anschauen und beschreiben; auf Atmosphäre und
                  Ü8   Aktivitäten lenken. Erst dann Text ② lesen. Aus Text ② Arbeitsanweisung für GA (A6b)
                  herauslösen. b) Wenn möglich, L Material sammeln lassen; Ergebnisse im Kursraum
                  sichtbar machen. →

     Über Unterricht   **A7**   Mit Aussagen aus RMK über Arbeitsformen im Unterricht reden. Ü11–Ü15 greifen die
          sprechen   Präpositionen mit Dativ auf (vgl. Wortschatz, A16–17 und Lerntipp 17). Wechsel-
          Ü9–Ü15   präpositionen nicht zum Thema machen (→ K10).

3   **Lerntipps**   **A8**   Zeichnung anschauen und raten: Was macht Giovanna? Bedeutung der Farb-
   Lerntipps verstehen   markierungen der Substantive als Genusmarkierung und Entsprechung in der Zeich-
            und geben   nung entdecken lassen; erst dann Text lesen. Nach Möglichkeit Verfahren fortsetzen
           Ü16–Ü18   lassen. L sollen bei Übernahme des Verfahrens Farben individuell, assoziativ wählen:
          Lerntipp 17   Giovanna begründete ihre Wahl: Blau – Baby <u>männlich</u>, rosa – Baby <u>weiblich</u>; gelb –
                  <u>das</u> Ei. Andere Lernverfahren austauschen. Ü17 im Unterricht oder HA, Ü18 gemein-
                  sam lesen oder HA.

          Ü19–Ü25   **A9**   Gegenstände im Kursraum identifizieren, eigenen Kursraum beschreiben. Artikelver-
                  wendung *ein/kein* (mit Kasten) als systematisches Übungsangebot.

           Ü26 **A10**   Aussagen in Sprechblasen lesen, Cassette hören, Aussagen ①–③ den Namen auf
                  der Cassette zuordnen. Aussagen ergänzen. Bei zweitem Hören nach jedem Teil stop-
                  pen. Im Raster von Ü26 Aussagen in GA stichwortartig notieren, L notiert in gleichem
                  Raster auf Folie, um anschließend Fragen klären zu können. Von GA ausgehend
                  wählen L eine der drei Rollen bzw. modifizieren diese nach ihrer eigenen Meinung.
                  Diskussion in den Gruppen führen.

    Fragen zu Ihren **A12**   Lesen und Fragen (A) – (D) als Überschriften den Tipps zuordnen. L wählen einen für
      Lernmethoden   sie besonders wichtigen Tipp, im PL Hitliste erstellen. Lernerfahrungen in der Gruppe
          Ü27–Ü28   abfragen, wo möglich, auch muttersprachlich, Tipps bzw. positive und motivierende
                  Lernerfahrungen in PA oder GA jeweils auf Blatt notieren und illustrieren (vgl. Ü18);
                  auf Bogen fixieren und als „Tipps von uns für uns" im Kursraum sichtbar machen. →

a) Sie schreiben Beispielwörter verwürfelt an die Tafel. Lesen Sie die Beispiele vor, ein L markiert den Akzentvokal an der Tafel (kurz/lang). Sie lesen noch einmal; Vergleich und Korrektur im PL. L sammeln weitere Beispielwörter. Bewusstmachen der Laut-Buchstaben-Beziehung, Wiederholung der Ausspracheregeln. Variante: L hören die Beispiele und lesen mit; weiter wie oben.
b) Einzelne L lesen/wiederholen die Wörter, Sie korrigieren die Aussprache der ö- und ü-Laute. Achten sie auf Lippenrundung und Vokalqualität (gespannt/ungespannt). →

A13 Aussprache   **4**
AUS Vokale: ö, ü, y
Ü29–Ü30

Sie schreiben verwürfelt einige trennbare und untrennbare Verben an die Tafel. Klopfen Sie den Rhythmus eines Verbs, L raten das Verb, Sie markieren jeweils den Wortakzent. L lesen die Wörter vor. Regel zum Wortakzent entwickeln (s. a. Grammatik K4, S. 29). Variante: L hören die Beispiele und lesen mit. Weiter wie oben.

A14 Wortakzent
AUS Ü31

Sie gehen auf einen L zu, sprechen ein Beispiel vor und fordern den L zum Nachsprechen (nicht ablesen) auf (Blickkontakt). Gehen Sie auf einen anderen L zu ... Beispiele mehrmals wiederholen. Achten Sie bei der Korrektur auf richtige Akzentuierung, Sprechgeläufigkeit, Sprechmelodie. Lassen Sie einen anderen L die Lehrerrolle übernehmen.

A15 Ü32
AUS

Ausdrücke von A–D im PL in vier Teilen lesen, die Präpositionen isolieren und in der Zeichnung identifizieren.

A16 Wortschatz   **5**
Bedeutung von
Präpositionen (1)

Hörtexte anhören und den Gruppen A–D zuordnen; 2. Hören selektiv auf die in A16 eingeführten Präpositionen hören. Zum Notieren Strichliste dieser Art anfertigen:

A17 F11

zu	aus	von	nach	seit	bei	mit

(Einstieg über Ü11 bzw. Ü20.) Mit Beispielsatz Unterschiede von best. und unbest. Artikel wiederholen (K3), Bedeutung von „kein" (Negation beim Substantiv) vermitteln und mit weiteren Beispielen aus dem Klassenraum (z. B. „kein Stuhl" – „ein Tisch") verdeutlichen. Evtl. die Negation mit „kein" und „nicht" kontrastieren (z. B.: Ich habe *keinen Kugelschreiber*. – Ich kann *nicht schreiben*. – Ich habe *keine Zeit*. – Ich kann *nicht kommen*.).
Formen im Singular analysieren lassen: Wo sind Nominativ und Akkusativ gleich, wo verschieden? (Anknüpfen an K3). Wie lauten die Dativformen, welche sind gleich, welche verschieden? Einzelne Formen in Reihen memorieren (z. B.: in *dem/einem/keinem* Satz ...) Pluralformen wie Singularformen behandeln: Welche Formen sind gleich? Woran erkennt man die Formen im Dativ? (Substantivendungen beachten.) →

Grammatik   **6**
Artikelwörter und
Substantiv (3):
Deklination
Ü11–Ü15
Ü20–Ü21
Lerntipp 18

(Einstieg über Ü22 und Ü23.) Formen lesen lassen, in PA memorieren (ich → mein Bleistift, du → dein Bleistift usw.). Formen des Possessivartikels mit „kein" vergleichen (im Singular und Plural gleich!). Formen des Akkusativs und Dativs in EA oder PA aufschreiben lassen, Ergebnis kontrollieren. →

Possessivartikel
und Substantiv
Ü22–Ü25

Geben Sie den L Zeit für die Selbsteinschätzung. Fordern Sie die L auf, die Punkte im LB wiederzufinden.

R1 Rückschau   **AB**
Selbsteinschätzung
Lernziele erreicht?

Lesetest in EA lösen, Ergebnisse in PA vergleichen. Mit Lösungsschlüssel vergleichen. Es ist möglich, dass es bei Lerntipp 2 und 3 Diskussionen gibt.

R2 Selbstevaluation
LV, A8, A12

Zwei L arbeiten zusammen. Jeder L wählt zu seiner Person (Jean oder Marie) aus dem Bild fünf Lernmöglichkeiten und markiert diese farbig in der Zeichnung. L stellen „ihre" Person anhand der markierten Informationen vor. Beide L bewerten das eigene Können und das des Partners.

R3 Sprechen
A1, A3, A6–A7,
A11, A16, WS

Weisen Sie die L darauf hin, diese und weitere Aktivitäten auszuprobieren und sich selbst weitere Aufgaben zu stellen.

Moment mal!

Kapitelabschlusstest im separaten Testheft, S. 21 ff.

Test   **TH**

Ideen – Vorschläge – Bemerkungen – Zusatzmaterial

Thema „Sprachen lernen" – Warum?

Autonomie

„Lernende, die keine oder ineffektive Lernstrategien entwickeln, bleiben von der Lehrkraft abhängig. Sie sind darauf angewiesen, dass die Lehrer/innen ihnen vorschreiben, welche Übungen und Aufgaben zu lernen bzw. zu lösen sind, um die Fremdsprache zu lernen. Ihnen fehlt jede Möglichkeit, auf eigene Initiative an Übungen und Aufgaben heranzugehen, weil sie gar nicht gelernt haben zu beurteilen, ob bestimmte Übungen und Aufgaben für sie der effektivste Weg zum Lernen sind. Umgekehrt sind sie nicht in der Lage, bestimmte Übungen und Aufgaben als für sie ineffektiv zurückzuweisen." So begründet Peter Bimmel (in: *Fremdsprache Deutsch* 8, 1993, S. 4) die Wichtigkeit von Lernstrategien. Er unterscheidet Sprachlernstrategien: „Wie lerne ich?" und Sprachgebrauchsstrategien: „Wie wende ich das Gelernte sinnvoll und effektiv an?" In diesem Kapitel sind einige Sprachlernstrategien thematisiert. Die L sollen <u>im Unterricht</u> Gelegenheit haben, ihre Lerngewohnheiten, Vorlieben und Schwächen zu reflektieren.

A8 Kognitive Strategien

Kognitive Strategien betreffen die konkrete sprachliche Arbeit. Giovanna verwendet z. B. die kognitive Strategie, Substantive und deren Abbildung je nach Genus mit einer Farbe zu markieren. Mit kognitiven Strategien sind aber nicht nur Lerntechniken gemeint, die Grammatik oder Wortschatz betreffen. Die Arbeit an einem Text, das Entschlüsseln der Informationen anhand der W-Fragen in K3, LB S. 21, gehört genauso dazu. Die L sollten die Gelegenheit haben, solche Strategien im Unterricht auszuprobieren, um eine parallele Übung als HA (K3, Ü19, AB S. 30) selbstständig und sinnvoll bewältigen zu können.

A6 Soziale Strategien

Soziale Strategien beziehen sich auf die Arbeit mit anderen. Die Förderung dieser Strategien ist besonders wichtig, um die Fixierung auf Ihre Anweisungen, Bewertungen und Ihr „Mehrwissen" allmählich zu reduzieren. In A6b) können die L anhand einer GA soziale Strategien, d.h. auch Rollenverteilungen üben (Wer führt? Wer entscheidet? Wer kooperiert mit wem? Wer beobachtet? Wer klebt? Wer überwacht und schaut auf Korrektheit? usw.) und – je nach Lerngruppe – zum Thema machen. Arbeit mit anderen geht in *Moment mal!* aber über die Sprech- und Schreibanlässe der genannten Übungen hinaus: So können in K5, AB S. 50 die Übungen Ü17–18 nur gemeinsam gelöst werden. Auch für die Evaluation der Lernleistungen ist die wechselseitige Beurteilung der L neben der Selbstbeurteilung vorgesehen.

Affektive Strategien

Affektive Strategien wie *sich entspannen, sich für seine Lernerfolge belohnen* oder *sich selbst positiv motivieren* stützen Lernerfolge. Geben Sie den L oft Gelegenheit dazu, indem Sie für ein angenehmes Lernklima sorgen, Raum und Zeit geben, sich zu entspannen. Fragen Sie z. B. die L, ob sie bei Gruppenarbeit oder schriftlichen Übungen leise Hintergrundmusik wünschen. Fragen Sie auch am Anfang eines Kapitels, was die L besonders interessiert, um die Eigenmotivation bewusst zu machen. Aktivitäten außerhalb des Kurses, wie sie in K5 (eine Kurs-Party organisieren, Ü17, AB S. 50) vorgeschlagen werden, fördern die Motivation und sind Eigenbelohnung für die Lernerfolge.

Metakognitive Strategien

Während die genannten Lernstrategien auf alle Kapitel von *Moment mal!* verteilt sind, bilden metakognitive Strategien den inhaltlichen Schwerpunkt dieses Kapitels und der Rückschau-Seiten im AB. L sollten die Fähigkeit entwickeln, ihr Lernen zu planen, den Erfolg ihrer Bemühungen zu überprüfen, Probleme festzustellen und ihre Leistungen zu evaluieren. Dies ist eine der wichtigsten Bedingungen für das Deutschlernen während des Kurses und für das „lebenslange Lernen" allgemein.

Nicht alle L entwickeln im Laufe des Lernprozesses eine größere Selbstständigkeit beim Lernen. Das hat nicht nur mit ihrer bisherigen Lernbiographie und ihren Lerntraditionen zu tun. L sind auch unterschiedliche Lernertypen, bzw. sie wenden unterschiedliche Lernstile an. Nach Kolb (Management and the Learning Process. In: California Review, Spring 1976, Vol. XVIII, Nr. 3.) sind vier Stile des Lernens grundlegend: Erfahrung, Konzeptualisierung, Experimentieren und Beobachtung.

Lernstile und Lernertypen

Stark rezeptiver und erfahrungsorientierter Lernansatz, von gefühlsorientierten Urteilen geleitet. Theoretische Überlegungen werden nicht als hilfreich empfunden, das Lernen erfolgt am exemplarischen Einzelfall. Erfolgreiches Lernen durch Feedback von Lernpartnern.

Konkrete Erfahrung

Analytischer, konzeptioneller Lernansatz, von logischem Denken und rationaler Evaluation geleitet. Stark gelenkter Unterricht mit Betonung auf systematischer Analyse kommt diesem Lernstil entgegen, offene Lernsituationen wie Übungen und Simulationen wirken frustrierend.

Abstrakte Konzeptualisierung

Aktive Lernorientierung, die stark von der Lust am Experimentieren geleitet wird. Projekte, Hausaufgaben, Arbeitsformen wie Gruppenarbeit kommen diesem Lernstil entgegen. Abneigung gegen passive Lernformen und stark lehrerzentrierte Arbeitsformen.

Aktives Experimentieren

Zögernde, sich langsam annähernde Lernorientierung, die von intensivem Beobachten geleitet ist. Arbeitsformen, die starke persönliche Beteiligung verlangen, werden als eher unangenehm empfunden, Persönliches wird nicht gern offengelegt.

Reflektierende Beobachtung

Diese Lernstile und daraus abgeleitete Lernertypen kommen nicht „rein" vor; ein Lernstil, ein Lernzugriff dominiert unterschiedlich stark. Das bewusst breite Angebot an Aufgaben und Übungen entspricht keinem einzelnen L zur Gänze. Der Weg zu selbstständigem Lernen führt aber idealerweise über die Erfahrung von eigenen Stärken und Schwächen im Austausch mit den anderen bis hin zu verstärktem Anwenden und Adaptieren der Arbeitsformen und -techniken, die am meisten Erfolg gezeigt haben.

Didaktische Konsequenzen

Beobachten Sie die L und machen Sie sich Notizen zu jedem/jeder L, welche Lernstile er/sie bevorzugt. Je nach Lerngruppe können Sie auch eine Selbsteinschätzung machen. Beraten Sie die L entsprechend. Versuchen Sie auch, Ihren Unterricht an die verschiedenen Lernertypen anzupassen: Arbeiten Sie mit visuellen Hilfen, machen Sie Gruppenarbeit, lassen Sie die L Dinge entdecken, geben Sie die Regeln vor, führen Sie und lassen Sie los.

Kopiervorlage **A4**

```
Merkzettel! Merkzettel!


Ich kann ...

Ich möchte ...

Ich will ...

Ich darf ...

Ich muss ...
```

Harmonie. So können Zimmerpflanzen Menschen beeinflussen. Die besten Pflanzen für

Man kann auch im Stillen Gutes tun.

Kann denn Essen Sünde sein?

Ich weiß, was ich will.

Faszination Multimedia:
Wer alles will, soll alles kriegen.

AUCH EIN MANN KANN MEHR FÜR SICH TUN.

WAHLHELFER: Müssen mit 10 Millionen auskommen

► vor Beginn der Wiener Landeskonfe...

Worüber man diskutieren muss

...rte Johannes Voggenhuber.
...der grüne Wahlkampfma-

Sie wollen mit dem Auto
verreisen?

Von uns können Sie mehr erwarten.

DAS MEER KANN NICHT SCHREIEN. WIR SCHON.

Sonja Oberleitner, 33
Meeres-Expertin
Greenpeace Österreich

GREENPEACE

Nennen Sie 3 Lokale. Sie können aus über 100 Restaurants wählen

Für alle, die den Winter nicht mehr erwarten können!

Tore kann man nie schnell genug machen

TIPP

Erst **lesen,** dann reden.

Billigrauchen kann Ihre Moral gefährden

Ich möchte Tirol gerne näher kennen lernen!
Bitte schicken Sie mir folgende Informationen:

Die Artikulation der e-Laute führt mit gerundeten Lippen zu den ö-Lauten, die der i-Laute zu den ü-Lauten. Machen Sie Sprechgymnastik: Lassen Sie z. B. die Lautfolgen [me:mö:] bzw. [mi:my:] mehrmals wiederholen. Lassen Sie die L experimentieren, z. B. durch Veränderung von Sprechtempo, Sprechmelodie, Lautstärke, emotionalem Ausdruck, Konsonanten, usw.

Aussprache 4
Ü29b
Lautbildung: ö- und
ü-Laute

Vorbereitung: 3–4 Kopien von Ü30. Die Wortgruppen werden auf jeder Kopie in unterschiedlicher Reihenfolge durchnummeriert.
Durchführung: 3–4 Gruppen bilden. Jede Gruppe bestimmt einen Diktierer, der eine Kopie erhält, die anderen Gruppenmitglieder sind Schreiber. Die Diktierer stellen sich alle in eine Ecke des Raumes, die Schreiber sitzen in der anderen Ecke. Nach dem Startsignal müssen die Diktierer ihrer jeweiligen Gruppe die Wortgruppen 1–9, ergänzt durch den richtigen Vokal, diktieren. Das Spiel ist beendet, wenn die erste Gruppe fertig ist. Die Ergebnisse werden mit dem Ausgangstext verglichen, für jede richtige Wortgruppe bei den Schreibern gibt es einen Punkt.

Ü30
Spiel: Gehörschulung

Kleingruppen bilden. Jede Gruppe bestimmt einen Schreiber. Sie geben ein Wort mit einem gerundeten Akzentvokal – o-, u-, ö-, ü-Laut (z. B. *schön*). L diktieren ihrem Schreiber flüsternd weitere Beispiele. Sie geben ein neues Beispielwort, z. B. *fünfzehn*. Gewonnen hat die Gruppe mit den meisten richtig geschriebenen Wörtern.

Spiel: Phonetischen
Wortschatz aktivieren

Es handelt sich (neben der Einführung von *kein*-) um eine Erweiterung des Deklinationsschemas aus K3 um den Dativ und den Plural (Nominativ, Akkusativ, Dativ). Dabei verhält sich *kein*- genauso wie *ein*- im Singular, im Plural hat *kein*- dieselben Endungen wie der bestimmte Artikel. Besonders zu achten ist auf den Dativ Plural des Substantivs mit dem Kasusmerkmal **-n**: *Sätzen, Wörtern*.
Die neuen Dativ-Formen erscheinen in den Texten des K vor allem nach Präpositionen; deshalb werden diese Präpositionen im Wortschatzteil des Kapitels auch semantisiert. (Zum eigentlichen Grammatikthema werden diese Präpositionen dann in K10).

Grammatik 6
Artikelwörter und
Substantiv (3):
Deklination

Zu lernen sind hier die den einzelnen Personalpronomina zugeordneten Possessivartikel. Die Endungen der Possessivartikel stellen kein neues Lernpensum dar, da es sich um dieselben Endungen wie bei *kein*- handelt.

Possessivartikel und
Substantiv

Fundbüro (Besitzer von Gegenständen erfragen): Zur Vorbereitung stellt jede/r bis zu fünf Sachen zur Verfügung (Schreibutensilien, Kleidungsstücke, Sonstiges: Dabei müssen unbekannte Wörter im Wörterbuch nachgeschlagen oder mit Ihrer Hilfe geklärt werden). Die Sachen werden in einem großen Sack oder Behälter gesammelt oder auf einem Tisch mit einem Tuch abgedeckt. Jeder zieht blind 5 Sachen, für die er den/die Besitzer/in finden muss. Alle L gehen im Klassenraum herum und fragen einander: „Ist das dein- X?" Die gefragte Person antwortet entsprechend. Gewonnen hat, wer als Erste/r alle Gegenstände wieder ihren Besitzern zurückgegeben hat.

Spiele-Vorschlag

Wem gehört was? Die Klasse wird in 2 Gruppen geteilt. Die eine Gruppe geht raus (evtl. mit ihren Schreibutensilien) und tauscht je 1 Kleidungsstück (Schuhe, Socken, Mäntel, Jacken, evtl. Pullover, Krawatten und/oder Schreibutensilien). Die Gruppe kommt wieder in den Klassenraum. Die anderen müssen durch Fragen und Beratschlagen herausfinden, welche Dinge getauscht wurden: „Sind das deine Schuhe? Sind deine Schuhe wirklich blau? Der Pullover gehört John. . . ."

*Ü1, Ü4   ***Ü8, Ü14

**Binnen-
differenzierung** AB

Orientierung

K7 bringt einen Hauch von Poesie ins Lehrbuch. Farben und Farbadjektive sollen ein Spiel mit Sprache und Klang anregen. Fotos und Bilder bringen eine ästhetische Dimension in die Doppelseiten. Es geht um Häuser, Landschaft und Raumerfahrung (besonders S. 44). Das K endet mit einem Kunstbild von Gabriele Münter, das genau zum Thema passt: „Villen am Hügel".

Thema

K7 ist grenzüberschreitend, reicht von Irland bis Neapel. Die Häuser-Farben sind stark, z. T. ungewöhnlich und fordern den Vergleich mit eigenen Farberfahrungen der L in verschiedenen Ländern und deren symbolischen Bedeutungen heraus. Als Landschaft wird die deutsche Nordseeküste vorgestellt.

Landeskunde

Handlungsbereich

Lernziele

* Farbbezeichnungen verstehen/benutzen
* über Farben sprechen
* Vorliebe/Ablehnung ausdrücken
* Landschaften beschreiben
* Bilder beschreiben

Grammatik

* Adjektiv prädikativ
* Adjektiv attributiv (im Nominativ)

Wortschatz

* Farbadjektive
* Wortschatz zu Landschaft, Wetter, Klima
* unbestimmte Pronomen (*einige, nichts, alles*, ...)
* Zeitadverbien (*gleich, jetzt, bald*, ...)

Aussprache

* Diphthonge ei/ai, eu/äu, au: Laut-Buchstaben-Beziehung
* Satzakzent in sachlicher Rede

Lernen/Lerntipps

* Texte laut sprechen, sich in Situationen einfühlen (Lerntipp 19)
* wichtige Informationen aus komplexen Texten entnehmen

Sprache wird ästhetisch und spielerisch erfahren: Wörter werden abgehorcht und klanglich zur Entfaltung gebracht (etwa: Spielen Sie „Farbsymphonie", A4).
Landschaften werden nicht nur beschrieben, sondern auch „betreten", als Raum erfahren (A10).
Es werden Methoden der Dramapädagogik (= Lernen mit Kopf, Herz, Hand und Fuß) erprobt.
Die L beschäftigen sich mit Kunst (A14).

Besonderheiten

Die Beschäftigung mit Landschaften wird in K9 (Der Ballon) und 10 (Reisen) wieder aufgenommen. Um Kunst geht es wiederum schwerpunktmäßig in K13 (Laterna Magica). In K7 sieht man Häuser von außen, in K8 wird ein Blick <u>in</u> Häuser und Wohnungen geworfen.

Ausblick

Das Schema der Adjektivflexion wird in K14 komplettiert.

Das Kapitel im Überblick

1   **Farben**   **A1**

Farbnamen
verstehen
Ü1–Ü2
[F12]

Die Häusersilhouette der Doppelseite an die Tafel zeichnen. L zählen unterschiedliche Farben (die sich z.T. wiederholen) und schreiben Bezeichnungen in ihren Muttersprachen unter die Häuser. Zuletzt deutsche Farbbezeichnungen dazuschreiben. Sprachliche Ähnlichkeiten zwischen verschiedenen Sprachen feststellen.
Ü1–2 weiten die Palette der Farbwörter aus. Ü1 regt Such-Manöver durch die bisherigen K an; Ü2 bezieht sich auf Alltagserfahrung. →

A2   Text von Cassette hören, Stimmen unterscheiden. L sprechen den Text möglichst ausdrucksvoll in verschiedenen Tonlagen, sodass die Wörter klingen. →

A3   Text als Dialog mit mehreren Stimmen intonieren (in GA vorbereiten), evtl. teilweise auch im Chor.

Ü3   **A4**   Das Sprechen gestisch und mimisch untermalen und schließlich ganz in Bewegung auflösen: wie schwebende Schmetterlinge. Wörter leise sprechen, murmeln, singen (evtl. passende Musik von Cassette dazu, die Sie oder die L aussuchen). Ganze L-Gruppe bewegt sich im Raum. Anschließend RMK benutzen (Gefallen – Missfallen): Kurzdialoge in PA, Textvorlage oben kann einbezogen werden. →

2   **Häuserfarben**   **A5**

Über Farben
sprechen
Ü4–Ü5

Die Äußerungen von Gefallen/Missfallen jetzt auf die Farben der Häuserreihe beziehen. – Die prädikativ und attributiv gebrauchten Adjektive (*ein schön**es** Wort* usw.) sind bisher in einer Art von musikalischem Sprachgebrauch mitgezogen worden. Ü4–Ü5 ergänzen die grammatische Systematik. Ü4–Ü5 evtl. als HA. →

A6   L lesen Text still, unterstreichen Farbwörter. Text dann abschnittweise laut lesen. „Siena" verweist nach Italien (*terra di Siena*). →

Ü6   **A7**
       A8
Häuserfarben sind oft eine Antwort auf die Farben der Natur und des Himmels oder auf das Klima. →

Ü7–Ü10   **A9**   Die Diskussion einbeziehen, welche Bedeutung bestimmte Farben im eigenen Land haben. Ü9: Text kann lebhafte Diskussionen auslösen, im Unterricht behandeln. Ü8 und Ü10 als HA. →

3   **Mensch und**   **A10**
     Landschaft
Landschaften
beschreiben

Die weite Strandfläche lädt zum Betreten ein, Vorschlag zur Inszenierung: Der Kursraum wird zum Strand und alle bewegen sich nach dem Text der Cassette. Gehen Sie voran, untermalen Sie den Text gestisch/pantomimisch, so erleichtern Sie das Hörverstehen entscheidend, weil die L mit Blick auf Sie den Text verstehen oder erraten können. Sie können den Text auch selbst sprechen oder später noch mal variieren. →

Ü11–Ü12   **A11**   Text still lesen, Raumwörter, Farbwörter notieren. Dazu Ü11 in PA: Wortschatz sortieren. Ü12 evtl. als HA vorbereiten, dann im Unterricht Textmöglichkeiten ausprobieren.

Ü13–Ü14   **A12**   Rezitation in GA vorbereiten, mit Wörtern und Lauten „malen": *e n d l o s weit* usw. Tonlagen von ganz sachlich bis dramatisch. – Ü14 als HA oder in PA: Foto zeigt Strand im Sommer (als Gegenbild zu A10). Variante: Brief/Ansichtskarte an Freunde. →

Ü15   **A13**   Diskussionsspiel pro und contra: Gruppen bilden, Argumente zuerst schriftlich notieren, dann mündlich austauschen. Ü15: Text liegt im Schwierigkeitsgrad bewusst über Klassenstand. In einer Such-Lese-Übung sollen nur die Antworten auf die 3 Fragen gefunden werden. →

4   **Farbhäuser**   **A14**
Ein Bild
beschreiben

Zur Bildbeschreibung ist nur begrenztes Vokabular vorhanden. Die Komposition an der Tafel oder im Heft nachzeichnen, wodurch die Zweiteilung (Hügelrand) und die Schräglage der Häuser evtl. deutlicher werden. Die auffallenden Farben können sicher gut beschrieben werden. Danach Meinungsäußerungen (RMK).

Ü16–Ü17, Ü19   **A15**   Lesen in EA, Notizen machen, Vergleich mit eigenen Beschreibungsversuchen. Ü16–Ü17: Komplettierung des Flexionsschemas (best./unbest. Artikel) im Nominativ. Ü formal orientiert, Vorbereitung als HA nützlich. →

Kommentar eines Malers bringt neue Aspekte und technische Details. Durch Vorbereitung (A14/A15) ist der Kommentar in den Hauptaussagen verständlich (mehrfach hören).

a) L hören und lesen halblaut mit. Bewusstmachen der Laut-Buchstaben-Beziehung. Über die farbliche Unterlegung Hinweis/Frage zur Lautbildung: Erläuterung durch farbiges Vokalviereck (Folie 8/Anhang LB, S. 112). In PA/GA weitere Beispiele suchen; Ergebnisse an der Tafel sammeln.
b) Sprechen Sie Beispiele vor und fordern Sie einzelne L zum Nachsprechen auf. Auf Wortgruppen, kurze Sätze, Frage-Antwort-Sequenzen erweitern, z.B.: *keine Zeit haben, zu Hause bleiben; Bleibst du heute zu Hause?* ... Achten Sie auf die korrekte Aussprache der Diphthonge, auf Akzentuierung und Sprechmelodie.

a) L hören nur den Text. Verständnissicherung im PL: Was macht sie, was sieht sie, was passiert? Text noch einmal hören; L versuchen, nacheinander jeweils kurze Sätze/Teilsätze des Textes zu wiederholen und so den Text zu rekonstruieren.
b) L beschreiben den Blick aus dem Fenster des Kursraumes; in PA „Fensterausblicke" beschreiben: „Sie sind zu Hause und schauen aus dem Fenster ..." →

a) L hören und lesen mit; Besprechung der Regel. Weitere Übungsmöglichkeit: K4/A17 (bei Aufzählungen ist der Satzakzent auf dem letzten Glied).
b) Sie sprechen den Text abschnittweise vor (jeweils 2 Zeilen), einzelne L sprechen nach. Abschnitte mehrmals üben; korrigieren Sie Satzakzent, Sprechgeläufigkeit und Sprechmelodie. Evtl. in PA Text üben; dann im PL vortragen. Ü25 als HA: Text schreiben, zu Hause laut sprechen, im PL vortragen.

Alle Wörter im Wörter-Bild suchen, laut vorlesen und gestisch darstellen. An Tafel notieren (mit Artikel und Plural; *Land* in dieser Bedeutung nur Singular!). →

Wortfeld „Landschaft" (auch *Himmel, Wolke, Weg, Villa, Dorf* kommen im K vor) und/oder „Stadt" (Wörter aus K2) ergänzen. In GA auf Packpapier als Zeichnung, Collage oder Wörter-Bild festhalten. Im PL vergleichen und diskutieren. →

(Einstieg über LB-Text 4, S. 45 oder Ü4.) Sätze lesen lassen: Wie heißt das Verb? Haben die Adjektive eine Endung? Weitere Sätze analog in PA bilden (Partner A bildet Satz im Singular, Partner B denselben Satz im Plural). →

(Einstieg über Ü5.) Sätze lesen und analysieren lassen: Wie heißen die Adjektive? Wo stehen sie? Die Formen der Artikel und Adjektive in den einzelnen Kästen vergleichen: Wie heißen die Adjektivendungen? Wo und wie ändern sie sich? Adjektivformen nach unbest. und best. Artikel in Paaren lernen (z.B. *ein schwarzer – der schwarze*) und memorieren. Weitere Beispielsätze in PA bilden, vortragen (und korrigieren).
Auf Wegfall des „e" bei „dunkel" (sobald Adjektiv eine Endung erhält) aufmerksam machen und mit weiteren Beispielsätzen demonstrieren. →

Rückblick auf K1–7. In PA oder GA Gelerntes aus der Erinnerung auflisten lassen. Mit LB ergänzen, Betonung liegt auf „können". Bei einsprachigen Gruppen kann auf die Muttersprache zurückgegriffen werden.

In EA ein Bild farbig anmalen, sodass Partner/in es nicht sieht. Farbstifte tauschen. In PA Bild beschreiben und Farben nennen. Partner/in malt entsprechend dem Diktat. Resultate vergleichen und nach Gründen für etwaige Abweichungen suchen.

Lückentext mit Hilfe des Bildes „Villen am Hügel" (LB-Text 4, S. 45) ergänzen. →

HV als Mini-Zwischentest: im PL vorspielen und ankreuzen. L korrigieren mit Lösungsschlüssel und bewerten ihre Kenntnisse. →

Kapitelabschlusstest im Testheft, S. 24ff.

A16 Ü18–Ü21

A17 Aussprache 5
AUS Diphthonge:
ei/ai, eu/äu, au
Ü22–Ü24
F8

A18 Satzakzent
AUS Lerntipp 19

A19 Ü25
AUS

A20 Wortschatz 6
Wörter-Bild:
„Landschaft"
A21

Grammatik 7
Adjektiv:
prädikativ
Ü4

Attributives
Adjektiv (1):
Nominativ
Ü5, Ü10,
Ü16–Ü17

R1 Rückschau AB
Selbsteinschätzung
Lernziele erreicht?
K1–K7

R2 Selbstevaluation
HV + Sprechen
A5, A9, A14–A16

R3 Schreiben
A14, A15

R4 Wiederholung
HV, K1, K3, K5, K6

Test TH

Ideen – Vorschläge – Bemerkungen – Zusatzmaterial

A1
A5   **Farben**
A7
A8

„In jedem Land haben Farben eine unterschiedliche Bedeutung. Diese unterschiedliche symbolische Bedeutung findet sich in der Sprache wieder, und zwar in Redewendungen und Sprichwörtern. Sie schlägt sich auch in Alltagshandlungen nieder, etwa beim Schmuck von Innen- und Außenräumen, bei feierlichen bzw. festlichen Anlässen. Jeder Angehörige einer Kultur „weiß", wenn er diesen Schmuck sieht, ob ein fröhlicher oder trauriger Anlass vorliegt, auch wenn er keine ganz genauen Informationen hat. Weiter ist es eine Tatsache, dass jeder Mensch „Lieblingsfarben" hat, zugleich aber auch solche nennen kann, die er auf keinen Fall „leiden" kann. Zu dem gesellschaftlichen Symbolwert von Farben tritt also stets noch eine persönliche Symbolik hinzu."
(I. C. Schwerdtfeger: Sehen u. Verstehen, Langenscheidt, Berlin, München 1989, S. 156)

Die Farbbedeutungen werden besonders klar, wenn man Grenzen überschreitet, wie wir es in K7 tun. Irische Studentinnen merkten zu den bunten Häuserfassaden an, sie seien ohne die immergrüne Landschaft und den meist grauen Himmel ihres Landes nicht denkbar. Die Landschaft ringsum „schreie" nach bunten Farben, die Lebendigkeit und Widerstand gegen Uniformität symbolisierten. Es gebe keine Abstimmung der Häuserbewohner über die jeweilige Farbgebung, dennoch entstehe im Zusammenklang mit der Umgebung eine spezifische Harmonie des Gesamtbildes.

Eine soziologische Komponente wurde betont: Die Farben seien eher ein Zeichen für Armut, wohlhabende Menschen, auch Stadtbewohner, würden solche Farbtöne für „laut" und „krass" halten; sie tendierten eher zu „diskreten, langweiligen, neutralen" Farben. Und noch etwas: Gewöhnlich wählten die Frauen die Farben aus!

Vielleicht können Sie diese authentischen Aussagen mit Ihren L diskutieren.

Giovanna (in K6) malt die Nomen blau (m), rosa (f) und gelb (n) an. Blau und rosa sind (waren) auch in Deutschland typische Babyfarben. Diese Farbgebung ist diskussionswürdig.

Viele Farben haben ein gedankliches Assoziationsfeld, das von einem zum anderen Kulturkreis wechseln kann. Zwei Beispiele im Deutschen:

Blau
Blau ist die Farbe des (wolkenlosen) Himmels, der Fernweh weckt und die Lust, zu wandern oder zu reisen:
die blaue Blume der Romantik: Symbol der Sehnsucht in der Literatur der Romantik (um 1800)
Einige sprichwörtliche Wendungen sind darauf zurückzuführen, dass einerseits die Haut als Folge von Schlägen oder Prellungen zunächst eine blaue Farbe annimmt, man andererseits bei Schwindelgefühl Blau (oder Schwarz) vor den Augen sieht. Bei einigen der folgenden Wendungen könnte beides im Spiel sein:
jemanden grün und blau schlagen: jemanden verprügeln
mit einem blauen Auge davon kommen: noch Glück gehabt haben
sein blaues Wunder erleben: ganz verwundert sein
blau sein: betrunken sein
Für die beiden nächsten Wendungen gibt es mehrere mögliche Erklärungen: Am Montag vor Fastnacht schrieb die kirchliche Liturgie eine bestimmte Farbe vor, Violett, in der immerhin Blau enthalten ist. An diesem Tag wurde früher nicht gearbeitet. – Die Textilfärber (Blaufärber) mussten einen Tag frei machen, damit die Farbe trocknen konnte. – Mit Beginn des Industriezeitalters wurde das Wochenende für Arbeiter/innen und Angestellte zum einzigen Freiraum im oft zermürbenden Wochentrott. Da will man endlich richtig leben und sich austoben; dazu gehört mitunter auch erhöhter Alkoholkonsum, s.o.: *blau sein.*

blauer Montag: ein Montag, an dem man nicht zur Arbeit geht / einen Sonntagsrausch
ausschläft
blau machen: nicht zur Arbeit gehen
Und noch drei weitere Wendungen:
Blaumann: blauer Arbeitsanzug für Mechaniker
blaues Blut: adliges Blut (angeblich zurückzuführen auf durchschimmernde Adern von
hellhäutigen spanischen Adligen)
Fahrt ins Blaue: Fahrt ins Unbekannte

<u>Grün</u>
Grün ist die Farbe von Pflanzen und Bäumen und sie steht für Frische, Jugend (aber
auch Unreife), Wachstum, Lebensfreude:
ins Grüne gehen: in der Natur spazieren gehen, raus aus der Stadt
die Grünen: Partei, die sich um den Schutz der Natur kümmert
auf keinen grünen Zweig kommen: erfolglos bleiben
grüne Bohnen/Erbsen: frische Bohnen/Erbsen
ein grüner Junge: ein unreifer, unerfahrener Junge
vom grünen Tisch aus: praxisfern
die grüne Seite: die (linke) Herzseite, wo die angenehmen Gefühle angesiedelt sind
jemandem (nicht) grün sein: jemanden (nicht) mögen

Ähnliches gilt für Farben und Gefühle bzw. Gemütszustände. So sagt man:
jemand wird gelb vor Neid: jemand wird so neidisch, dass ihm/ihr geradezu schlecht
wird, das Gesicht sich also ungesund verfärbt
jemand sieht rot: vor lauter Wut wird es jemandem Rot vor den Augen
sich grün und blau ärgern: sich so sehr ärgern, dass das Gesicht sich verfärbt
Mit den Folien 12 und 13 können Sie dies verdeutlichen und die L mit Redewendungen in anderen Sprachen vergleichen lassen.

In den Texten des K7 tauchen Farbwörter wie *lila, türkis, oliv, violett, siena, rosa, orange* auf. Diese Adjektive, die aus anderen Sprachen stammen und aus Substantiven hervorgegangen sind, können nicht flektiert werden. Man sagt also: ein lila Kleid. Oder man wählt die Zusammensetzung mit „-farben" oder „-farbig": ein lilafarbenes Kleid.

„exotische" **A1**
Farben **A2**
A5

Jeder Unterricht hat Aspekte von einer improvisierenden Inszenierung: Es gibt Regisseure, die sich ein Drehbuch für verschiedene Akteure in unterschiedlichen Rollen in einem konkreten Raum und in einer vorgegebenen Zeit ausgedacht haben. Ziel des gemeinsamen Arbeitens und Lernens im Unterricht ist es, Stoffe, Themen, Inhalte, Texte, Ausdrücke, Wörter unvergesslich zu machen. Das geschieht u.a. durch ein produktives Wechselspiel von äußeren und inneren Lernbewegungen, zwischen äußerem In-Bewegung-Sein und innerem Bewegt-Sein. Dadurch werden alle Persönlichkeitsbereiche angesprochen: Kognitivität, Emotionalität, Sozialität und Körperlichkeit. (Pestalozzi sprach von Lernen mit Kopf, Herz und Hand.) Im Unterricht sollten also möglichst viele Ausdrucksmittel eingesetzt werden.

Dramapädagogik **A4**
A10

Wer einen Strand „endlos weit" und „nie zu Ende" findet und glaubt, „stundenlang laufen" zu können, der soll das rufen und zeigen und durch Bewegung sichtbar machen. Die L werden sich an diesen Strand erinnern und die Wörter behalten. – Gehen Sie voran mit langsamen weiten Schritten. Die L folgen Ihnen. Durchmessen Sie mehrfach den Raum: „Wir gehen und gehen." Machen Sie weite Armbewegungen: „Der Strand ist endlos weit." Machen Sie schwere Schritte, als ob Sie in weichem Sand einsinken: „Und der Sand ist sehr weich." Machen Sie Hörgesten, lauschen Sie: „Wir hören das Meer." Machen Sie Gesten und Bewegungen, als ob Sie sich dem Wasser nähern, beugen Sie sich, tauchen Sie die Hände ins Wasser … Springen Sie plötzlich zurück: „Da, plötzlich kommt das Wasser … Schuhe und Füße sind nass." (Schütteln Sie die Füße, stehen Sie wie ein begossener Pudel da usw.).

A10

Geben Sie dann den L Gelegenheit, sich auf diese Art auszudrücken. Für nicht-verbale Lernertypen sind solche Ausdrucksmittel eine Chance.

A2
A4

Wörter wie „türkis" oder „lila" sind so eigenartig und klangvoll, dass man sie auch zum Klingen bringen sollte. Je mehr Sinne und Lernkanäle aktiviert werden, um so wirksamer ist das Lernen und Behalten.

Der einfache Farbtext (A2) soll nicht nur gelesen, sondern „gestaltet" werden. Durch Stimmmodulationen, verschiedenste Rollen- und Stimmverteilungen entsteht mal ein harmloses Geplauder, mal ein rechthaberisches Auftrumpfen usw., das mit Bewegungen im Raum inszeniert wird. Geben Sie ein Beispiel und vertrauen Sie dann auf die Phantasie der L!

A13   **Schreiben als**
A15   **Vorbereitung aufs**
A8   **Sprechen**
A9

Die L brauchen etwas Ruhe, einen Freiraum, um ihre Ideen, Einsichten, Ergänzungen und Vorschläge zu sammeln und (womöglich) in sprachliche Form zu bringen: Die folgende Diskussion verliert dadurch nicht an Spontaneität, sondern gewinnt an Qualität, weil die L die Möglichkeit haben, sich in der Sache, im Thema inhaltlich zu orientieren und dann sprachlich zu planen. Fehlt diese Konzentrationsphase, fällt die Diskussion oft oberflächlich klischeehaft, sprunghaft und sprachlich unter dem erreichten Stand aus oder nur die „Schnellen" und Wortgewandten kommen zu Wort.

Schreiben zwingt zur Konzentration darauf, was man wirklich meint und <u>wie</u> man es sagen möchte.

Je mehr diese Art Schreiben zur Routine wird, um so weniger leidet die Mündlichkeit der Diskussion, weil Zwischen- und Rückfragen sofort zu einer offenen Diskussion führen.

Also: „Überall, wo inhaltlich belastetes, von den Lernenden zu verantwortendes Sprechen gefordert wird, kann vorbereitendes Schreiben Hilfestellungen geben. Ich möchte hier noch einmal betonen, dass es primär darum geht, den Lernenden den notwendigen Freiraum zuzugestehen, der es ihnen ermöglicht, einen Überblick über die Aufgabe zu gewinnen und den inhaltlichen und sprachlichen Einstieg zu finden." (P. R. Portmann: Schreiben als Mittel der Organisation von Unterrichts- und Lernprozessen. In: M. Heid (Hrsg.): Die Rolle des Schreibens im Unterricht Deutsch als Fremdsprache. München 1989, S. 91–100).

5   **Aussprache**

Diphthonge sind sogenannte Gleitvokale, zwei Laute, die zu einem Laut zusammenfließen, wobei der erste Laut stärker betont wird. Verwenden Sie zur Veranschaulichung das Vokalviereck. Üben Sie mit den L z. B. den Diphthong [au̯], indem Sie die Vokale [a] und [u] abwechselnd sprechen, mit Betonung auf dem [a]; die zeitlichen Abstände zwischen den Lauten werden immer kürzer, bis die beiden Laute zu einem Laut zusammenfallen. Ebenso bei den anderen Diphthongen.

6   **Wortschatz**
     „Wörter-Bild"

Wenn L Bilder zeichnen oder mit Buchstaben ein Wort bildlich darstellen, werden die Konzepte und Erfahrungen mit diesem Begriff in der eigenen Sprache und Kultur besonders deutlich. Viele westeuropäische L zeichnen oder „schreiben" etwa *Rathaus* im Gegensatz zu *Haus* mit Treppengiebel und die Konnotationen *Altstadt*, *(neo)gotisch*, *bürgerlich* scheinen weit verbreitet. Zeichnungen und Bilder aus dem Wort (wie in der konkreten Poesie) machen Konnotationen sichtbar. Vergleich und Austausch der Arbeitsergebnisse machen Unterschiede und Gemeinsamkeiten deutlich. Wörter-Bilder eignen sich besonders als Wiederholungsübung.

Jede/r L bekommt 10 gleiche Gegenstände (Münzen, Knöpfe, Büroklammern, Pins, kleine Papierstücke, …). GA: Jeder L stellt mit den Gegenständen einen Begriff zum Thema des K (z.B. *Landschaft, Farben*) ohne Worte dar. Andere raten. Es werden mindestens 2 Runden gespielt. Wenn die L mit konkreten Begriffen geübt haben, versinnlichen sie abstraktere Begriffe: Wort-Liste mit ca. 15 Wörtern aus einem Themenbereich vorgeben, L wählen reihum ein Wort, ohne ihre Wahl mitzuteilen, und stellen es dar; andere raten. (Nach einer Idee von Rinvolucri/Morgan: Vocabulary, OUP 1986)

Grammatik 7
Das attributive Adjektiv
(1): Nominativ

Die L wagen sich jetzt schon an das schwierige Kapitel der Adjektivdeklination heran: Anhand des Nominativs auf die Abhängigkeit der Adjektivendung von dem vorangehenden Artikelwort (hier: vom unbest. und best. Artikel) aufmerksam machen. Das Genus-/Kasusmerkmal erscheint nur einmal, entweder beim Artikelwort oder beim Adjektiv. Erscheint es beim Artikelwort, hat das Adjektiv die merkmallose (nicht unterscheidende) Endung -e oder -en (-e im Nominativ und Akkusativ Singular). Ausnahme ist der Akkusativ Singular Maskulin, der wie alle anderen Formen -en hat. Hat das Artikelwort kein Kasusmerkmal oder fehlt das Artikelwort, erscheint das Kasusmerkmal als Endung beim Adjektiv. (Etwas problematisch bleibt dabei allerdings, dass das -e im Plural als Genus-/Kasusmerkmalträger erscheint/interpretiert wird.)

Rückschau AB
Punktesystem R3

Beim Lückentext kann pro gelöste Lücke 1 Punkt gegeben werden (= 10 Punkte), wobei die Lösung der letzten Lücke (persönliche Meinung) nicht gezählt wird. Geben Sie den L die gleiche Punkteskala wie für die Aufgabe R4 in K4 (LHB, S. 58).

Punktesysteme R4

Pro richtige Lösung gibt es 1 Punkt, d.h. maximal 10 Punkte. Punkteskala s. o.

Wiederholung
K1–K6:
Selbst-
evaluationsspiel

Nutzen Sie die alten Rückschauseiten für eine Zwischenevaluation.

Vorbereitung: Kopieren Sie die Rückschauseiten von K1–K6. Schneiden Sie die Aufgaben aus (K1: R3, R4, R5; K2: R3; K3: R3, R4, R5; K4: R3; K5: R2, R4; K 6: R2, R3), und kleben Sie sie auf Karteikarten (etwa in Größe einer halben LB-Seite). Kleben Sie bei Partneraufgaben A und B immer auf verschiedene Karten. Wenn A und B nur gemeinsam gelöst werden können, dann stecken Sie die beiden Karten mit Büroklammern zusammen (gilt für K2 R3, K3 R3: Telefonnummern).

Malen Sie einen Spielplan. Gespielt wird in Gruppen von 4–6 Personen. Kopieren Sie Spielplan und Aufgabenkarten entsprechend Ihrer Klassengröße.

Im Unterricht: Jede Gruppe erhält einen Spielplan, einen Kartensatz, Spielfiguren, einen Würfel und ein Bewertungsraster (++ = 4 Punkte, + = 3 Punkte, – = 1 Punkt, –– = 0 Punkte). Aufgabenkarten verdeckt in die Mitte legen. Kommt ein L auf ein Testfeld (T), zieht er eine Aufgabenkarte und löst die Aufgabe. Die Gruppe bewertet gemeinsam. Jeder L zählt seine Punkte. Wer am Ende die meisten Punkte hat, hat gewonnen.

Anmerkung: Auch hier gilt: Die Ergebnisse gehören den L!

*Ü1, Ü4   ***Ü9, Ü10

Binnen- AB
differenzierung

Kapitel 8

Orientierung

Im Zentrum dieses Kapitels steht das Thema „Wohnen"; als Beispiel haben wir Wohnen in und um Bern gewählt. Bern, die Hauptstadt der Schweiz, steht hier stellvertretend für eine mitteleuropäische Kleinstadt. Wir haben Interviews gemacht, eines davon mit einem Mann, der hoch oben in einem Kirchturm, im Berner Münster, wohnt. Dann begleiten wir ein Paar (mit wenig Geld) beim Einkaufen der Wohnungseinrichtung. Bei der Einweihungsparty ist das Gesprächsthema die Einrichtung der neuen Wohnung, und zur Einrichtung gehören auch Bilder. Eines davon haben wir etwas näher angeschaut: Das gelbe Schlafzimmer van Gogh's.

Thema

Das Kapitel gibt Einblick in den Wohnalltag im deutschsprachigen Raum. Nachdem in K7 Häuser „weltweit" und von außen vorgestellt wurden, geht es hier stärker um das Innenleben von Wohnräumen. Von der Nordsee reisen wir in den alpinen Raum. Beim Recherchieren und Sammeln von Materialien haben wir festgestellt, dass es nicht einfach ist, in fremde Wohnungen reinzuschauen, schon gar nicht einen Blick ins Schlafzimmer zu werfen. Geographische Räume und Wohnräume werden in unterschiedlichen Kulturen ganz verschieden wahrgenommen und interpretiert: Je nachdem, wo man aufgewachsen ist, sind Hügel *Berge* und mittelgroße Städte *Großstädte*. Die Funktion von Räumen, die „Öffentlichkeit" von Wohnräumen (Küche, Schlafzimmer usw.), die Vorstellung von Komfort, das Verhältnis zu Privatgrund und Eigentum, die Privatsphäre in den eigenen vier Wänden usw. sind Themen, die sich gut für interkulturelle Vergleiche und Projektarbeit mit Bildern und Fotos eignen.

Landeskunde

Handlungsbereich
- Wohnräume und Größe einer Wohnung beschreiben
- Wohnsituation und Wohnqualität beschreiben; über Vor- und Nachteile reden
- über Wohnungseinrichtung und Preise sprechen
- Wohnungseinrichtung beschreiben
- Einkaufen im Fachgeschäft (Möbel)

Lernziele

Grammatik
- Verb und Ergänzungen (1)
- Personalpronomen; Textreferenz

Wortschatz
- Lage von Wohnungen, Wohnräume, Wohnungseinrichtung und Gegenstände
- Qualität: Adjektiv-Gegensatzpaare (*groß – klein, alt – neu, …*)
- Lokale Adverbien (*oben, unten, hinten, vorn, …*)
- Komposita

Aussprache
- „Murmelvokale": Laut-Buchstaben-Beziehung
- Wortakzent: Komposita

Lernen/Lerntipps
- Präpositionen *in* und *an* und die *Wo*-Frage (Lerntipp 20)
- Wörter lernen mit Bildern
- Artikel bei Komposita (Lerntipp 21)
- memorieren und repetieren (Lerntipp 22)
- Sprache im Deutschkurs

Das Wortschatzpensum dieses K ist relativ groß, dafür ist vieles, was hier im Themenbereich „Wohnen" bearbeitet wird, nicht völlig unbekannt: Zahlen (Maße und Preise), Gefallen/Missfallen ausdrücken, Vor-/Nachteile aufzählen (Adjektiv-Gegensatzpaare) und Lokalisieren im Raum (*in der Mitte, rechts, links, oben, unten* usw.)

Besonderheiten

Wiederholung: Farben (K7), Sprache im Deutschkurs (K2).
Das Thema „Verb und Ergänzungen" wird in K12 erweitert.
Bewegung im Raum ist zentrales Thema von K9 und K10.

Rück- und Ausblick

Das Kapitel im Überblick

1 Die Turm-
wohnung
Räume und Maße:
Vermutungen äußern
Ü1–3

A1 Redemittel (RMK) für Vermuten an die Tafel schreiben. Text abdecken. Zuerst Vermutungen anhand der Fotos sammeln, dann Zusammenhang zwischen Bildern und Wohnungsgrundriss der Turmwohnung im PL erarbeiten. Akzent auf „Vermutungen" legen. Dazu evtl. Ü3 als Vorlage für schriftlichen Text in PA. →

Vermutungen
überprüfen

A2 In PA Text lesen und Vermutungen überprüfen. Verschiedene Räume im Text auf dem Grundriss suchen. Ü2 zur Vertiefung, Ü1 als HA.

A3 Argumente für oder gegen eine Turmwohnung im RMK anschauen. Weitere Äußerungen in GA sammeln. RMK anschließend im PL erweitern.

2 Wo wohnen Sie?
Wohnort/ Wohn-
qualität beschreiben

A4 Fotos und Texte in GA zuordnen lassen. Achtung: Text 1 ist schwierig. Präteritum hier nicht thematisieren.

Ü4–6
F16/17

A5
A6 Beim Hören sich nicht in Einzelheiten verlieren, sondern konzentriert auf das Lernziel „Wohnort und Wohnqualität: früher und heute, Vor- und Nachteile" hin auswerten. Mit Hilfe der Folien 16/17 festigen und erweitern. Wichtig bei der Bild-/Fotobetrachtung: Was für Menschen wohnen hier? (sozialer Aspekt: reich – arm). Perfekt nicht thematisieren, wird in K9 behandelt.

Ü7–11

A7 Modell für Interview mit Hilfe des RMK geben. Evtl. Ü7 vorziehen. In PA Interviews durchspielen, wobei Fragende/r Notizen macht. Im PL oder Halb-PL mit Hilfe der Notizen die Wohnsituation des Partners / der Partnerin vorstellen. Ü9 mündlich, zur Wiederholung mit Ü10 als HA. Ü8, Ü11 als HA.

3 Die neue Woh-
nung einrichten
Über Qualität und
Preis sprechen
Ü12

A8 Mit Hörtext einsteigen: L raten: Wo? Wie viele Stimmen? Wer? Zweites Hören mit Bild: Fragen von A8 beantworten. Beim dritten Hören Text mitlesen. Ü12 als HA.

Ü13–14

A9 RMK benutzen oder Ü13, zuerst Wortschatz klären, dann in EA Preise festlegen, dient als Vorlage für Ü14.

4 Die neue
Wohnung: Ein-
weihungsparty
Über Wohnräume
sprechen

A10 Erstes Hören ohne Buch: L konzentrieren sich auf die Fragen wo? und wer? Vor dem zweiten Hören Lesephase einschalten. Wortschatz klären.

Ü15–16

A11 2. Hören: Rasterblatt für Notizen bereithalten: Was gefällt / gefällt nicht? Notizen in PA auswerten. Dann evtl. Dialoge in PA üben, vorspielen im PL, oder Einweihungsparty im Kursraum mit selbst geschriebenen, einstudierten Dialogen spielen.

5 Das gelbe
Schlafzimmer
Ein Zimmer
beschreiben
Ü17–18
F14

A12 Lesen Sie den Text vor, betonen Sie die Farbwörter. Die L hören nur auf Farbwörter. Gegenstände im Bild identifizieren (evtl. mit Hilfe der Raumskizze unten auf der Seite). Wörter an Tafel sammeln. Text in EA lesen, mit Bildern vergleichen. In PA Raum beschreiben, einmal mit der Raumskizze, einmal mit dem Bild von van Gogh. Bild, Briefausschnitt und „Wortbild" in GA als Wortigel bearbeiten lassen. Welche Wörter passen zu: Raum – harte Gegenstände – weiche Gegenstände. Resultate aufhängen, vergleichen und ergänzen. Ü17 und Ü18 (mit Wörterbuch) als HA.

A13 Begründung hier ohne weil-Satz üben: „Es gefällt mir; die Farben sind schön." Als Erweiterung und zum Vergleich F14.

Ü19–36
Lerntipp 20/21
F15

A14 Als HA das eigene Zimmer oder ein Phantasie-Zimmer (s. LHB, S. 87!) mit einem Plan beschreiben. Im Unterricht in PA das eigene Zimmer im Detail mit Raumangabe beschreiben. Auch als Rücken-an-Rücken-Diktat möglich: Der Partner zeichnet auf ein leeres Blatt, was der andere diktiert. Anschließend vergleichen. Evtl. Ü20, Ü21 vorziehen, um Verben und Präpositionen einzuüben. →

Einstieg über Ü37. L hören a) + b) und markieren; Regel finden: Wann wird kein ‚r' gesprochen? Hilfe: Wörter mit der Endung ‚-er' untereinander an Tafel schreiben, vorlesen, markieren; ebenso mit Beispielwörtern: langer Vokal + ‚r' am Wortende. A15a) L hören; Bewusstmachen der Laut-Buchstaben-Beziehung, Ausspracheregeln vervollständigen, ([ə] tritt nur in unbetonter Position auf). A15b) Sprechen Sie Beispiele vor und fordern Sie einzelne L zum Nachsprechen auf. Variieren Sie das Übungsmaterial durch Wortgruppen, kurze Sätze, Frage-Antwortsequenzen. →

A15 Aussprache 6
AUS „Murmelvokale"
Ü37–Ü39

Schreiben Sie Komposita aus dem Text an die Tafel; Bedeutungen klären. Vermutungen äußern über Thema/Situation. Lesen Sie ein Kompositum vor und klopfen Sie den Rhythmus als Echo. L kommt an die Tafel und markiert den Wortakzent. Sie sprechen das Wort vor, einzelne L sprechen nach; Sie sprechen das 2. Beispiel, L markiert usw. L hören den Text (lesen evtl. mit); Verständnissicherung (vgl. Lerntipp 22 und Ü32). b) Lesen Sie den Text absatzweise vor (mehrmals, jeweils 2 Zeilen), evtl. einzelne Wörter oder Wortgruppen zunächst einzeln üben, und fordern Sie einzelne L zum Nachlesen/Nachsprechen auf. Text in GA üben. HA: Text zu Hause laut sprechen. L hören die Beispielwörter und lesen mit; Besprechung der Regel.

A16 Wortakzent:
AUS Komposita
Lerntipp 22

A17 Ü40–Ü41
AUS

Vorlage größer abzeichnen oder selbst größeres Haus in Umrissen zeichnen, alle Wörter an passenden Stellen in die Zeichnung schreiben oder mit Pfeilen zuordnen; Zeichnung ergänzen (Treppe, Stufe usw.), im Kursraum aufhängen. →
Mit Redemitteln von A14 die Lage der Häuser beschreiben, Farben von K7 verwenden: „Mir gefällt das ... Haus ...; es ist ..." und andere Phrasen auf Tafel/Folie vorgeben: Achtung, attributives Adjektiv in K7 nur im Nominativ. →
Text in ruhiger Atmosphäre anhören, beschriebenes Zimmer identifizieren lassen (2. Haus von rechts, Erkerfenster im 3. Stock); Text noch einmal hören.

A18 Wortschatz 7
Wort-Häuser

A19

A20

(Einstieg über LB-Text 1, S. 48 oder Ü9.) Beispielsätze der ersten drei Gruppen lesen; die jeweiligen Ergänzungen erfragen (Beispiel im PL, dann in PA: Frage und Antwort), dabei deutlich machen: *wer? wen? wem?* fragen nach Personen, *was?* fragt nach Sachen. Weitere Beispielsätze in PA bilden (anhand der vorgegebenen Verben mit dem Dativ), in Frage und Anwort üben und im PL vortragen. Ebenso mit der vierten Gruppe und Verben mit Akkusativ- und Dativergänzung verfahren. Beispielsätze der fünften Gruppe im PL behandeln. Zusammenfassung in PA: Jede/r schreibt 7 Fragen aus den fünf Gruppen, die von dem Partner/der Partnerin mündlich oder schriftlich beantwortet werden, gegenseitige Kontrolle.

Grammatik 8
Verb und
Ergänzungen (1)
Ü9–Ü10

(Einstieg über Ü22.) Beispielsätze lesen, Personalpronomina identifizieren und die Tabelle aufsuchen lassen; Personalpronomina in Dreiergruppen (z.B. *ich – mich – mir, du – dich – ...*) lernen und memorieren. Ü30 und Ü31 knüpfen an K1 (Textreferenz) an. Ü31 ist schwierig, macht die Verwendung der Pronomen beim Schreiben bewusst. Im PL korrigieren. →
(Einstieg über Ü27.) Sätze lesen und im PL analysieren lassen. Dativergänzung? Akkusativergänzung? Wann steht die Akkusativergänzung vor der Dativergänzung? Beispielsätze der vierten Gruppe (S. 54) analog variieren (EA oder PA). Die Ü im PL besprechen, da relativ schwierig.

Personalpronomen
(1)
Ü22–Ü26
Ü30–Ü31

Dativ- und Akkusativergänzung:
Stellung im Satz
Ü27–Ü29

Freies Gespräch in PA oder GA mit Leitfragen. Wenn Lehrerkontrolle erwünscht ist, kann Dialog vor der Klasse geführt oder auf Cassette aufgenommen werden.

R3 Rückschau AB
Selbstevaluation

L malen die Möbel einer Zeichnung farbig an und beschreiben in PA das Zimmer. Partner/in markiert beim Hören die Möbelstücke in der anderen Zeichnung entsprechend der Beschreibung. Am Ende Zeichnungen nebeneinander legen. Unterschiedliche Farb-Notizen zeigen Probleme beim Hören oder Sprechen.

R4 Sprechen; WS;
A12–A14

Kapitelabschlusstest im TH, S. 27ff.

Test TH

Ideen – Vorschläge – Bemerkungen – Zusatzmaterial

A1 **Projekt: Interkul-**
–A3 **turelle Landeskunde**
Räume und Wohnräume
auf Fotos und Postkarten

In K7 haben die L Landschafts- und Architekturbilder kennen gelernt: Beim Thema „Wohnen" richten wir unseren Blick etwas genauer auf die Häuser. Wo wohnen Menschen in Ihrem Land? In der Stadt oder auf dem Land, in den Bergen oder am Meer? Wie baut man bei Ihnen Städte, Siedlungen und Häuser? Wie sind Wohnungen eingerichtet? Wer wohnt wo? Wie viele Menschen wohnen in einer Wohnung? Wer ist Mieter, wer ist Eigentümer? Mit solchen Fragestellungen kann in landeskundlicher Projektarbeit auch der soziale Aspekt von „Wohnkultur" erarbeitet werden. Legen Sie den Akzent auf den Vergleich zum eigenen Land oder zum Herkunftsland.

Bilder als optische,
landeskundliche
Impulse, als Anlässe für
Spracharbeit

Bilder, Fotos, Postkarten aus verschiedenen Regionen (im Kursraum aufgehängt) spiegeln unterschiedliche Sichtweisen und Blickwinkel auf das Thema „Raum – Wohnraum". Sie können aber auch ganz einfach als Impuls für unterschiedliche Spracharbeit dienen, z.B. als Sprechanlass zur Bildung von Hypothesen oder für Wortschatzwiederholung.

Bilder/Bildcollagen

Bilder können auch in GA nach unterschiedlichen Fragestellungen gruppiert und zu Collagen geklebt und dann kommentiert und aufgehängt werden.

Ordnungsvorschläge

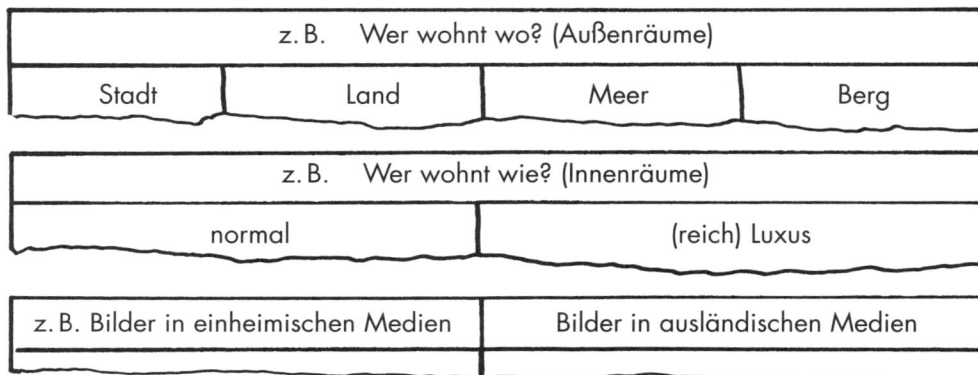

z.B. Wer wohnt wo? (Außenräume)			
Stadt	Land	Meer	Berg

z.B. Wer wohnt wie? (Innenräume)	
normal	(reich) Luxus

z.B. Bilder in einheimischen Medien	Bilder in ausländischen Medien

Vielfältige Quellen
D·A·CH

Bilder können von den L aus der Tagespresse (einheimische Medien) gesammelt werden, aus Zeitschriften (z.B. Geo-Spezial), Reiseführern oder Katalogen (auch Reisekatalogen) fotokopiert/ausgeschnitten werden oder bei den Tourismus-Zentralen der deutschsprachigen Länder angefordert werden.

Adressen:
BRD: Deutsche Zentrale für Tourismus   Tel.: 0049/69/75720
        Beethovenstraße 69   Fax: 0049/69/751903
        D-60325 Frankfurt/Main

CH: Schweizerische Verkehrszentrale   Tel.: 0041/1/2881111
        Bellariastraße 38   Fax: 0041/1/2881205
        Postfach 695
        CH-8027 Zürich

A: Österreich Werbung   Fax: 0043/222/5886620
        Margaretenstraße 1
        A-1040 Wien

Informationen zu den deutschsprachigen Ländern im Internet:

http://www.unifr.ch/ids/www-daf

Thema „Raum"

Das Thema „Raum" wird in K9 und K10 ausgedehnt durch „Bewegung im Raum", „über Grenzen gehen" und „Reisen mit Verkehrsmitteln". Wenn Sie also in diesem Kapitel mit einem Projekt „Fotos – Postkarten: hier und dort" starten, können Sie das über die nächsten Kapitel weiterverfolgen.

Persönliche Wohnsituation bzw. persönliches Zimmer (mit Einrichtungsgegenständen) auf einem DIN-A4-Blatt als HA skizzieren und notieren lassen (3 Elemente: 1 = Lage; 2 = Meine Wohnung; 3 = Mein Zimmer). Die Blätter werden in der Kursstunde gemischt und beliebig neu verteilt. Im Kursraum umhergehen: Durch gezieltes Fragen soll der Bewohner der Wohnung gefunden werden, indem Fragen zu den Skizzen gestellt werden: Wohnst du in einem Wohnblock? – Ja. Wohnst du im zweiten Stock? – Ja. Wohnst du in einer 3-Zimmerwohnung? – Nein. Jemand anders fragen. Wenn jemand „seinen" Bewohner identifiziert hat und selbst identifiziert wurde, scheidet er/sie aus dem Spiel aus. – Wichtig bei diesem Ratespiel ist, dass in der Zimmerskizze wenig Gegenstände exakt im Raum platziert werden.

Ratespiel
Wer wohnt in dieser Wohnung?

<u>Achtung:</u> Die eigene Wohnung/Wohnsituation kann ein Tabu-Thema sein, je nach Lernergruppe kann das gleiche Spiel mit einer Phantasiewohnung gemacht werden.

Möglichst große Bilder aus Architekturzeitschriften oder Möbelkatalogen mit Innen- und Außenansichten von Räumen mitbringen. Bild je nach Menge der Informationen ca. 30 Sekunden zur Betrachtung geben, dann Fragen stellen: Was ist unten? In der Mitte? Was ist hinten links? Welche Farbe hat das Fenster oben rechts? Wie viele ...? Wo ist ...? Ist auch ein ...?
Variante: Lassen Sie in GA zu je einem Bild Fragen formulieren. Anschließend werden die Fragen wettbewerbsmäßig zwischen den Gruppen gestellt und beantwortet.

Bilderrätsel
Beobachtungstraining

Zwei L gehen vor die Tür. Die Gruppe überlegt sich ein mehrsilbiges Wort und wählt so viele L aus, wie das Wort Silben hat. Die ausgewählten L sind Silbenträger. Die beiden L werden in den Raum geholt und die Silbenträger sprechen gleichzeitig und wiederholend ihre Silbe. Der L, der das Wort zuerst erraten hat, hat gewonnen.

Aussprache 6
Spiel: Silbenrätsel

L slawischer Muttersprachen sprechen häufig das „r" im Suffix „-er". Das bewirkt einen auffallenden Akzent und sollte – mit Hinweis auf die Regeln – konsequent korrigiert werden; -er fast wie [a] sprechen lassen.

Korrektur

Um Sprechhemmungen abzubauen, eine schwerfällige, starre Kurssituation aufzulockern, aber vor allem um L für die Ausspracheübungen anzuwärmen, kann es sinnvoll sein, hin und wieder Chaosübungen in den Unterricht einzubauen: L lesen gleichzeitig einen Text oder verschiedene Textabschnitte durcheinander; unterschiedliches Sprechtempo, Lautstärke, emotionale Variationen, Mimik, Gestik, im Kursraum herumlaufen und im Gehen sprechen. Alles ist nicht nur erlaubt, sondern die Vielfältigkeit ist erwünscht; L erleben einen Freiraum, in dem sie experimentieren und (sich) ausprobieren können; gleichzeitig wirkt das Agieren der anderen Teilnehmer ermutigend, anregend und kann Impulse geben, eigene Hemmungen zu überwinden und Neues zu entwickeln. Sie können zunächst mitmachen und das Chaos allmählich kanalisieren, indem Sie beginnen, bei einzelnen L gezielt die Aussprache zu korrigieren. In der Regel wird bei dieser Übung sehr viel gelacht: Lachen bedeutet nicht nur Spaß – was allerdings Grund genug wäre –, sondern lachen ist das beste Ventil, um Hemmungen und Verspannungen abzubauen, schafft also die besten Voraussetzungen, um anschließend Aussprachearbeit zu machen!

Sprechhemmungen

Ermuntern Sie L immer wieder, Wörter in verschiedenen Darstellungsformen zu notieren und mit diesen Vorlagen zu lernen; das Notieren von Wörtern in einfachen Zeichnungen fasst semantische Felder zusammen und scheidet nicht-passende Wörter aus. Einfache, am besten durch L selbst gezeichnete visuelle Elemente sind gute Memorierungshilfen.

Wortschatz 7
A18

Das Bild zu A19 als Folie oder Folie 16 und 17 projizieren oder ein großes Bild von Häusern aufhängen. Sie schreiben die Wörter, die Sie wiederholen wollen, auf Haft-Zettel und zeigen stumm auf einen Gegenstand oder Ort auf dem Bild / der Projektion. Wird der gesuchte Begriff richtig von den L genannt, Zettel aufkleben; wenn nicht, leeren Zettel anheften. Anschließend leere Zettel mit Hilfe des Lehrbuchs oder des Wörterbuchs ergänzen. Zum Schluss übertragen L Bild und Bezeichnungen. Bei der Benennung der Teile des Bildes wird kaum gesprochen: L benennen gezeigte Teile, sonst nichts. Sie zeigen nur und arbeiten gestisch.

Varianten A19

Als weitere Wiederholung oder Lernkontrolle können Sie nach einiger Zeit nur die Wörter an den richtigen Stellen auf ein leeres Blatt notieren lassen; die Bildvorlage zeigen Sie zuvor nur ganz kurz.
(nach einer Idee von Rinvolucri/Morgan: Vocabulary, OUP 1986)
Variante: Zeichnen Sie den Grundriss einer Wohnung auf einen großen Bogen Papier; im PL Räume der Wohnung (Wohnzimmer, Bad usw.) festlegen. Jeder L notiert drei Gegenstände und drei Verben, was er in der Wohnung macht, auf Haft-Zetteln; reihum aufkleben und dabei sagen, was das ist, usw. Sie geben gewünschte Redemittel auf Folie vor: *Das ist der/ein . . . . Hier kann man . . .* usw.

Kurssprache
Ü34–Ü36

Die Ü ergänzen die Redemittel aus K2 und fassen die neuen aus K3 bis K8 zusammen. Sie können damit überprüfen und absichern, dass Sie den Unterricht auf Deutsch halten können. Die Beherrschung der Kurssprache ist v. a. in gemischtsprachigen Gruppen wichtig für PA und GA.

Lerntipp

Fordern Sie die L auf, zu Hause auf einzelne Gegenstände (Lernpensum des K) Haft-Zettel mit den deutschen Wörtern zu kleben. Damit wiederholen Sie im Vorbeigehen die Wörter. Später erweitern auf „schwere" Wörter. Bauen Sie im Kursraum eine solche Lernlandschaft als Modell (s. AB, K6, Rückschau: *Moment mal!*, S. 63).

AB   **Ü25**

Erweitern Sie die Ü mit anderen Verben. Führen Sie einen „Literaturwettbewerb" durch, wo die besten Gedichte prämiert werden.

8   **Grammatik**
Personalpronomen
Ü24

Machen Sie die L darauf aufmerksam, dass die Verben der ersten Reihe (*helfen . . .*) keine Akkusativ-Ergänzung haben, jedoch bei den Verben der zweiten Reihe ((*mit*)*bringen . . .*) die Dativergänzung nicht alleine stehen kann.

Verb und
Ergänzungen (1)

Nach diesem Model der Dependenz-Grammatik regiert das Verb als das strukturelle Zentrum des Satzes einen Teil der übrigen Satzglieder in der Weise, dass diese realisiert werden müssen (obligatorische Ergänzungen) oder realisiert werden können (fakultative Ergänzungen), sobald man sich für die Verwendung des jeweiligen Verbs entschieden hat. Für den Erwerb des Deutschen als Fremdsprache hat es sich als sehr hilfreich erwiesen, wenn bei dem Verb die jeweiligen (obligatorischen) Ergänzungen gleich mitgelernt werden, am besten mit einem Beispielsatz. Die Kenntnis der Ergänzungen eines Verbs kann auch beim Verstehen längerer und komplexer Sätze hilfreich sein, da Identifizierung dieser Ergänzung(en) die Grundstruktur des Satzes klärt.
Hier werden die ersten fünf Ergänzungen eingeführt; weitere folgen später (Präpositionalergänzung in K12, die übrigen in Band 2).
Zunächst werden Beispielsätze aus den vorangegangenen Texten präsentiert. Die gemeinsame Struktur wird dann in einem Modell abgebildet. In diesem Modell sind die Fragewörter, mit denen die jeweiligen Ergänzungen erfragt werden können, auch genannt; dadurch lassen sich die entsprechenden Fragesätze richtig bilden, und die L können sich die Satzbaupläne besser einprägen (z.B. *Wer* hat eine große Wohnung? *Was* hat Herr Probst?).

Spiele-Vorschlag

Satzbauspiel: Alle Verben der GR-Seiten 54–55 im LB werden auf je eine Karte geschrieben (ohne oder mit ihren Ergänzungen) und verdeckt auf den Tisch gelegt. Jede/r Mitspieler/in zieht zwei Karten und schreibt mit dem entsprechenden Verb möglichst viele Sätze (Zeitlimit: 3 bis 5 Minuten). Danach werden die Sätze vorgelesen und vom PL korrigiert: Verbform und Ergänzungen sollen richtig sein.
Satzpuzzle: Satzbauelemente mit verschiedenen Ergänzungen von 5–7 vollständigen Sätzen zerschnitten verteilen. In PA oder GA die 5–7 Sätze rekonstruieren.
Satzschlangen: GA (evtl. Thema angeben): Person A beginnt auf einem Zettel einen Satz mit einem Wort, gibt den Zettel an Person B weiter, die fügt ein passendes Wort hinzu, gibt den Zettel weiter usw., bis der Satz vollständig ist. (Wem kein passendes Wort einfällt, darf einmal aussetzen.) Jedes Gruppenmitglied darf einen Satz starten, sodass mehrere Zettel im Umlauf sind. Zum Schluss Sätze vorlesen und korrigieren.

AB   **Binnendifferenzierung**

*Ü7, Ü11   ***Ü22, Ü31

Orientierung

Es wird eine Geschichte erzählt – angesiedelt zwischen Realität (Abschnitte 1–4, 6) und Traum (Abschnitt 5). Die Geschichte spielt im Südosten Bayerns, nahe der tschechischen Grenze (vgl. Landkarte in K10: Der Ballon startet in Haarbach und landet in Volary). Es ist Herbst. Über die Fotos und Texte werden zugleich die Landschaft und das Wetter thematisiert.
Außerdem zeigt Abschnitt 4, wie mit Phantasie (und Wörterbuch) ein Text in einer der Leserin völlig fremden Sprache entschlüsselt wird (gleichsam in teilnehmender Beobachtung): Sind das Strategien, die Ihre L anwenden? (Vgl. auch die Darstellung zu Strategien bei der Erschließung der Bedeutung unbekannter Wörter im Arbeitsbuch Ü26 und LB, K13, A27 und A28.)

Thema

Die beiden Mädchen sind offensichtlich privilegiert: Wer hat schon ein eigenes Pferd? Dennoch gehört auch das zur Realität: Immer mehr – v.a. weibliche – Jugendliche reiten, wenn auch gewöhnlich nicht auf eigenen Pferden. Fähren über Flüsse sind dagegen selten geworden, es gibt sie aber noch – wie in dieser Geschichte. Grenzen in Europa gab es zu der Zeit, in der die Geschichte spielt, auch noch: Hat sich daran jetzt, da Sie mit dem Buch arbeiten, etwas geändert?

Landeskunde

Handlungsbereich
Lernziele
* Reisewege beschreiben
* Landschaft und Wetter beschreiben
* Personen beschreiben
* einen unbekannten Text erschließen (mit Hilfe von Vermutungen, Phantasie, Kontext, Wörterbuch)

Grammatik
* Perfekt: Bedeutung und Gebrauch
* Perfekt: Satzklammer
* regelmäßige und unregelmäßige Verben (Partizip II)
* Perfekt mit „haben" und „sein"
* Konjugation
* trennbare und nicht trennbare Verben (Partizip II)

Wortschatz
* Wort-Spirale: Verben aus der Geschichte des Kapitels
* Wort-Kreise: „Natur" (Jahreszeiten, Wetter, Landschaft)

Aussprache
* Konsonanten, Explosivlaute mit hoher/niedriger Sprechspannung: p, t, k / b, d, g
* Sprechpausen und Interpunktion: Textgliederung und Textgestaltung beim Vorlesen

Lernen/Lerntipps
* Wörter in Paaren lernen (Lerntipp 23)
* mit Beispielsätzen auf Karteikarten lernen: Partizip II der unregelmäßigen Verben (Lerntipp 24)
* wichtige Wörter erschließen (Lerntipp 25)
* im Wörterbuch nachschlagen (Lerntipp 25)
* Kommunikation durch Blickkontakt verbessern (Lerntipp 26)

K9 verbindet das Thema „Fremdsprachen" mit den Themen „Reisen" und „neue Menschen kennen lernen": Die Strategien, die Jenny anwendet, um den Brief aus Volary zumindest grob zu verstehen, führen zu einer Reise – ob im Traum oder in Wirklichkeit, ist dabei eher nebensächlich. Auf der LB-Cassette wird die neue, zunächst unbekannte Sprache – Tschechisch – in zwei Versionen präsentiert: in Jennys Annäherung an die Fremdsprache und in „fortgeschrittener" Form von einem Jungen, der in der Tschechischen Republik geboren wurde und dort die ersten Lebensjahre verbrachte, inzwischen aber in der BRD lebt; zwei Stationen auf einer Skala, auf der sich Sprachlernende auch bewegen.

Besonderheiten

Das Thema „Reisen" wird in K10 unter pragmatischen Gesichtspunkten wieder aufgenommen und erweitert.

Ausblick

Das Kapitel im Überblick

1	**Zwei Mädchen – zwei Pferde** Menschen beschreiben	**A1**	Bild anschauen, Wahrnehmungen/Vermutungen im PL sammeln (Vorentlastung A2).
		A2	Sie können die Aufgabe erleichtern und Wörter vorgeben (z.B. Auswahl aus Ü1). L sollen sagen, was sie sehen und vermuten (keine komplette Bildbeschreibung). Helfen Sie bei den Formulierungen und korrigieren Sie (wenn überhaupt) beiläufig.
	Ü1–3	**A3**	Text und Fragen in EA lesen, nur im Hinblick auf die Fragen. Beantwortung im PL, danach Klärung unbekannter Wörter. Ü1, Ü3 im PL, Ü2 als HA.
2	**Jenny** Vermutungen äußern	**A4**	Bild anschauen (Fragen beantworten lassen: Wie alt ist Jenny? Wie sieht sie aus? Wo lebt sie? Was ist ihr Hobby? Was macht sie?); Vermutungen im PL sammeln. Text lesen und Vermutungen überprüfen.
3	**Der Ballon** Landschaft und Wetter beschreiben	**A5**	Aufgabe in direkter Verbindung mit Ü4 und RMK in PA bearbeiten, einige Lösungen im PL vortragen.
	Ü4–12	**A6**	Text still lesen und unbekannte Wörter unterstreichen lassen. Können L schon sagen, was hier passiert? Danach unbekannte Wörter klären. Ü5 in PA (als LV-Überprüfung). Ü8 und Ü9 als HA, Ü10–Ü12 im PL. →
4	**Der Brief** Sprache und Inhalt identifizieren F1	**A7**	Fragen im PL behandeln; Vorgriff auf Landkarte in K10 (LB, S. 64) kann hilfreich sein.
		A8	Text in EA lesen, Fragen in PA beantworten, im PL überprüfen.
		A9	Text vorspielen, ohne zu stoppen, im PL sammeln: Was macht Jenny? Text noch mal abschnittweise vorspielen, Informationen notieren lassen (an Tafel schreiben): Welche Wörter versteht sie? Was bedeuten die Wörter?
	Ü13–17	**A10**	Text hören und in EA oder PA Inhalt des Briefes notieren, im PL kontrollieren. Bei Jennys tschechischem Freund handelt es sich um ein typisches Migrantenkind: In Tschechien zweisprachig aufgewachsen, jedoch seit vielen Jahren in Deutschland lebend, ist Deutsch zu seiner „Hauptsprache" geworden; Deutsch spricht er akzentfrei. Tschechisch versteht und spricht er zwar flüssig, jedoch mit einem starken deutschen Akzent. Ü13–15 im Unterricht behandeln, Ü16–Ü17 als HA möglich.
5	**Der Traum** Einen Reiseweg beschreiben Ü18–21 Lerntipp 23	**A11**	Text in EA lesen, unbekannte Wörter unterstreichen, im PL klären. Ü18 und Ü19 in PA: Ü18 für „stärkere", „mutigere" L, Ü19 für die übrigen; Lösungen im PL vortragen. Ü18 danach als HA für die „weniger Mutigen" möglich. Ü20 und Ü21 als HA mit anschließender Besprechung im PL.
6	**Jennys Brief an Karin** Über eine Reise berichten Lerntipp 24 F18–20	**A12**	Text in EA lesen und Verbformen markieren; Verbformen im PL an Tafel sammeln, Präsensformen und Infinitive als Tabelle daneben schreiben.
	Ü22–28 Lerntipp 25	**A13**	Mit GR im LB Perfekt-Regularitäten gemeinsam erarbeiten oder mit Ü22–Ü25 fortsetzen (falls vorher mit Ü13–Ü17 begonnen wurde); im ersten Fall Ü22–Ü25 als Wiederholung (HA oder PA). Lerntipp 25 und Ü26–Ü27 im PL bearbeiten. Ü28 als HA.
7	**Aussprache** Konsonanten: AUS p, b, t, d, k, g Ü29–Ü31 Lerntipp 26	**A14**	Einstieg über Ü29; L hören Beispiele und kreuzen an. Vergleich im PL. Einzelne L sprechen die Nachnamen, Sie korrigieren. Starke Aspiration bei [p, t, k] visualisieren: mit einem Bogen Papier vor dem Mund ‚pah!' oder ‚Pause!' sprechen; wenn das Papier flattert, stimmt die Artikulation. L imitieren. L hören die Beispiele von A14 und lesen halblaut mit. Laut-Buchstaben-Beziehung herausarbeiten, Regel zur Auslautverhärtung besprechen (LB, Anhang 1: Aussprache, B, S.113). Beispiele lesen, einzelne L sprechen nach. HA Ü32a. →

Kontrastübung: Lesen Sie den Text in normalem Sprechtempo, aber ohne Pausen und Blickkontakt. Lesen Sie noch einmal und gliedern/gestalten Sie den Text durch Pausen und Blickkontakt (v. a. dort, wo ein „Bild" zu Ende ist). a), b) L hören den Text und die Regeln und lesen halblaut mit. Besprechen der Regeln. L machen Kontrastübung mit einzelnen Sequenzen: Lesen Sie die Sätze ohne/mit Pausen und Blickkontakt, L sprechen nach. c) L üben in GA, den Text vorzulesen, korrigieren Sie, einzelne L lesen den Text vor. HA: Texte von A3, A5, oder Ü32c laut lesen üben.

Verben und Ausdrücke von außen nach innen lesen; in PA mit Elementen aus der Geschichte (*Ballon, Zdenky und Honzy, Traum, …*) abwechselnd Kurzsätze machen, dann ganze Geschichte erzählen (evtl. schriftlich, auch HA). Die reflexiven Verben (*sich freuen, sich wundern*) werden grammatisch in K12 behandelt. →

Wort-Kreis von innen nach außen (*Jahreszeiten, Wetter, Elemente von Landschaft*) lesen und lernen, zum Memorieren je ein Segment für sich bildhaft beschreiben.

Geräusche hören, Wort-Kreis „Natur" anschauen; evtl. in 4 Gruppen je eine Beschreibung machen; liebste Jahreszeit und damit verbundene Orte beschreiben. →

(Einstieg über LB-Texte 5 und 6, S. 58 und 59.) Präsensformen der Verben (Text links) und Perfektformen der Verben (Text rechts) heraussuchen lassen und an Tafel einander gegenüberstellen, darunter die Wörter „jetzt" und „früher" notieren. Bestandteile der Perfektformen markieren (*haben/sein* + Partizip II).

(Einstieg über Ü14.) Sätze lesen und analysieren lassen: Wo steht das Hilfsverb, wo steht das Partizip II?

(Einstieg über Ü15.) Formen analysieren lassen: Wie bildet man das Partizip II? Was ist gleich, was ist verschieden bei regelmäßigen und unregelmäßigen Verben? Weitere Partizipien aus LB-Text 6, S. 59 und Beispielsätzen auf der ersten GR-Seite 62 zuordnen lassen.

(Einstieg über Ü16.) Typ 1 und Typ 2 vergleichen (u. U. wiederholen: Was sind Verben mit trennbarem Präfix? Woran erkennt man sie? Wie ist die Betonung?): Wo steht das „ge-"? Weitere Beispiele, z.B. *kaufen – einkaufen, fliegen – wegfliegen, nehmen – mitnehmen*; Partizipien und Beispielsätze im Perfekt bilden (PA, Kontrolle im PL). Was ist bei Typ 3 anders? Wie erkennt man Verben dieses Typs? Abschließend Beispiele zum Einprägen präsentieren (oder L finden eigene Beispiele): *kommen – gekommen, ankommen – angekommen, bekommen – bekommen; kaufen – gekauft, einkaufen – eingekauft, verkaufen – verkauft*. Dazu Beispielsätze im Perfekt bilden lassen.

(Einstieg über Ü25.) Formen der Tabelle analysieren: Welche Formen ändern sich (Hilfsverben)? Welche Formen bleiben gleich (Partizip II)? Welche Verben bilden Perfekt mit „sein"? (Bewegung zu Ziel, Veränderung). Weitere Beispiele sammeln (*fliegen, gehen, fahren, kommen, …*), Beispielsätze im Perfekt bilden (EA, Kontrolle im PL).

Reflexion, ob die Regeln den L bewusst sind (s. R3) und angewandt werden (s. R4). Möglichkeit zurückzublättern.

Aufgabe dient Rückerinnerung an Regeln und Besonderheiten der Perfektbildung. In PA müssen sich L auf zwei typische Phänomene beschränken. Gezielte Suche und mündliche Erklärung der Formen unterstützt Bewusstmachung der Regel.
Test, ob die Regeln in der Situation angewandt werden. Ggf. Briefform vorgeben.

Ratespiel in PA durchführen und bewerten. Bewertung mit R1a) vergleichen.

Kapitelabschlusstest im TH, S. 91.

A15 Sprechpausen und
AUS Interpunktion
Ü32, Ü33

A16 Wortschatz 8
Wort-Spirale

A17 Wort-Kreise:
„Natur"

A18

Grammatik 9
Perfekt: Bedeutung
und Gebrauch
Ü13, Ü22

Pefekt:
Satzklammer
F18 Ü14

Partizip II: Regel-
mäßige/unregel-
mäßige Verben
Ü15–Ü17,
Ü23–Ü24
Lerntipp 24

Partizip II: Formen
Ü15–Ü17,
Ü22–Ü24

Perfekt mit „haben"
oder „sein":
Konjugation
Ü25

Rückschau **AB**
R2 Selbsteinschätzung
Grammatik

R3 Selbstevaluation
Grammatik

R4 Schreiben
Grammatik

R5 Sprechen (A5)

Test **TH**

91

Ideen – Vorschläge – Bemerkungen – Zusatzmaterial

AB

**Radio hören –
Zeitungen lesen**
Ü11

Anhand von Radionachrichten oder Wettervorhersagen und den Meldungen in der Zeitung vom nächsten Tag lassen sich die Fertigkeiten kombinieren. Der folgende Text ist ein Ausschnitt aus der „Landshuter Zeitung", der auf der gleichen Wettervorhersage basiert wie der Hörtext.

Mögliche Aufgabenstellung:

a) Sie wollen am Sonntag einen Spaziergang in Südbayern machen. Wie entscheiden Sie?

b) Das Wetter in den nächsten Tagen. Wann schneit es?

BAYERNWETTER

Bewölkt, zeitweise Regen

Wetterlage: Von Nordwesten her greift eine Kaltfront auf Süddeutschland über und beendet den langen trockenen Witterungsabschnitt.

Vorhersage für Samstag/Sonntag:

Südbayern: Heute stark bewölkt und zeitweise etwas Regen oder Schauer. Tageshöchstwerte 10 bis 15, nachts 9 bis 5 Grad. Am Sonntag zunächst noch wenig Änderung, im Tagesverlauf von Norden her Wolkenauflockerungen, 9 bis 13 Grad. Schwacher Wind um West.

Nordbayern: Am Samstag stark bewölkt und gelegentlich etwas Niederschlag. Höchstwerte 9 bis 13, nachts 8 bis 3 Grad. Am Sonntag zunächst teils neblig trüb, später aufgelockerte Bewölkung. Temperaturen wenig geändert.

Weitere Aussichten bis Mittwoch: Am Montag wolkig, vereinzelt Schauer. Am Dienstag nach Nebel längere sonnige Abschnitte, am Mittwoch zeitweise Regen und Schauer, teils bis ins Flachland mit ersten Schneeflocken vermischt. Höchstwerte zunächst noch um 10 Grad.

Bayern gestern mittag		
Straubing	leicht bewölkt . .	13° C
Regensburg	leicht bewölkt . .	14° C
Nürnberg	leicht bewölkt . .	17° C
München	leicht bewölkt . .	19° C
Oberstdorf	wolkig	19° C
Garmisch	leicht bewölkt . .	19° C
Großer Arber . . .	stark bewölkt . .	12° C
Zugspitze	leicht bewölkt . .	4° C

Die Welt gestern mittag		
London	stark bewölkt . . .	14° C
Moskau	leicht bewölkt . . .	10° C
Madrid	leicht bewölkt . . .	23° C
Rom	leicht bewölkt . . .	19° C
Athen	wolkig	15° C
Kairo	leicht bewölkt . . .	25° C
New York	leicht bewölkt . . .	14° C
Tokio	leicht bewölkt . . .	21° C

7

Aussprache
Korrektur

Für L mit z.B. Spanisch, Japanisch, Koreanisch als Muttersprache ist die Bewusstmachung der Laut-Buchstaben-Beziehung von [b, p] in Opposition zu [v, f] besonders wichtig (vgl. K10, LHB S. 98).

Die Explosivlaute [p, t, k] werden mit hoher Sprechspannung artikuliert. Bringen Sie die Laute in Positionen, in denen ein erhöhter Spannungsgrad vorliegt: Akzentsilbe, steigende Sprechmelodie, emotionale Sprechweise, z.B.: erstaunt, entsetzt sprechen (Ü32b).

Pausen

Sprecher brauchen Pausen, um „vorzudenken" (sich auf den Gedanken zu konzentrieren), Hörer brauchen die Pause, um „nachzudenken" (die Informationen zu verarbeiten). Die Verständlichkeit von vorgelesenen Texten hängt ganz erheblich von der Textgliederung und Textgestaltung ab, wobei den Sprechpausen eine hervorragende Rolle zukommt. Hörer – insbesondere fremdsprachige – brauchen Zeit, um „innere Bilder" aufzubauen und zu entwickeln, die für das Verstehen, Verarbeiten (und Behalten) von Informationen notwendig sind.

Die Verknüpfung der Fremdsprache mit eigenen inneren Bildern ist zudem ein wichtiger Schritt dahin, sich in der Fremdsprache zu Hause zu fühlen und sie als einen neuen Teil von sich selbst zu erleben.

Pausen nach Bildeinheiten: Besonders gut für die Textgliederung in Bildeinheiten eignen sich beschreibende und poetische Texte; diese Bilder sind häufig auch emotional besetzt und verstärken so den inneren Eindruck.

Blickkontakt

Blickkontakt wird in verschiedenen Kulturkreisen sehr unterschiedlich interpretiert und bewertet. In westlichen Kulturen fällt Blickkontakt vor allem dort auf, wo er nicht ist, und wird dann u.a. als Desinteresse, Unsicherheit oder sogar als Unfreundlichkeit interpretiert. Blickkontakt ist ein Signal für Interesse und Kontakt zwischen Gesprächspartnern, er verstärkt die Konzentration auf das Gesagte und erhöht seinen Mitteilungswert. Achten Sie deshalb auch beim Vorlesen beschreibender Texte auf Blickkontakt.

Für den Blickkontakt bieten sich Textstellen an, wo ohnehin eine größere Sprechpause vorgesehen ist, z. B. bei Absätzen, auch am Satz- und Gedankenende oder nach Bildeinheiten.

Chronologische Abläufe sind eine ausgezeichnete Memorierungshilfe. Darstellungsformen wie Wort-Pfeile, Anordnung um eine Uhr (vgl. K4) oder hier eine Wort-Spirale rekonstruieren in der optischen Darstellung den Verlauf einer Geschichte. Beim Memorieren sollte jedes Verb / jeder Ausdruck bildhaft als Station der Geschichte vorgestellt werden. Zur Überprüfung des Behaltens eignet sich gegenläufige Wiedergabe (von innen nach außen). Die ganze Geschichte umgedreht zu erzählen ist allerdings an dieser Stelle zu komplex, denn die dafür adäquaten sprachlichen Mittel zum Ausdruck der Vorzeitigkeit und somit der Gebrauch des Plusquamperfekts stehen noch nicht zur Vefügung.

Wortschatz 8
Lernziel **A16**

Nützen Sie die unterschiedliche Wahrnehmung der L je nach ihrer vertrauten Lebenswelt gerade bei den Themen *Jahreszeiten* und *Wetter* als Anlass zum Sprechen. L sollen typische Bilder aus ihrer Lebenswelt beitragen und die zwei äußeren Kreise entsprechend umsortieren und ggf. (Wörter aus Ü8–12) ausbauen.

andere Möglichkeiten im Unterricht A17–A18

Mit dem Perfekt wird Vergangenes beschrieben. Es wird vor allem gebraucht
– in mündlicher Rede
– bezogen auf nicht allzu weit zurückliegende Ereignisse
– insbesondere dann, wenn der/die Sprecher/in direkt an dem Ereignis beteiligt war oder Anteil daran nimmt.
Häufig reicht bereits eines der genannten Kriterien; kommen alle drei zusammen, ist der Gebrauch des Perfekts nahezu unausweichlich.
Zu beachten ist allerdings, dass „sein" und „haben" auch unter diesen Bedingungen im Präteritum gebraucht werden können und dass die Modalverben, zumal wenn sie zusammen mit einem weiteren Verb erscheinen, in der Regel im Präteritum gebraucht werden („wir durften nicht rauchen" statt „wir haben nicht rauchen dürfen").

Grammatik 9
Perfekt: Bedeutung und Gebrauch

Die folgende Liste enthält die Partizipien II der bisher hier aufgetauchten unregelmäßigen Verben in den Sätzen und Texten des Lehrbuchs (die Zahl in der Klammer bezeichnet das Kapitel) in alphabetischer Reihenfolge. Sie können die Liste in Kopie in die Klasse geben, u. U. verbunden mit der Aufgabe, semantisch passende Gruppen zu bilden und den Infinitiv zu bestimmen.

Hinweis

abgefahren (4), angefangen (4), angekommen (4), angerufen (4), angesehen (5), aufgestanden (4), ausgeliehen (5), ausgesehen (8), ausgesprochen (9), ausgestiegen (4), begonnen (3), bekommen (5), beraten (5), beschrieben (5), geboten (5), geblieben (4), gebracht (5), gedacht (8), eingeladen (4), ferngesehen (4), gefunden (2), geflogen (9), gegeben (3), gefallen (7), gegangen (4), gehangen (8), geheißen (1), geholfen (6), gekannt (9), geklungen (8), gekommen (1), gelaufen (7), gelesen (1), gelegen (1), (liegen) geblieben (4), mitgebracht (5), mitgelesen (4), mitgenommen (9), nachgeschlagen (6), genommen (2), genannt (5), geritten (9), hingeritten (9), geschlafen (4), geschnitten (6), geschrieben (1), gesehen (4), gewesen (1), gesungen (5), gesessen (4), spazieren gegangen (4), gesprochen (1), stattgefunden (4), gestanden (7), gestiegen (9), getragen (5), getroffen (4), getrunken (4), getan (6), unterhalten (5), verglichen (3), verstanden (3), gewusst (2).

L erstellen in GA eine Liste der unregelmäßigen Verben (Infinitiv – Partizip II – Beispielsatz) anhand der obigen Liste, tragen die Ergebnisse zusammen und schreiben die komplette Liste ins Heft oder legen für jedes Verb eine eigene Karteikarte an.
Die Liste bzw. die Karteikarten sollten ab jetzt bei jedem neu auftauchenden unregelmäßigen Verb entsprechend ergänzt werden.
(Später, nach Einführung des Präteritums, können die Listen/Karteikarten um die Präteritumform ergänzt werden.)

Lern-Vorschlag

*Ü3, Ü10   ***Ü14, Ü18

**Binnen-
differenzierung** **AB**

Kapitel 10

Orientierung

Das Kapitel ist das pragmatische Pendant zum vorhergehenden Kapitel: Thema „Reisen" (mit dem Auto, mit dem Flugzeug, mit der Bahn), wobei der erste Abschnitt (von Haarbach nach Volary) den direkten Zusammenhang mit K9 herstellt. Im AB wird die Optik auf die umliegenden Länder erweitert.

In die einzelnen Abschnitte ist räumliche Orientierung anhand von Landkarten integriert, Angst (beim Fliegen), Probleme bei der Platzreservierung im Zug, Diskussionen über Vor- und Nachteile des Reisens mit der Bahn und mit dem Auto.

Thema

Über die Landkarten werden neben Verkehrswegen (Autobahnen, Bundesstraßen) auch Charakteristika vieler Ortsnamen (-*bach*, -*burg*, -*berg*, -*au* usw.) vermittelt. Im Zusammenhang mit Zugreisen finden Sie Informationen über das System der Platzreservierung sowie über Sonderangebote wie „Sparpreis" und „Guten-Abend-Ticket". Das Thema eignet sich einerseits zum Vergleich, wie in verschiedenen Ländern der öffentliche Verkehr gefördert wird, andererseits lässt sich das Thema durch weitere, selbst beschaffte Realien am Lernort aktualisieren. Im Zusammenhang mit Autoreisen wird auch das Thema „Stau" angeschnitten. (Das Thema „Umwelt" wird in Band 2 behandelt.)

Landeskunde

Handlungsbereich

Lernziele

- Geographische Orientierung: Lage und Weg beschreiben
- eine Reiseroute beschreiben
- Kartengrüße schreiben
- mit der Bahn reisen (am Schalter: Fahrschein kaufen, sich über Abfahrtszeiten, Sonderangebote informieren; Fahrplan lesen)
- reklamieren
- Vor- und Nachteile (von Verkehrsmitteln: Auto – Bahn) abwägen
- eine Reise planen (Projekt)

Grammatik

- Präpositionen mit Dativ
- Wechselpräpositionen (mit Akkusativ oder Dativ): Wohin? – Wo?

Wortschatz

- Orts- und Flussnamen
- Wortgruppen „Reisen": Verkehrsmittel, Verben der Bewegung, ...
- Orts- und Richtungsadverbien

Aussprache

- Konsonanten: Stimmlose Frikative (*Reibelaute*) [f, s, ʃ], stimmhafte Frikative [v, z]
- Sprechausdruck; emotionale Sprechweise: Freude, Angst; Atmung, Körperhaltung, Stimme, Mimik, Gestik

Lernen/Lerntipps

- Wortschatz thematisch strukturieren (Lerntipp 27)
- eigenes Übungsmaterial für Aussprache erstellen (Lerntipp 28)

Der mnemotechnische Lerntipp 27, Wörter nach Wort-Gruppen geordnet zu lernen, ist so wichtig, dass dies auch im LB thematisiert wird (A20/21, S. 69). Immer noch lernen L oft „Vokabeln" in alphabetischer oder sonstwie zusammenhangloser Reihenfolge, obwohl zusammenhängende Wortgruppen schneller und gründlicher gelernt werden (diese Anordnung ist gewissermaßen gedächtnisfreundlicher, s. LHB, S. 98).

Besonderheiten

Das grammatische Thema „Präpositionen" wird in K 12 erweitert.

Rückblick und Ausblick

Das Kapitel im Überblick

1 **Wie komme ich mit dem Auto ...** Geographische Orientierung

A1 Im PL Orte, die an der Donau liegen, anhand des Kartenausschnitts (= äußerster Südosten Deutschlands) nennen. Andere bekannte Orte (z.B. Orte aus K9; Wien, Budapest, ...) suchen. Redemittel zu A1 im RMK in PA üben. Evtl. wichtige Präpositionen an der Tafel visualisieren. Tschechische Grenze auf Karte identifizieren (und einige Orte in Grenznähe nennen lassen).

A2 Ortschaften in PA suchen, im PL laut lesen (Bedeutung von „Au(e)": feuchtes, flaches Gelände in Flussnähe; veraltetes Wort). Evtl. als Spiel: 1 Punkt für jeden gefundenen Ort, 1 Zusatzpunkt, wenn sonst niemand den Ort gefunden hat. Vergleich: Gibt es ähnlich „sprechende" Bestandteile von Ortsnamen in der Muttersprache? Ü8 als Vertiefung und Differenzierung: Ortsnamen mit Suffixen, die aus Teilen der Natur bzw. aus Konstrukten des Menschen entnommen sind.

A3 Nach Identifikation von Haarbach, Philippsreut und Volary auf der Karte (PA) erzählen die L im PL, was sie an Informationen mit diesen Ortsnamen verbinden (Rückgriff auf K 9).

A4 Text in EA oder PA lesen und Route auf Karte verfolgen: Vereinfachte Skizze der Route anlegen (mit Ortsnamen und Richtungspfeilen für *links, rechts, geradeaus* sowie Straßennummern), an die Tafel zeichnen (zur Ergebniskontrolle und als Hilfe für die mündliche Reproduktion der Wegbeschreibung (in PA und/oder im PL).

Ü1–Ü8 **A5** Andere Wegbeschreibung in EA oder PA schreiben lassen. Einige Beschreibungen vorlesen (Zuhörende verfolgen Beschreibung auf der Karte). Ü4 als GA.

2 **Rundflug**

A6 Anhand des Bildes Vermutungen anstellen: Was machen die zwei? Was sagen sie? Mit Bild und Kartenausschnitt (Nordwesten Deutschlands) im PL erklären: *Flugzeug, Rundflug, fliegen; Weser (Fluss)*. Dialog in EA lesen und unbekannte Wörter klären. Fragen a) und b) beantworten.

A7 Dialog in PA lesen mit dem Auftrag, die Angst in den Äußerungen von Reiner hörbar zu machen, danach Vorsprechen oder Spielen einiger Beispiele im PL. Was ist mit Reiner los? Wie endet der Flug? Ideen im PL sammeln. (In PA Dialog variieren.)

Zeitdauer und Zeitablauf Ü9–Ü10 **A8** In EA oder PA schriftlich vorbereiten (dabei zwei Varianten zur Auswahl: Reiner gibt seine Angst zu./Er gibt sie nicht zu.). Auf Perfektgebrauch und Temporalangaben achten. Einige Beispiele im PL vortragen oder als Lesetexte aufhängen und lesen in EA. Ü9, Ü10 als HA.

3 **Platzkarte** Mit der Bahn reisen Ü11

A9 Anhand des Bildes Situation/Rollen klären. Dialog in EA lesen: Was wird schon verstanden? Im PL zusammentragen. Wörter klären (Achtung: Unterschied „Fahrkarte" – „Platzkarte"). 2. Lesen: Warum fährt der Mann erster Klasse? Wohin, wann, mit welchem Zug fährt er? Was kostet die Rückfahrt? (Entweder direkt im PL oder in PA/GA, verschiedene Fragen an unterschiedliche Gruppen, Fragen an Tafel schreiben.) Text auf Stichworte reduzieren (Tafel) und in PA mit RMK „frei" reproduzieren (und bei Zeit variieren). Ü11 evtl. vor Reproduktionsphase oder als HA.

Ü12–Ü16 **A10** **A11** Bild im PL beschreiben. Dialog lesen (Sprechausdruck: Schaffner sachlich, Fahrgast aufgeregt/ungeduldig). Dialog in PA zu Ende führen, einige Beispiele im PL vortragen: Ü12, Ü13, Ü14 als HA.

4 **Lieber mit der Bahn** Reisemöglichkeiten vergleichen **D·A·CH** F18

A12 **A13** **A14** A12, A13 und A14 im Zusammenhang in PA bearbeiten lassen (L filtern Informationen aus den Text- und Bildangeboten der Seite selbstständig heraus), Ergebnisse notieren, im PL vortragen. (Zur Beantwortung der Frage A14b) Vermutungen anstellen lassen, vielleicht wissen einige L, wie weit man abends mit der Bahn zwischen 19 und 2 Uhr vom Kursort aus kommt.) →

Ü17–Ü27 Lerntipp 27 **A15** Telefongespräch von A15 in PA schreiben und vorspielen. Evtl. Dialogvariante mit anderem Ergebnis (z.B. die beiden können sich nicht einigen) schreiben lassen. Ü22, Ü23, Ü25 als HA.

L hören und lesen halblaut mit. Laut-Buchstaben-Beziehung klären, an Regel zur Auslautverhärtung erinnern (s. K 9 u. LB, S. 113 B). Lesen Sie die Beispiele, erweitern Sie durch Wortgruppen, Sätze und fordern Sie L zum Nachsprechen auf. Variante: Einstieg über Ü28–29: vgl. K9. HA: L entwickeln Übungsmaterial zu den Frikativlauten (oder zu individuellen Problemlauten), Sätze/Dialogsequenzen mit möglichst vielen Frikativlauten. L erproben ihr Übungsmaterial im Unterricht (Lehrerrolle: Lernen durch Lehren). →

A16 Aussprache 5
AUS Konsonanten:
f, ph, v, s, ß, sch
Ü28–Ü33
Lerntipp 28

L hören nur die Texte; im PL Informationen zur Situation zusammentragen. Emotionale Situation von Reiner und Sabine herausarbeiten: Freude/Begeisterung im Gegensatz zu Angst/Unsicherheit in Mimik, Gestik, Körperhaltung, Atmung beobachten. Gefühle pantomimisch darstellen (Übertreibung einzelner Gesten oder der Mimik. Welche Gesten/Mimik passen nicht zu bestimmten Gefühlen?) In PA Situation pantomimisch spielen, anschließend PL. L hören Texte noch mal, Konzentration auf Intonation. Unterschiede herausarbeiten: Stimme, Sprechgeläufigkeit, Sprechmelodie, Akzentuierung. (Hilfe: Satz an die Tafel, z.B. „Schau mal, da unten ist die Weser": L oder Sie sprechen den Satz ängstlich/begeistert.) L hören den Text noch mal und lesen halblaut mit. L lesen Text vor. L spielen die Situation in GA und/oder PL. →

A17 Sprechausdruck
AUS

Gedicht hören, Titel „Wanderung" klären, beim 2. Hören halblaut mitsprechen.

A18 Wortschatz 6
Ein Gedicht hören, lesen und variieren

a) In GA mit Vorgabe (rechts) Text schreiben, z.B., als einfachste Möglichkeit, Wanderung durch eine Stadt mit Wortschatz aus K2 (LB, A18, S. 16). b) Ohne Titel vorlesen, Titel raten; Vorschläge für Titel notieren und passendsten auswählen.

A19

L lesen Wort-Gruppen (von links nach rechts); in EA ein Wort als Titel für Gruppe wählen oder neu dazugeben; Ergebnisse im PL vorstellen. Wiederholung c) als HA, daran anschließend A21a) als HA.

A20 Wort-Gruppen: „Reisen"

Technik des WS-Lernens in Wort-Gruppen (*chunks*) mit L in Gruppe üben, gemeinsame Wiederholung nach ca. einer Woche. In PA/GA anhand ausgewählter Bilder/Texte/Situationen Wörter in Gruppen von ca. 7 Wörtern neu bündeln lassen; neue Gruppierungen im PL vergleichen. →

A21

(Einstieg über LB-Text 2, S. 65 oder Ü6.) Text lesen, Präpositionen nennen (evtl. Wiederholung des Wortschatzabschnitts in K6, LB, A16, S. 40); Kasus nach den Präpositionen identifizieren (dabei Auflösung der kontrahierten Formen „beim" usw.). Beispiele in Tabelle einordnen lassen. Gruppe der Präpositionen mit Dativ auswendig lernen und memorieren, möglicher Merksatz: „Wir fahren von AusBeiMit nach VonSeitZu." Beispielsätze in PA notieren (als weitere Merkhilfe). →

Grammatik 7
Präpositionen (1)
Ü6–Ü7
a) Präpositionen mit Dativ
Ü10, Ü20

(Einstieg über Ü18.) Beispiele *Wohin?* und *Wo?* zuordnen. Präpositionalphrasen mit *Wohin...?* und *Wo...?* im PL erfragen lassen. (Achtung: „hinter dem Bauernhof" ist Attribut zu „Hügel", also: Wo ist der Hügel? – Hinter dem Bauernhof.) Sätze 1a)–9a) und 1b)–9b) lesen. In PA Fragen mit *Wohin?* bzw. *Wo?* bilden und beantworten (z.B. Wohin geht Jenny? – Hinter das Haus.). Beispielsätze dann nur anhand der Bilder noch einmal bilden. Präpositionen mit Bildern assoziieren (Beispiel: Haus: *vor hinter*; Brücke/Fluss: *über, unter*; usw.). Auf diese Weise Gruppe der Wechselpräpositionen einprägen. →

b) Wechsel-präpositionen: mit Akkusativ oder Dativ
Ü18–Ü19
Ü24–Ü26
F11

Schreibaufgabe in EA lösen. Evtl. deutsches Adressenformat besprechen. Texte in PA austauschen, vergleichen und gemeinsam korrigieren. Kriterium: Finde ich mit der Beschreibung den Weg? Mit RMK vergleichen. →

R2 Rückschau AB
Selbstevaluation – Schreiben
A4, A5, A7

In PA/GA durchführen (2 L sprechen, 2 L bewerten). Bewertungskriterium für das Raster: Kann ich die Situation lösen?

R3 Sprechen
A4, A5, A10

Lückentext mit 25 Präpositionen, bzw. Wechselpräpositionen und Artikel oder Pronomen. Mit Lösungsschlüssel korrigieren.

R4 Grammatik

Kapitelabschlusstest im TH, S. 33ff.

Test TH

Ideen – Vorschläge – Bemerkungen – Zusatzmaterial

4 **AB**	**Reisen** Ü19 Ü20	Auf den Folien 19 und 20 sind verschiedene Fotos von Landschaften aus den deutschsprachigen Ländern, die als Grundlage für Reisevorschläge dienen können. Wo möchten Sie hin? Ans Meer, in die Berge, …? Wie kommen Sie dahin, mit welchem Verkehrsmittel? Reise in GA vorbereiten und erzählen.

Auch als Projekt möglich: L sammeln als HA Bild- und Informationsmaterial oder zeichnen eine Traumreise. In PA/GA werden daraus Prospekte oder Reiseberichte gemacht und im PL bildlich und verbal vorgestellt; Vorstellung mit verteilten Rollen oder als Szene möglich (Reisebüro: Kunde – Berater; Freund/in erzählt Freund/in von Ferien oder animiert dazu usw.).

Andere Möglichkeit: Karte in EA/GA an die anderen L schreiben, ohne den Ort zu nennen. Die anderen raten, wo die Schreibenden sind (lässt sich auch mit Prospektmaterial machen).

5 **A16**	**Aussprache** Zusätzliche Übungs- materialien entwickeln und individuell zusammenstellen	L können sich das Übungsmaterial selbst zusammenstellen: Einzelwörter z.B. in der Wortliste suchen, Wortgruppen/Sätze/Mini-Dialoge schreiben und von Ihnen korrigieren lassen. Über mehrere Tage die Übungen regelmäßig sprechen lassen und konsequent korrigieren.

Übungen zum Lautwechsel [b>p, z>s, g>k]:
Lautwechsel tritt auch bei der Konjugation in der 2. + 3. Pers. Sing. und 2. Pers. Pl. auf, z.B.: *lesen, leben, lieben, sagen, fragen,* … L können Verben konjugieren; geben Sie Verb und Person vor, L spricht das konjugierte Verb; L bilden Sätze …

A17 Emotionale Sprechweise und Fremd- sprachenerwerb	„Es wird oft behauptet, Motivation sei die erste und wichtigste Komponente beim Erwerb einer Fremdsprache. Etwas wirklich tun, fühlen, ausdrücken … motiviert mehr als das Lesen abstrakter Zeichen oder das Hören von Impulsen. – Die Erinnerung an emotional besetzte Sprache ist intensiver, langfristiger und weniger kopflastig: sie geht unter die Haut." (*Eva Hanke, in: Fremdsprache Deutsch. Zeitschrift für die Praxis des Deutschunterrichts. 1/95, Klett-Verlag Edition Deutsch*)

6 **A20** **A21**	**Wortschatz** Kleine Portionen – In einem Zusammenhang	Das Gedächtnis kann Wörter und Ausdrücke besser aufnehmen, behalten (und für das Sprechen und Schreiben zur Verfügung stellen), wenn 1. die Wörter nicht zufällig aufeinanderfolgen, sondern in einem inhaltlichen Zusammenhang stehen, sei der assoziativ, bildhaft oder logisch-kognitiv, 2. die Wörter in kleine Gruppen/Portionen von ca. 7 Wörtern, jedenfalls nie mehr als 10 Wörtern, gegliedert sind, 3. die Wörter in diesen Bündeln gelernt und wiederholt werden, wobei die Wiederholung durch individuelles Umsortieren besonders empfohlen wird.

Tipps zum Wortschatzlernen	Die L sollten ausprobieren, WS für sich in kleinen Gruppen gebündelt zu notieren. Dies ist im üblichen Unterrichtsablauf kaum möglich und sollte deshalb ein paar Mal als Verfahren im Unterricht kennen gelernt werden. In der Folge sind gezielte HA durchaus sinnvoll (etwa WS eines Kapitels in Wort-Gruppen organisieren). Nach 2–3 Tagen Wortschatz ein erstes Mal wiederholen, eine Woche später zweite Wiederholung.

7 **Grammatik** Präpositionen (1) a) Präpositionen mit Dativ	Zu beachten ist, dass vor Namen ohne Artikel nur die Präposition steht. Die „kontrahierten" Formen (*beim, vom, zum, zur*) sind die normalen Formen, es sei denn, das Artikelwort soll besonders betont werden.

b) Wechselpräpositionen: mit Akkusativ oder Dativ	Die Beispielsätze dienen zusammen mit den Zeichnungen der Illustration der jeweiligen (lokalen) Grundbedeutung der einzelnen Wechselpräpositionen. Weitere Bedeutungen sollten behandelt werden, wenn sie auftauchen, insbesondere die temporalen Bedeutungen von *in, an, vor, zwischen* (z.B.: *in einer Stunde, am ersten Mai, vor dem ersten Mai, zwischen dem ersten und vierten Mai*).

Pantomime: Ein/e Spieler/in bringt sich selbst und diverse Gegenstände in eine bestimmte Position zu anderen Personen oder Gegenständen: Die Mitspieler/innen beschreiben zunächst, was er/sie tut (z.B.: Er/Sie kommt *in die Klasse*; er/sie stellt die Tasche *unter den Tisch*; ...); danach beschreiben L, wo er/sie und die Gegenstände sich befinden (z.B.: Er/Sie ist jetzt *in der Klasse*; die Tasche steht/ist jetzt *unter dem Tisch*, ...).
Variante für besonders begabte Mimen: Auch die Gegenstände müssen pantomimisch dargestellt werden: Das erhöht den Ratespaß.

Spiele-Vorschlag

Kopieren Sie die Vorlage. Fordern Sie Ihre L auf, auf der Postkarte den Weg zu beschreiben. Erklären Sie Ihren L das Format für deutsche Adressen und weisen Sie in deutschsprachigen Ländern darauf hin, dass es auf der Post ein Postleitzahlbuch gibt und wie man damit umgeht (in der BRD: Ort, Straße und Hausnummer – gerade oder ungerade Zahlen, Höhe der Zahl – sind wichtig, um die richtige Postleitzahl zu ermitteln.).

Rückschau   **R2**
Postkarten schreiben

Adresse:	Vorname	Name
	Straße	Hausnummer
	D/CH/A-Postleitzahl	Wohnort

Punktebewertung: 24–25 Punkte = sehr gut, 21–23 Pkte. = gut, 18–20 Pkte. = befriedigend, 15–17 Pkte. = ausreichend, weniger als 15 Punkte = nicht bestanden.

Punkteskala   **R4**

*Ü4a), Ü15a)   ***Ü16, Ü25

**Binnen-   AB
differenzierung**

Kapitel 11

Orientierung

Das Interesse dieses Kapitels gilt einer Stadt und ihren Menschen, der Stadt Dresden. In Bildern und Texten lässt sich der Wandel der Stadt in der deutschen Geschichte seit 1945 und nach 1990 nachvollziehen. Die Dresdnerin Dagmar B. begleitet uns als Leitfigur auf den 1989 während der Wende entstandenen Sachsenmarkt. Sie kommentiert ihr Alltagsleben am Beispiel Einkaufen. Sie spricht über verschiedene Möglichkeiten einzukaufen und über die Veränderungen in den vergangenen Jahren. Kunden und Händler auf dem Markt kommen ebenso zu Wort. – Der Markt ist Ausdruck der wirtschaftlichen Situation einer Region, er ist gleichzeitig Ort der Begegnung und des Austausches. Märkte in anderen Ländern faszinieren durch die Begegnung mit den Menschen, die fremde Sprache und die unbekannten Waren. Ein Gang über einen Markt bedeutet auch ein bisschen Eintauchen in die andere Kultur.

Thema

Dresden ist, wie jede Stadt in den neuen Bundesländern, seit 1990 einem rapiden Wandel unterworfen. Dieser Wandel mag die wirtschaftliche und kulturhistorische Seite betreffen, er betrifft vor allem die Menschen. Die teils schwierige Versorgungslage aus der DDR-Zeit ist dem westlichen Überangebot gewichen. Der soziale Wandel wird am Beispiel eines kleinen Ladens in der heruntergekommenen Dresdner Neustadt sichtbar. Der Stadtteil blieb 1945 weitgehend erhalten, verfiel dann allmählich, und ist heute ein attraktives Gebiet für städtische Sanierung. Die alten Bewohner verlieren ihre Wohnungen, ein Austausch der Bevölkerung findet statt. Mit der alten Bevölkerung verschwinden auch die kleinen Geschäfte aus diesem Stadtteil.

Landeskunde

Handlungsbereiche

Lernziele

- geographische Lage und historische Entwicklung einer Stadt beschreiben
- sich über Einkaufsmöglichkeiten informieren: Vor- und Nachteile vergleichen
- Lebensmittel einkaufen

Grammatik

- Adjektiv: Graduierung
- Vergleich und Vergleichssätze
- Präteritum von „haben" und „sein"

Wortschatz

- Gebäude, Bauwerke und Einrichtungen einer Stadt: Brücke, Ufer, Hotel, ...
- Einkaufsmöglichkeiten: Markt, Supermarkt, ...
- Lebensmittel und Qualität von Lebensmitteln (Adjektive)

Aussprache

- Konsonanten ch, j, r
- Literarische Texte vorlesen und sprechen

Lernen/Lerntipps

- Komposita in Bestandteile teilen, vom Grundwort her auflösen (Lerntipp 29)
- mit Sprecherrollen experimentieren (Lerntipp 30)

Im Rahmen der Aussprache-Schulung wird in K11 mit Gedichten geübt, fremden und eigenen, wenn die L wollen. LB und AB geben literarische Beispiele in Prosa- und Gedichtform, s. a. LHB, S. 107.

Besonderheiten

Orientierung in einer Stadt wird gegenüber K2 vertieft und um die historische Dimension erweitert, der Themenbereich „Lebensmittel" wird hier nur vom Einkauf her beleuchtet und in K12 (Speisen und Getränke, kochen) fortgeführt.

Rückblick/Ausblick

Das Kapitel im Überblick

1	**Eine Stadt im Wandel** 📼 Eine Stadt kennen lernen	**A1**	Bilder anschauen, Geräusche 1–8 zu Bildern assoziieren; evtl. Geräusche mit Schlagworten benennen; Titel *Florenz an der Elbe* mit Assoziationen zu Florenz klären. →

Ü1　**A2**　Gebäude/Bauwerke (*Terrasse, Schloss, Turm, Brücke, Kirche, Oper*) auf Foto li.o. identifizieren; Ü1 als HA. →

Ü2　**A3**　Bild beschreiben, Redemittel K7, RMK S. 45, evtl. auf Folie vorgeben. An Wortschatz A2 anknüpfen: Was können Sie auf dem Gemälde erkennen?
Notieren Sie stichwortartig Eindrücke der L. Notizen als Grundlage für Ü2, evtl. als HA auf Wort-Igel übertragen.

　　A4　a) Text links lesen; Ursache der Zerstörung (Geräusch Nr. 8) raten lassen, erst dann b), Text Kästner, lesen. Aufmerksamkeit auf Verb *war* lenken, *geschah* als Präteritumvorgriff angeben; Bildwahl begründen lassen.

　　A5　Lokalisieren von Dresden und Elbe auf Karte K1, S. 6, oder K10, AB, Ü1, S. 100; alte Grenze zwischen Ost und West feststellen, evtl. auch mit Karte vor 1990 arbeiten. Lage Dresdens beschreiben, z.B. Nähe zu Prag gegenüber Distanz bis München, Frankfurt/M. oder Hamburg.

Ü3–Ü8　**A6**　Auswertung nach Zeitebenen, unterstützen mit Grafik/Zeitleiste an der Tafel: bis 1945, bis 1990, Mitte 90er, seither, …
Je nach Lernort und Gruppe direkten Bezug zu Veränderungen 1990 herstellen. Ü6, Ü7 als HA, besprechen mit Ü8.

　　A7　a) in PA/GA, mit Bildern Textinformationen begründen lassen. b) aktiviert Vorwissen/Assoziationen zu Dresden oder Neuen Bundesländern; Fragen in PL zusammentragen. →

2　**Der „Sachsenmarkt"**　**A8**　Äußerungen im PL mit zweigeteiltem Wort-Igel sammeln; links Aussagen zu a) notieren
Auf dem Markt einkaufen　　(Jahreszeit, Ort, Angebot beachten), rechts zu b) Konnotationen zu Markt (Was für ein Markt? Märkte in verschiedenen Ländern? Wer geht auf den Markt? Preise? Gerüche? …).

Ü9　**A9**　Wortigel mit Informationen (Aktivitäten) aus Text ergänzen; anschließend Ü9: Verfahren zeigen, dann evtl. als HA.

　　A10　a) Fotos: Rollen klären und benennen, evtl. typische Aktivitäten (Verben) zuordnen. b) Vergleichen mit Aussagen Dagmars; auch Vorentlastung für A11.

　　A11 📼　Hören, Personen identifizieren und Verstandenes sammeln, in vier Abschnitten Text lesen und Interview hören; Verstandenes ergänzen.

Ü10–Ü13　**A12**　In GA Lebensmittel aus Texten sammeln und ergänzen; Einkaufen auf Markt diskutieren: Argumente in Gruppen sammeln für PL. Ü10–Ü13 je nach Lernort ausbauen (Einkaufszettel schreiben, Marktszenen inszenieren usw.).

3　**Die Großkaufhalle**　**A13**　In EA lesen und auf zweispaltigem Notizzettel in der linken Spalte mit einigem
Möglichkeiten zum Einkaufen vergleichen　　Zwischenraum (Vorlage Tafel/OHP) Stichwörter notieren („Kaufhalle" und „Großkaufhalle": alte DDR-Wörter für „Supermarkt", leben weiter).

Ü14　**A14** 📼　1. Hören: Notizen ergänzen, in PL zusammentragen, 2. Hören. Oder nach 1. Hören Ü14, erst dann Notizen ergänzen.

Ü15–Ü19　**A15** 　In GA oder PL Geschäfte und Produkte sammeln, Vor- und Nachteile auf Packpapier
F21 　　notieren, im Kursraum aufhängen. Ü17, Ü18 in PA oder als HA. →

Zuerst nur mit Fotos arbeiten, Text abdecken oder F21 verwenden; in GA Fragen beantworten, Diskussion, dann Text in EA lesen, Informationen für A18 verwenden.

A16/ **Der Laden von** 4
A17 **Günter Otto**
Einen Laden
beschreiben
Ü20

Diskussion in Gruppen mit Rollenkarten vorbereiten, PL als Publikum für Podiumsdiskussion. →

A18 Ü21–Ü24
Lerntipp 29

L hören und lesen halblaut mit. Besprechung der Laut-Buchstaben-Beziehung. Sie sprechen Beispielwörter vor und fordern einzelne L zum Nachsprechen auf (Blickkontakt): Erweitern Sie das Übungsmaterial; variieren Sie im Sprechausdruck. →

A19 **Aussprache** 5
AUS Konsonanten:
ch, j, r
Ü25–Ü28

Lassen Sie den L Zeit, damit sie die Texte selbst entdecken können (Aha-Erlebnis!). Text 1: Semantisierung von „duzen" ohne Buch, z.B.: An der Tafel steht: Ich sage „du" zu dir. = Ich duze dich; „du"-sagen = ... L lesen Text 1 in GA (evtl. mit Wörterbuch, welche Wörter findet man nicht?). Informationen im PL sammeln. L hören Text und sprechen mit. Erweiterung: Text sinngemäß umschreiben: Ich sage „ich" zu mir. ... Text 2. An der Tafel steht nur: „ich für mich", im PL Vermutungen anstellen (Verb fehlt, welches könnte passen, Sinn? ...). Sie schreiben darunter: „du für ..."; wie geht der Text weiter? L diktieren bis „ihr". Sie machen eine Leerzeile und schreiben. „... für sich". Vermutungen anstellen. L hören den Text. Semantisierung: „für jdn. sorgen", Text(e) in PA/GA sprechen; L1 spricht, L2 ist Zuhörer usw. Varianten: L sprechen Zeile für Zeile abwechselnd. Texte als Chaosübung lesen (vgl. K 8). HA: Text auswendig lernen und sprechen (im Stehen, im Gehen, vor dem Spiegel ...), im PL vortragen.

A20 Literarische Texte
AUS sprechen
Ü29
Lerntipp 30

Wörter in Wort-Gruppen (wie K10, A20) notieren.

A21 **Wortschatz** 6

Collage-Material (muss nicht auf Deutsch sein) sammeln, in GA Collage machen, nach selbst gewählten Kriterien (Frühstück, Mittag- und Abendessen, Getränke, kalte und warme Speisen usw.) ordnen. Deutsche Grundwörter hervorheben/dazuschreiben.

A22 Collage:
„Lebensmittel"

(Einstieg über Ü6 und Ü7). Formen der Tabellen a) und b) analysieren lassen: Gemeinsamkeiten? Unterschiede? Adjektive in Brieftext identifizieren, den Tabellen zuordnen und alle drei Formen bilden lassen. Formen der Tabelle c) auswendig lernen, in PA üben. →

Grammatik 7
Adjektiv:
Graduierung
Ü6–Ü8

(Einstieg über Ü15.) Sätze lesen und Adjektivformen identifizieren und bestimmen (Positiv, Komparativ, Superlativ): Strukturen von (1) und (2) vergleichen lassen: Wann gebraucht man die Konjunktion „wie", wann die Konjunktion „als"? Strukturen von (3) und (4) vergleichen: In welchem Kontext stehen die beiden Superlativ-Formen, was qualifizieren sie? (In (3) ein Substantiv: *Einkaufsstraße, Geschäfte, ...*, in (4) ein Verb: *kaufen, schmecken, ...*). Abschließend je einen individuellen Beispielsatz für die vier Typen einprägen, evtl. bildlich illustriert. →

Vergleich (1) – (4)
Ü15–Ü16,
Ü20–Ü24

(Einstieg über Ü4.) Formen der Tabelle lesen und analysieren. (Wie heißt das Präteritum-Signal?) Zugehörige Präsensformen wiederholen. Bedeutung des Präteritums anhand der Beispielsätze links verdeutlichen: Wiedergabe von Vergangenem („Dresden war eine wunderbare Stadt", das war einmal, das ist vergangen/vorbei) oder Wiedergabe von Früherem, das bis in die Gegenwart dauern kann („Der ... Laden ... war schon immer da", er war schon früher da, er ist aber auch heute noch da). →

Präteritum (1):
„haben" und
„sein"
Ü4–Ü5

Lückentext mit 10 Lücken zur Adjektiv-Graduierung ausfüllen lassen. Korrektur mit Lösungsschlüssel und Analyse der Ergebnisse mit Raster sollen helfen, mögliche Lücken zu lokalisieren. (Punkteskala zur Bewertung s. LHB, L4, S. 58).

R2 **Rückschau** **AB**
Selbstevaluation
Grammatik

Gespräch in PA über Kaufgewohnheiten. „++" = Superlativ, „+" = Komparativ.

R3 Sprechen/WS/GR
A12, A15

2-mal Hören und Notizen machen. Führen Sie die Aufgabe so durch wie in einer Prüfung. L korrigieren mit Lösungsschlüssel. Punkteraster wie R2.

R4 Hörverstehen AC
A12, A15

Kapitelabschlusstest im TH, S. 36ff.

Test **TH**

Ideen – Vorschläge – Bemerkungen – Zusatzmaterial

A1– **Informationen zu**
A2 **Dresden**

Dresden ist mit vielen Konnotationen belegt: Die Hauptstadt des Königreichs Sachsen wurde im 17. und 18. Jahrhundert zur prächtigen Kulturstadt an der Elbe und erhielt von daher den Beinamen „Elbflorenz" oder „Florenz an der Elbe". Dieses „Barockjuwel", so ein anderer Beiname, wurde 1945 bis zur Unkenntlichkeit zerstört. Nur einige markante Gebäude der Altstadt wurden (oder werden erst jetzt) wieder aufgebaut. Nach dem Willen der Staatsführung der „Deutschen Demokratischen Republik" (DDR) sollte Dresden zur neuen sozialistischen Stadt werden.

Aktuelles Informationsmaterial können Sie bei der Dresden-Information anfordern:
Dresden-Werbung und Tourismus GmbH,
Tourist-Information, Prager Straße 10,
D-01069 Dresden;
Tel. 0049/351/49192215,
Fax 0049/351/4951276

Goethe-Allee 18, D-01309 Dresden;
Tel. 0049/351/491920,
Fax 0049/351/35247.

Mit dem Stadtplan können Sie die Sehenswürdigkeiten aus dem Altstadt-Panorama lokalisieren:

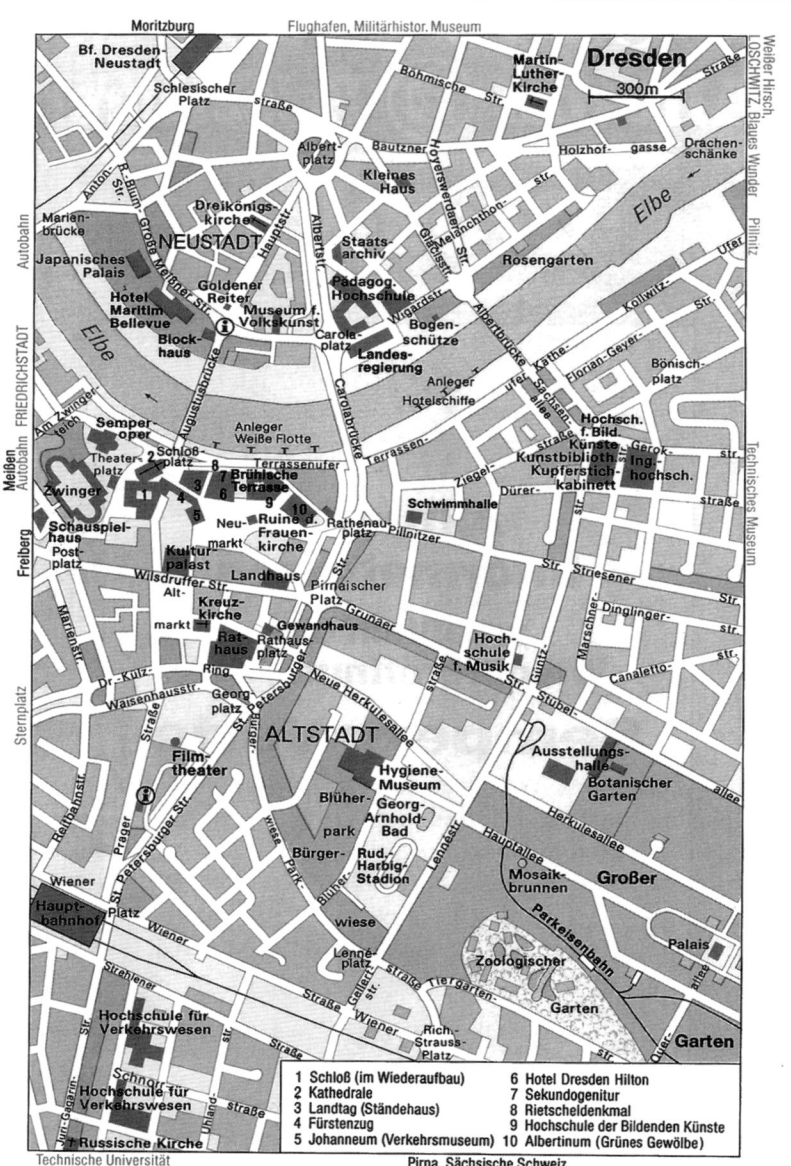

1 Schloß (im Wiederaufbau)	6 Hotel Dresden Hilton
2 Kathedrale	7 Sekundogenitur
3 Landtag (Ständehaus)	8 Rietscheldenkmal
4 Fürstenzug	9 Hochschule der Bildenden Künste
5 Johanneum (Verkehrsmuseum)	10 Albertinum (Grünes Gewölbe)

Frauenkirche (nicht im Bild): 1726–43 von George Bähr errichtet, 1945 zerstört, danach über Jahrzehnte als Mahnmal erhalten. Seit 1994 Wiederaufbau.

Brühlsche Terrasse: 1739–1748 von Heinrich Graf von Brühl als privater Garten auf dem Festungswall aus dem 16. Jh. angelegt, 1814 mit Treppenanlage versehen und seitdem der Öffentlichkeit zugänglich.

Katholische Hofkirche: 1738–54 im Barockstil errichtet, größter Kirchenbau Sachsens, Silbermannorgel (1763).

Zwinger: Bedeutendstes Bauwerk des Spätbarock in Deutschland, 1710–28 erbaut, 1847–55 Ergänzung des Zwingers durch Sempers Galeriebau.

Semperoper: 1838–41 von Gottfried Semper errichtet, 1945 zerstört und nach originalgetreuer Restaurierung 1985 wieder eröffnet.

Dresden hat heute 490 000 Einwohner und ist seit 1990 wieder Hauptstadt von Sachsen.

Wichtige Gebäude in Dresden

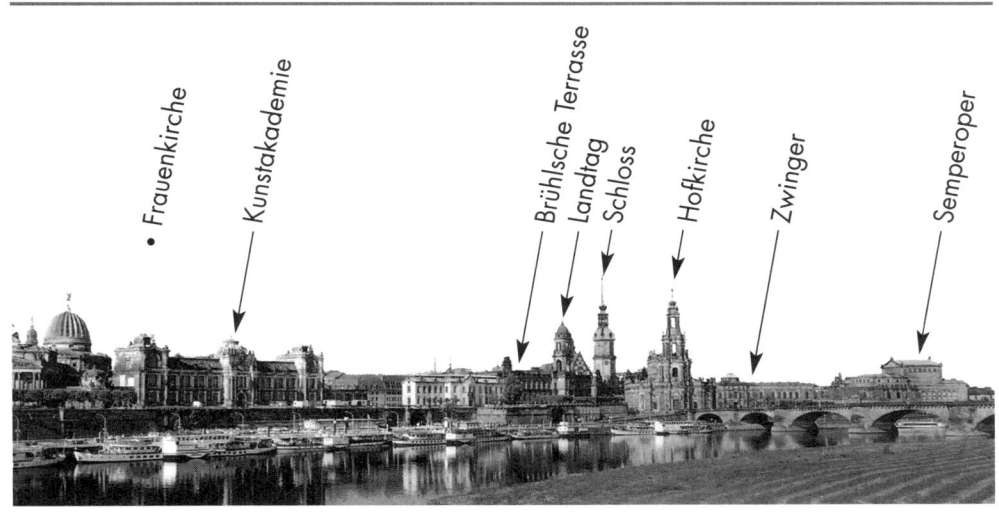

Geben Sie für den Mini-Einkauf einige zusätzliche Vorgaben:
Was bekommen Sie für 25 Cent zum Essen?
Was bekommen Sie für 1 Euro zum Trinken?
Kaufen Sie für 2 Euro 50 ein Mittagessen.
Was ist der schwerste Einkauf (wiegt am meisten)?
Was von allen gekauften Dingen schmeckt am besten?

b) Ausbauen mit persönlich wichtigem Wortschatz; Preisvergleich mit Lernort anstellen: „Bei uns ist Milch billiger als in Deutschland / Nicht so teuer ... wie ... ."

b) Sie können den L eine Diskussion in Form eines Rollenspiels vorschlagen. Schreiben Sie als Hilfe Redemittel pro und contra an die Tafel (evtl. gemeinsam sammeln).
Situation: In der Dresdener Neustadt oder in einem Stadtteil Ihrer Stadt ist ein kleines Geschäft (Bäckerei, Metzgerei, „Tante-Emma-Laden") von der Schließung bedroht. Die Bewohner treffen sich auf der Straße / bei einer Informationsveranstaltung der Stadtteilverwaltung / ... und diskutieren.

Einkaufen   **AB**
Ü17

AB
Ü18

Diskussion   **A18**
pro – kontra

Vorschlag für Rollenkarten für Diskussion zu A18b):

Sie sind Mutter mit 3 Kindern. Sie leben in der Dresdner Neustadt in einem alten Haus. Ganz in der Nähe ist der kleine Laden. Die Kinder gehen in den Kindergarten und in die Schule. Sie gehen von mittags bis abends 8 Uhr arbeiten. Sie haben kein Auto und nur wenig Geld.

Sie sind ein alter Herr, 75 Jahre alt, leben allein in einer kleinen Wohnung. Das Geschäft ist um die Ecke, ebenso ein einfaches Gasthaus. Ihr Sohn besucht sie einmal pro Monat.

Sie leben mit Ihrer Partnerin in einem neu renovierten Haus. Sie arbeiten beide den ganzen Tag, haben beide ein Auto. Sie kaufen meistens am Samstag ein, unter der Woche essen Sie fast nie zu Hause.

Sie sind Student/in und wohnen zusammen mit 4 Kolleginnen und Kollegen in einer WG, in einer großen alten Wohnung. Jede/Jeder in der WG muss immer wieder eine Woche lang für das gemeinsame Frühstück einkaufen.

Sie sind Besitzer/in eines kleinen Ladens an der Ecke. Die Leute kaufen immer weniger bei Ihnen.

Sie sind Vertreter/in eines Supermarktes, . . .

5	**Aussprache**	L spricht den ach-Laut [x] anstelle des ich-Lauts [ç]:
	Korrektur: ich-Laut [ç]	Sprechen Sie übertrieben lange [j] und nehmen Sie dann den Stimmton weg; es entsteht der Laut [ç]. Mehrfach wiederholen, um die Artikulationsstelle bewusst zu machen.

5   **Aussprache**
Korrektur: ich-Laut [ç]

L spricht den ach-Laut [x] anstelle des ich-Lauts [ç]:
Sprechen Sie übertrieben lange [j] und nehmen Sie dann den Stimmton weg; es entsteht der Laut [ç]. Mehrfach wiederholen, um die Artikulationsstelle bewusst zu machen.
Suchen Sie zunächst einfache Wörter in günstiger Lautumgebung, vornehmlich mit Artikulationsstellen im vorderen Mundbereich [t, d, b, p, m, n, l, s, f] und bringen Sie die Wörter in steigende Sprechmelodie, um den Spannungsgrad zu erhöhen: „Ich? Ich nicht? Zwanzig Bücher? Licht ist wichtig?"
L spricht [ʃ]:
Ableitung von [j] wie oben. Hinweis auf ungerundete Lippen!
Suchen Sie Wortmaterial in günstiger Lautumgebung (hier: Rachenbereich; keine Laute mit Lippenrundung): [g, k, r] und bringen Sie die Wörter in steigende Sprechmelodie: „Grieche? Sie sind Grieche? Richtig? In der Kirche? Heißen Sie Krechel? . . ."
L spricht [k]:
Ableitung von [j] wie oben; Wörter mit Lauten finden, die im vorderen Mundbereich gebildet werden: *nicht, dich, möchte.* Beispielsätze mit ich-Laut vor einem ‚h': „Ich hole dich heute ab. Sie trifft sich hier mit Sabine. Ich heiße Otto."

Zum Experimentieren mit literarischen Texten hier noch einige Beispiele:

Ich möchte am Montag mal Sonntag haben

Ich möchte am Montag mal Sonntag haben
und „Feierabend" vorm Aufstehn sagen.
Ich möchte ganz sorglos verreisen können
und Erdteile wie meinen Garten kennen.

Ich möchte mal etwas sehr Nutzloses kaufen
und barfuß allein durch den Kongo laufen.
Ich möchte mit dir nach Australien fliegen
und Sonnenbrand am Mississippi kriegen.

Ich möchte im Winter mal Sommer haben
und nachts in römischen Brunnen baden.
Ich möchte einmal in Juwelen wühlen
und mich als Schwan unter Enten fühlen.

(...)

Hildegard Knef

Erziehung

lass das
komm sofort her
bring das hin
kannst du nicht hören
hol das sofort her
kannst du nicht verstehen
sei ruhig
fass das nicht an
sitz ruhig
nimm das nicht in den Mund
schrei nicht
stell das sofort wieder weg
pass auf
nimm die Finger weg
sitz ruhig
mach dich nicht schmutzig
bring das sofort wieder zurück
schmier dich nicht voll
sei ruhig
lass das

wer nicht hören will
muss fühlen

Uwe Timm

Vergnügungen

Der erste Blick aus dem Fenster am Morgen
Das wiedergefundene alte Buch
Begeisterte Gesichter
Schnee, der Wechsel der Jahreszeiten
Die Zeitung
Der Hund
Die Dialektik
Duschen, Schwimmen
Alte Musik
Bequeme Schuhe
Begreifen
Neue Musik
Schreiben, Pflanzen
Reisen
Singen
Freundlich sein.

Bertolt Brecht

Wohnen

in der Stadt wohnen
auf dem Land wohnen
am Ende der Welt wohnen
in einer Villa wohnen
in einer Baracke wohnen
in einem Loch hausen

Brigitte Wiers

Er hatte Frau und Kind, lebte in einer
kleinen Wohnung, bald in einer größeren,
schließlich im eigenen Haus. Er hatte
Erfolg im Beruf und verdiente viel Geld.
Er fühlte sich stark, Angst kannte er nicht,
und wenn er etwas hasste, dann Tränen.
Da geschah es, dass seine Fau anfing,
eine andere Sprache zu sprechen,
und einmal verstand er tatsächlich
kein Wort mehr, als sie mit ihm redete.

Silvio Blatter

7 **Grammatik**

Adjektiv: Graduierung

Fast alle Adjektive haben regelmäßige Formen bei der Graduierung. Den Umlaut bei umlautfähigem Stammvokal haben nur ganz wenige (freilich häufig gebrauchte) einsilbige Adjektive, die in Ü8 des AB zusammengestellt sind.

-est- im Superlativ erscheint vor allem bei Adjektiven mit -d, -t, -s, -ß, -z am Wortende; zu beachten ist, dass bei -sch am Wortende in der Regel die Normalform mit -st- verwendet wird (z.B. frisch – am frisch(e)sten, komisch – am komischsten).

Die unregelmäßigen Graduierungsformen mit wechselnden Wortstämmen sind auf wenige Adjektive beschränkt (gut, gern, viel); mit in die Tabelle aufgenommen sind auch hoch mit Änderung des Auslauts im Komparativ und Superlativ sowie groß wegen des fehlenden -e- in der Superlativform.

Präteritum (1):
„haben" und „sein"

Da die Präteritumformen von „haben" und „sein" häufiger (auch im mündlichen Sprachgebrauch) verwendet werden als die Perfektformen, werden sie bereits hier eingeführt (das Präteritum der regelmäßigen und der unregelmäßigen Verben wird ausführlich in Band 2 behandelt).

AB **Binnen-differenzierung**

*Ü2, Ü13   ***Ü4, Ü15

Orientierung

Thema

Essen und Trinken ist einer der zentralen Lebens- und Kommunikationsbereiche. Das Kapitel enthält folgende Handlungssequenz: Einladung, Vorbereitung, Begrüßen, über Essen reden, Rezepte austauschen, eine Szene im Restaurant und das Angebot einer durchschnittlichen Speisekarte. Entsprechend steht das Dialogische im Vordergrund; ein Rezept und ein „Kinderrezept" bringen längere Lesetexte.

Landeskunde

„Niemand ist wirklich frei in der Wahl seiner Getränke. Vielleicht mehr noch als das Essen ist Trinken geprägt von sozioökonomischen Normen und schichtspezifischen Geschmacksorientierungen." (Die Deutschen in ihrer Welt, Langenscheidt, München 1992, S. 140) Es gibt sie nicht, <u>die</u> typischen Speisen und Getränke in den deutschsprachigen Ländern, denn die Differenzierung nach sozialen Schichten und die Internationalisierung der Küche (Stichwort: Hamburger) hat diese Zuordnungen mehr und mehr aufgehoben, hinzugekommen ist zuletzt eine starke Betonung des Regionalen, Kleinräumigen. Auch die Gepflogenheiten bei den Mahlzeiten haben sich geändert: Die Organisation der Arbeit ohne lange Mittagspause, die Berufstätigkeit der Frauen, die Schulzeiten von Kindern und ihre viel größere Eigenständigkeit haben das Mittagessen als Familienmahlzeit nahezu zum Verschwinden gebracht, dasselbe gilt zunehmend für das gemeinsame Abendessen. Dennoch haben „Essen und Trinken" weiterhin eine wichtige soziale Funktion, auch für die Kommunikation bei Arbeit und Studium. Und das Thema ist oft der Ausgangspunkt für interkulturelle Aspekte, ausgehend vom Vergleich der Speisen bis hin zu Essgewohnheiten und Ritualen.

Handlungsbereich

Lernziele

- sich auf eine Einladung vorbereiten
- eine Einladung annehmen oder absagen
- ins Gespräch kommen
- etwas zum Essen/Trinken anbieten
- über Essen sprechen: Qualität beurteilen und Vorlieben benennen
- Rezepte austauschen
- im Restaurant bestellen und nachfragen

Grammatik

- Präpositionen mit Akkusativ und Übersicht über die häufigsten Präpositionen
- Verben mit Reflexivpronomen
- Präpositionalergänzung
- Imperativ: Formen und Gebrauch

Wortschatz

- Bedeutung von Präpositionen
- Speisen und Getränke, Geschirr und Besteck, Zubereitung von Speisen
- Qualität von Speisen, Vorlieben und Abneigungen

Aussprache

- Konsonant [h] und Vokaleinsatz
- Sprechausdruck: Emotionen sprecherisch ausdrücken

Lernen/Lerntipps

- reflexive Verben memorieren (Lerntipp 31)
- Aufforderungen im Infinitiv (Lerntipp 32)
- Präpositionen und Zeitangaben: *am* + Tageszeit; *um, bis, gegen* + Uhrzeit (Lerntipp 33)
- Lernen zu Hause: Lernposter für Präpositionen (Lerntipp 34)

Rückblick

Die Bedeutung der Präpositionen mit Dativ (K6), der Gebrauch der Präpositionen und die Bedeutung der Wechselpräpositionen (K10) wird hier fortgesetzt und zusammenfassend dargestellt.

Das Kapitel im Überblick

1 | **Die Party** | **A1** | Informationen aus Foto entnehmen; evtl. Selbstgespräche in GA schreiben und vergleichen. Wichtige Beiträge der L über RMK hinaus festhalten.

Die Einladung – Vermutungen

Ü1–2 | **A2** | Vermutungen über Anlass/Art der Party. Evtl. Modal-Wörter (aus Ü1) vorgeben. Was fehlt auf der Einladung (u.a. *Uhrzeit, Anlass, mitbringen*)? Sammeln für Hörtext A3.

Ü3–Ü6 | **A3** | Telefongespräch hören, Fragen von Christine auf Tafel/Folie notieren; selbst formulierte Fragen (A2b) überprüfen und ergänzen. Beim zweiten Hören Antworten von Claudia notieren (Stichwörter). Ü3 PA mit Rollenkarten, Ü4 formelle oder informelle Variante als HA. Ü4 auch nach A4; Ü5–Ü6 hier oder nach A4. →

Ins Gespräch kommen | **A4** | Dialog ① hören, abgedruckte Kurzform in PL-Gespräch ergänzen, anschließend Dialog ②; dann in 2er bzw. 3er Gruppen Dialoge nachspielen (auch Variationen). Ü7 und Ü8 als HA möglich, bei Ü8 zwischen „du" und „Sie" abwechseln.

Ü7–Ü8

2 | **Am Büfett** | **A5–A7** | In PA/GA Speisen auf Foto identifizieren (Wörterbuch), bei A6 Notizen von A5 ergänzen, nach Überbegriffen sortieren. Mit anderen Bildern ergänzen/kontrastieren. Aussagen lesen, im PL diskutieren; Assoziationen zu Büfett sammeln; in GA ironische Tipps für andere Situationen (Kantine, Mensa, Schnellimbiss, …) formulieren.

Über Essen sprechen

F22

| | **A8** | Dialog lesen; Ausdrücke und Urteile zu Geschmack, Qualität, Vorliebe (Wie schmeckt's?) gruppieren oder notieren; evtl. GA mit unterschiedlichen Aufgaben.

Ü9–Ü11 | **A9** | Dialog hören, Unterschiede zu LB-Text benennen; 2. Hören, Liste aus A8 ergänzen; in GA Ausdrücke auf Skala von – – bis ++ sortieren. Ü10: L wählen in GA (4 Gruppen) wichtige Dinge (Wörterbuch) aus, jede Gruppe stellt Liste vor, erklärt selbst Bedeutungen (v. a. mit Zeichnungen); andere L notieren. →

Ü12–Ü17 | **A10** | In GA/PL wichtigste Redemittel festhalten; gruppenspezifische kulturelle oder altersbedingte Unterschiede der Essgewohnheiten besprechen. Ü12: Für Bedingung für Reflexivität sensibilisieren (Regel!). Ü15 und Ü17 als HA.

Lerntipp 31

3 | **Rezepte** | **A11** | Zuerst Zutaten lesen, im Text suchen; Bedeutung der Verben mit Zeichnung klären.

Ein Rezept lesen

Ü18–Ü19 | **A12** | a) Name „Kalte Platte" im Schlusssatz; b): Merkmale eines Kindertextes: Zeichnung, direkte Anweisungen (*Du brauchst …*), unnötige Informationen (*Leg ihn aber nicht genau auf die Wurst*), unübliche Ausdrücke, Wiederholungen.

Lerntipp 32

4 | **Essen im Restaurant** | **A13** | Dialog hören, in Phasen zerlegen (Gast: Nachfrage; Ober: Anbieten von Vorspeise; Ober: *gibt es nicht mehr*). Fragen aus Text herauslösen. Wie geht Gespräch weiter? Ü20 Erlebnis/Ereignis erzählen, Stichwörter notieren, in HA beschreiben. Ü21 lesen, Dialog A13 hören: Abweichungen markieren; 2. Hören und „richtigen" Text notieren.

Im Restaurant bestellen

Ü20–Ü21

| | **A14** | a) Im PL klären, Dialog von A13 variieren; wichtige Fragen notieren; b) Bestandteile Menü klären, bekannte Gerichte, wenn möglich, in Muttersprache beschreiben lassen.

| | **A15** | In EA Einkaufszettel notieren, ein Menü-Gericht beschreiben; auf Maßeinheiten (*Kilo, Gramm, Liter, Packungen, Dose, Stück*) achten. Vgl. K11, AB S. 117, Ü18.

Ü22 | **A16** | Vorbereitung als HA: Rezept für landestypisches Lieblingsgericht auf Blatt notieren und gestalten, in PL Gerichte sammeln, besprechen und aufhängen. →

5 | **Aussprache** | **A17** | Sprechen Sie Einzelwörter bzw. Sätze vor und fordern Sie einzelne L zum Nachsprechen auf. Ausspracheregeln über AB entwickeln. Variante: Einstieg über AB.

Konsonant: h AUS

Ü27–Ü29

Sprechausdruck | **A18** | a) L hören Dialog; im PL Verständnissicherung, Vermutungen über Situation / emotionale Stimmung. 2. Hören: Konzentration auf intonatorische Elemente; Vergleich von Sprechtempo, Lautstärke, Akzentuierung, Sprechmelodie.

Ü30 AUS

b) Dialog lesen: Sie übernehmen eine Rolle, ein L übernimmt die andere. Übertreiben Sie! 2 L sprechen Dialog noch mal; Gestik, Mimik einsetzen.
c) Welche nonverbalen Signale (Gestik/Mimik/Körperhaltung) passen zu den Typen (cool, souverän; ungeduldig, aufgeregt)? Spielen Sie Gesprächseinstieg mit L. L spielen in PA im Klassenraum die Situation mit wenig Sprache.

Texte blockweise lesen. Fragen den Blöcken zuordnen, Antworten im Text suchen. Zeichnungen beschreiben; PA: Geschichte schreiben, GA: Präpositionen-Lernposter nach semantischen Bereichen: Zeitangaben, lokale Angaben; Relationen (*mit, ohne, für, …*).

Gegenstände auf Bild suchen, zum individuellen Memorieren Anordnung in eigener Küche als Tipp; Gegenstände und Tätigkeiten in GA kombinieren: Wer findet die meisten richtigen Kombinationen?

a) Text hören: Welche Gegenstände kommen vor? Sammeln, noch mal hören und Ausdrücke notieren (evtl. ergänzen).
b) In PA/GA Wort-Gruppen nach Muster K10, LB, A20, S. 69 bilden.

In Reihenfolge des Cartoons zu jedem Bild eine Aussage und einen Gedanken wählen/selbst finden; c) mit Betonung sprechen, evtl. Gedanken auch als „Selbstgespräch". →

(Einstieg über Ü23–Ü25.) Präpositionen und Substantiv mit Akkusativ (Achtung: Akkusativ nicht immer erkennbar, z.B. Mitternacht) identifizieren und mit Merksatz einprägen, z.B.: „Wir fahren bis DurchFür ohne GegenUm".

(Einstieg über Ü26.) Die drei Gruppen wiederholen; dabei Rückgriff auf individuelle Memorisierungshilfen oder vorgeschlagene Hilfen (Dativ: Von AusBeiMit nach VonSeitZu; Wechselpräpositionen (mit Bildassoziationen): in an auf – über unter – vor hinter – neben zwischen). Zur Wiederholung in PA Beispielsätze diktieren.

(Einstieg über Ü13.) Verben mit Reflexivpronomen identifizieren, fragen und antworten: *Wer* freut *sich*? *Wer* beeilt *sich*? *Wer* bedient *sich*? Formen in Tabelle suchen, mit Beispielsätzen spielen. Reflexivpronomina analysieren: 1. Welche Formen unterscheiden sich vom Personalpronomen im Akkusativ? (Formen der 3. Person). 2. Worauf bezieht sich das Reflexivpronomen? (Subjekt).

(Einstieg über Ü16.) Sätze und Präpositionalergänzungen identifizieren. Als Regel vorgeben: Fragen nach Sache: *Wo(r)* + Präposition (z.B.: Worüber freut sich Christine?); Fragen nach Personen: Präposition + Fragepronomen (z.B.: Auf wen warten die Gastgeber?). Variante für „stärkere" L: Sie formulieren Fragen, L finden Regel selbst. Hinweis: Bei Präpositionalergänzungen ist die Präposition fest mit dem Verb verbunden und darüber hinaus relativ „inhaltsleer": Die Gastgeber warten auf die Gäste.

(Einstieg über Ü6.) Formen lesen und analysieren: Endungen? Formell-Informell? Rückgriff auf K1 möglich. Beispiele lesen, Imperative identifizieren; variieren: „Seien Sie so nett: . . ."

Dialoghälfte als C-Test mit 20 Lücken. Dialog in EA ergänzen lassen. Ergebnisse selbst korrigieren und ggf. Punkteraster zur Verfügung stellen. →

Die fehlenden 10 Pronomen und Präpositionen im Brief in EA ergänzen. Mit Lösungsschlüssel korrigieren. Punkteraster s. LHB, S. 58 (K4).

Auf Fragen nach Kochrezepten aus den deutschsprachigen Ländern vorbereiten! →

Kapitelabschlusstest im TH, S. 39ff.

A19– **Wortschatz** 6
A20 Bedeutung von Präpositionen (2) Lerntipp 33 Ü23–Ü25

A21 Bilder und Wörter: „Kochen"
F22

A22

A23 Bilder und Wörter: „Bestellen"

Grammatik 7
Präpositionen (2): Präpositionen mit Akkusativ Ü23–Ü25

Präpositionen (3): Übersicht Ü26 Lerntipp 34

Verben mit Reflexivpronomen Ü12–Ü15

Verb und Ergänzungen (2): Präpositionalergänzung Ü16–Ü17

Imperativ (2) Ü5, Ü6, Ü7

Rückschau **AB**
Selbstevaluation **R2**
Grammatik **R4**

Moment mal!
Test **TH**

Ideen – Vorschläge – Bemerkungen – Zusatzmaterial

Essen und Trinken – ein zentraler Lebens- und Kommunikationsbereich

Die ausgewählte Handlungssequenz ist eine mögliche Sequenz in einer möglichen sozialen Gruppe. Passen Sie die Situation Ihrer Lerngruppe an (Fest unter Jugendlichen, Einladung bei älteren Menschen, Straßenfest, Fest/Einladung unter der ausländischen Bevölkerung usw.) und vergleichen Sie im Kurs die sozialen Rituale.

Fest ist nicht gleich Fest

Bei einer Einladung zu einem privaten, informellen Fest ist es im Allgemeinen üblich, etwas mitzubringen. Zugleich mit der Zusage, zu kommen, wird auch gefragt, was man mitbringen kann. Wenn ein Beitrag zum Essen (Salate, kalte Speisen, Kuchen) erwünscht ist, bietet man eine Möglichkeit an oder lässt sich Vorschläge bzw. Alternativen nennen. Der Gastgeber hat den Überblick. Die Getränke werden meist „zentral" besorgt. Je informeller ein Fest ist, desto eher kann man auch jemanden mitbringen. Wenn man verhindert ist oder wenn nach einer Zusage etwas dazwischenkommt, werden die Gastgeber informiert.

Einladung zu einem Essen

Zu einer privaten Einladung zu einem Essen nimmt man ein kleines Geschenk mit, gerne auch etwas Landestypisches, wenn man als Gast aus einem anderen Land kommt. Blumen, Getränke (wenn man die Vorlieben der Einladenden kennt) oder Süßigkeiten sind die häufigsten Mitbringsel. Sehr oft wird auf den Zeitpunkt der Einladung hin gekocht, also: Pünktlich kommen!

A3 — Rollenspiel Ü3

Telefongespräch in PA mit Rollenkarten (A–C) für Gast, der anruft, und Gastgeberin vorbereiten (Einladung und Telefonat A3 als Vorgaben). Zur Vorbereitung evtl. Ablaufdiagramm eines Anrufes auf Folie oder Bogen vorgeben (vgl. K10, LB, A15, S. 67; RMK, K4, A10, S. 26); Durchführung des Gespräches Rücken an Rücken, je ein Gespräch (A–C) im PL.

A7 — Ü10

In GA notieren die L ihre ausgewählten Dinge (Ü10) auf kleine Zettel, dann gemeinsam ein „Zettel"-Büfett aufbauen. Jede/r darf sich bedienen und sagt, was er/sie nimmt.

A16 — Kurskochbuch

Als HA notierte Rezepte im PL vorstellen, nach Bereichen *Vorspeisen, Hauptspeisen; mit/ohne Fleisch* … ordnen; in GA betreut jede Gruppe einen Bereich (Klarheit des Rezeptes, Gestaltung) und erstellt Vorlage zum Kopieren als „Kurskochbuch".

A23

Geben Sie ein mögliches Dialogmuster vor, in dem nur die Äußerungen des unsichtbaren Obers vorgegeben sind:

Bitte, der Herr!	○	● …
Moment bitte, ich komme gleich.	○	● …
Einen Moment Geduld, bitte; Sie sehen ja, dass ich alleine bin.	○	● …
Nein, mein Herr, es dauert nicht mehr lange, und ich habe Ihren Kaffee auch nicht vergessen.	○	● …
Bitte, der Herr, Ihre fünf Kaffees. Haben Sie vielleicht sonst noch einen Wunsch?	○	● …
Zahlen? Ich komme gleich.	○	

Aspiration bei der Artikulation von [h] übertreiben und mit einem Blatt Papier visualisieren (vgl. K9). Einzelwörter im Flüsterton üben (auch Ü27b). Vokale am Wort- und Silbenanfang dürfen nicht an das vorherige Wort gebunden werden; lassen Sie beide Wörter langsam einzeln sprechen (*um | elf*), erhöhen Sie das Sprechtempo, der Vokalneueinsatz bleibt bestehen.

Aussprache   **7**
Korrektur   **A17**

L fühlen sich in ihre Rollen zunächst nonverbal ein, schaffen sich ihren „Raum", evtl. mit Requisiten, und lassen sich viel Zeit ... z.B. entspannt im Sessel „rumlümmeln", Füße auf dem Tisch, Fingernägel anschauen, ganz nebenbei und langsam den Dialog eröffnen ... / hektische Küchenarbeit simulieren, Haare raufen und wieder zurechtrücken, hin und her laufen ... .

Aussprache   **A18**
„inszenieren"

Denken Sie sich ein Wort (oder einen kurzen Satz, z.B. Hanna wohnt in Homburg) und flüstern Sie es einem L ins Ohr. L1 flüstert L2 ins Ohr, was er/sie verstanden hat, usw. Der letzte L sagt das Wort/den Satz laut, das Ergebnis wird mit dem Anfangswort verglichen.

Spiel
Stille Post

Man kann sich Wörter und Ausdrücke gut merken, wenn man sie einem thematisch passenden Bild zuordnet. Das geht über eine rein zeichnerische oder bildhafte Abbildung von Gegenständen hinaus. Bilder oder Bildgeschichten haben einen höheren assoziativen Wert als nur Wörter oder Texte. Dieser assoziative (Lern-)Wert unterstützt das Behalten und Abrufen von Wörtern und Ausdrücken. Bei passenden Wortfeldern L selbstgesuchte Bilder mitbringen lassen.

Wortschatz   **6**
Wörter und Bilder:
„Kochen" – „Bestellen"

Die eigene Anordnung von Dingen des alltäglichen Bedarfs ist eine gute Stütze zum Memorieren bzw. zur Wiederholung von Gelerntem. Dasselbe gilt für eigene Präferenzen bei Tätigkeiten.

Individuelle   **A21**
Ordnungskriterien   **b**

Eine individuelle Sortiermöglichkeit für Aktivitäten besteht auch darin, sie nach Kriterien wie *Vorliebe* oder *Abneigung* zu sortieren. Sortieren bringt meist auch die Anordnung zu kleinen, überschaubaren Pensen mit sich. Wort-Gruppen zwischen fünf und keineswegs mehr als 10 Wörtern (vgl. K10, LB, A20, S. 69) sind mnemotechnisch günstige Einheiten, v.a. wenn zwischen den Elementen ein innerer Zusammenhang besteht, am besten ein selbst gewählter.

Wörter zu kleineren
Gruppen sortieren

Während bildunterstütztes Lernen durch die Abbildung von Gegenständen bereits gewährleistet ist, ist es für Aktivitäten hilfreich, sich diese mit entsprechenden (Hand-)Bewegungen einzuprägen. Eine sinnvolle Übung zu A21 b) besteht etwa darin, die Verben rechts gestisch darzustellen und dazu die entsprechenden Verben oder Ausdrücke zu sprechen.

Mehrkanalig lernen

Im Anschluss an A16 oder Ü18 diktiert ein L ein einfaches Rezept, ein anderer formt die Zutaten mit den Händen und macht die entsprechenden Bewegungen. Oder ein L spielt den anderen vor, die Klasse notiert Zutaten und Bewegungen als Rezept oder als Bericht; Notizen vergleichen.
Zu mehrkanaligem Lernen gehört auch lautes Sprechen. Lassen Sie Ihre L die Bestellungen des Gastes im Cartoon von Quino zu A23 laut sprechen. Ermuntern Sie sie, dies auch beim individuellen Wiederholen zu tun. Gerade nicht neutrale, etwa gefühlsbetonte Ausdrücke werden so mit den entsprechenden stilistischen Markierungen gespeichert.

Gestisch diktieren   **A16**
Ü18   **AB**

Der Abschnitt sollte im Zusammenhang mit dem Wortschatzabschnitt dieses Kapitels (LB, A19/20, S. 84) behandelt werden, wo Grundbedeutungen (vor allem lokale und temporale) dieser Präpositionen präsentiert werden (F11 benutzen!).

Grammatik   **7**
Präpositionen (2):
Präpositionen mit
Akkusativ

Zwei Beobachtungen sind wichtig: 1) Das Reflexivpronomen bezieht sich auf das Subjekt eines Satzes. 2) Das Reflexivpronomen ist mit dem Personalpronomen identisch, außer in der 3. Person Singular und Plural sowie der „Sie"-Form (wo es immer „sich" lautet).

Verben mit Reflexiv-
pronomen

Die Darstellung im LB wird im AB (Ü14) um den Hinweis auf die Dativformen des Reflexivpronomens erweitert. Zu achten ist also eigentlich nur auf das „sich", das sowohl im Akkusativ wie im Dativ erscheint.

Verb und Ergänzungen (3): Präpositionalergänzung

Wichtig ist hier, dass (anders als bei der Situativergänzung) das jeweilige Verb nur eine einzige Präposition fest an sich bindet, die relativ inhaltsleer ist: „auf" in „warten auf" hat nichts von seiner lokalen Grundbedeutung bewahrt. Auch der Kasus bei Wechselpräpositionen ist festgelegt. Deshalb empfiehlt es sich, sich die einzelnen Verben mit Präpositionalergänzung anhand eines Beispielsatzes einzuprägen (*sich über die Einladung freuen, auf die Gäste warten, ...*). Unterschiedliche Frageformen bei Personen (z. B. „auf wen?") und Sachen („worauf?") beachten.

AB Rückschau
Punkteraster R2

Punktebewertung: 19–20 Punkte = sehr gut, 17–18 Pkte. = gut, 15–16 Pkte. = befriedigend, 13–14 Pkte. = ausreichend, weniger als 13 Pkte. = nicht bestanden.

Moment mal!

Rezepte aus den deutschsprachigen Ländern

Österreich: Speckknödel

300 g altes Weißbrot
100 g geräucherter Speck
1/2 klein gehackte Zwiebel
1 Esslöffel Butter
2 Eier

1/4 l Milch
2 Esslöffel Mehl
2 Esslöffel feingehackte Petersilie
Salz, Schnittlauch

Das Brot in kleine Würfel schneiden und in eine Schüssel geben. Speck sehr klein schneiden und zum Brot geben, Zwiebel in Butter anbraten. Die Eier mit einem Teil der Milch verrühren, Salz und Petersilie untermischen und über das Brot gießen. Eine halbe Stunde ziehen lassen. Mehl, Salz, Zwiebel und – falls nötig – noch Milch dazugeben. Mit nassen Händen Knödel formen und in siedendem Salzwasser ca. 15 Minuten ziehen lassen. (Man kann auch einen Probeknödel kochen, um zu sehen, ob er zerfällt. In diesem Fall noch etwas Mehl dazugeben). Ergibt 8 Knödel.
Variante: Man kann die Knödel auch in einer kräftigen Fleisch- oder Gemüsesuppe servieren und mit Schnittlauch bestreuen.

Schweiz: Müsli

2–3 kleinere oder 1 großer Apfel
(200 g)
1 gestrichener Esslöffel Haferflocken
(8 g)

Saft einer halben Zitrone
6 Esslöffel frische Milch
1 Esslöffel geriebene oder gehackte
Nüsse oder Mandeln.

Milch, Haferflocken und Zitronensaft zu einer dicklichen Sauce verrühren. Die Äpfel gut waschen, Blüte und Stiel entfernen und die Äpfel sehr klein schneiden oder schälen und in den Brei reiben (mit einer Obst- oder Käsereibe). Alles gut verrühren. Zum Schluss die Nüsse oder Mandeln drüberstreuen.
Die Zutaten sind für 1 Portion berechnet.

Bundesrepublik Deutschland: Arme Ritter

4 bis 6 Scheiben Weißbrot (einen Tag
alt und etwa fingerdick geschnitten)
oder pro Portion 2 Scheiben Zwieback
1/4 l Milch
3 bis 4 Eier

75 g Butter
Zucker
Zimt
Zitrone
Salz

Die lauwarme Milch mit dem Zucker, einer Prise Salz, etwas Zitronensaft und den ganzen Eiern gut verrühren. Die Weißbrotscheiben in die Eiermilch legen (mehrmals wenden, damit sie sich gut vollsaugen). Die Brotscheiben in heißer, aber nicht brauner Butter von beiden Seiten goldgelb und knusprig braten, mit Zucker und Zimt bestreuen und mit Kompott oder Vanillesoße servieren.

AB Binnendifferenzierung

*Ü1, Ü5   ***Ü11, Ü15

Orientierung

Im Mittelpunkt von K 13 steht ein Schauspieler-Duo, das die alte Kunst und Technik der „Laterna Magica" wiederbelebt und für Jung und Alt Ton-Bild-Geschichten spielt. Die Schauspieler benutzen alte Vorlagen mit z.T. skurrilen Bildern und Texten. Neben der Posse vom „Knödelfresser" werden ausführlicher die Zerstörung Pompejis durch den Vesuv-Ausbruch im Jahr 79 n. Chr. und die Geschichte Robinson Crusoes darge- stellt. Diese in den deutschsprachigen Ländern inzwischen exotische Form der Unter- haltung erinnert an frühere Zeiten. In anderen Kulturen ist diese Art, Geschichten zu erzählen, auch heute noch verbreitet.

Thema

Wir stellen zwei Künstler vor, die abseits der modernen elektronischen Medien für eine alte Kunst Interesse wecken und damit ihren Lebensunterhalt verdienen. Als Orgel- bauer und Straßenschauspielerin hatten die beiden schon früher ungewöhnliche Be- rufe. Sie vertreten einen alternativen Lebensstil mit Witz und Humor.

Landeskunde

Handlungsbereich

Lernziele

- detaillierte Auskünfte zu Personen (Beruf, Tätigkeiten) verstehen
- die Funktion technischer Apparate verstehen und erklären
- eine alte Kunstform verstehen und reproduzieren
- altertümliche deutsche Texte verstehen
- einen Romantext (in stark vereinfachter Form) inszenieren

Grammatik

- Nebensätze mit „dass"
- Kausalsätze („weil")

Wortschatz

- Technik (Projektor)
- älterer Wortschatz aus dem Bereich „Unterhaltung" (*Narretei, Gaukler, Zauber- spiel, . . .*)
- Krankheit: Schmerz, Unwohlsein
- Zwillingsformen: *nicht nur . . ., sondern auch; entweder . . . oder*

Aussprache

- Konsonanten m, n, ng, l
- Satzakzent

Lernen/Lerntipps

- Spielen mit Sprache (Mimik, Gestik, Bewegung; Lerntipp 35)

K13 führt in einem weiten Bogen von der Rezeption von Texten, die durch Bild und Ton dargestellt werden, zur Eigeninszenierung eines längeren Textes. Versuchsweise werden hier die Mittel der Laterna Magica von den L selbst angewendet, die in den Text hineinschlüpfen: „Mit Hilfe von Methoden, die sich aus dramatischen Kunstformen ableiten lassen, werden im Unterricht fiktive Kontexte geschaffen, in denen Lehrende und Lernende sprachlich und nichtsprachlich in intensiver Weise handeln – die frem- de Sprache wird inszeniert." (M. Schewe: Fremdsprache inszenieren. Oldenburg 1993, S. 4)

Besonderheiten

In K7 hatten die L schon Gelegenheit, mit einfachen Mitteln eine Farbsymphonie zu inszenieren. In K13 wird diese Aufgabe erweitert und eine Geschichte inszeniert. K14 nimmt das Thema „Gesundheit/Krankheit" wieder auf.

Rückblick/Ausblick

Das Kapitel im Überblick

1 Alte Bilder und **A1** Mit Ü1 beginnen. Das Zelt, die einladende Geste, das Kostüm der Frau lösen Asso-
Texte ziationen aus, die rechts vom Bild notiert werden (Stichworte als Hilfe). Bericht und
Einen alten Text Diskussionen im PL. Text A1 (Kurzform des Hörtextes) still lesen und in PA mit Wort-
verstehen hilfen in RS (evtl. Wörterbuch) entschlüsseln. →
Ü1

Ü2–Ü3 **A2** Hörtext mehrfach hören, ganz und in Abschnitten. Ü2 bringt den ganzen Text. Text
nochmals hören, Teile (z. B. bis *Narretei*) auswendig rezitieren. Ü3: Moderne Version
als „Übersetzung" oder freien Text schreiben.

Ü4 **A3** Bilder (Erklärung: Text A10) beschreiben (vorher Notizen in PA). Ü4: Bezeichnungen
klären (Vergleich mit anderen Sprachen), in PA Sätze nach Reimschema ordnen. Rezitieren mit Lautmalerei, mit Hörtext vergleichen.

Ü5 **A4** Ü5 zeigt die technischen Details, die den Text unten verständlich machen. Begriffe
klären, in PA Sätze genau lesen, Details der Skizze zuordnen. Ü5c) in Anlehnung an
Text oder frei, vorher dazu Notizen. Geben Sie mit einer einfachen Skizze eines anderen Geräts an Tafel oder OHP ein Modell.

2 Der Knödel- **A5** Erste Orientierung über die Geschichte, die durch die Bildabfolge klar werden dürf-
fresser **A6** te. Text 1 hinzunehmen. Still lesen, evtl. mit Wörterbuch. Notizen zu Sebastian K. ma-
Eine chen, ihn dann beschreiben. →
Bilder-Geschichte
verstehen/spielen

Ü6–Ü7 **A7** Alle Texte lesen. a) und b) in GA mit RMK vorbereiten, je ein/e Sprecher/in berich-
tet. Ü6/7 in GA vorbereiten, mit Rollenverteilung vortragen.

Ü8–Ü10 **A8** Texte hören. Pantomimen in GA vorbereiten, im PL vortragen. Ü8: Satzverbindungen
A9 in HA vorbereiten. Ü9 in EA. Ü10: Anwendung der Regel als HA. →

3 Musica Magica **A10/** Ruth und Günther machen als Künstler, was die L mit A9 versucht haben. Die Fotos
Eine alte Kunst **A11** unterstreichen, dass die beiden viel Spaß an ihrer Kunst haben. Der Text enthält An-
beschreiben gaben zu den Bildern, zur Laterna Magica, zum Interesse des Publikums und den
Ü11 Künstlern. L machen Notizen dazu und sortieren in Ü11.

A12 Persönliche Stellungnahme der L jetzt oder nach A13.

Ü12–Ü14 **A13** Interview in Abschnitten hören (evtl. mehrfach), Inhalt mit Notizen wiederholen.
Ü13–Ü14: Übergang von inhaltlichen zu formbezogenen Übungen. Ü13 im PL, da
schwierig durch Pronominalwechsel; Ü14 als HA. →

4 Die Natur- **A14** a) und b), wenn die Bilder Ihren L genügend Sprechanlass geben. Lexikonartikel ent-
katastrophe hält viel unbekannten Wortschatz, wird aber durch Internationalismen entlastet. Wör-
Eine Bild-Ton-Ge- ter wie *Ausbruch (= Explosion), verschüttet, Ausgrabung, gut erhalten* zunächst raten
schichte verstehen lassen, da Textumfeld Verständnis erleichtert.

Ü15–Ü18 **A15** Bilder detailliert beschreiben. Text führt in Hörtext ein, der nach Inhalt und Gestaltung
A16 beurteilt werden soll; Notizen im Raster Ü16/17. Mit den Notizen soll die Geschichte
A17 erzählt und als HA in Bericht umgewandelt werden.
A17b) in GA im Hinblick auf A23 genau überdenken und im PL diskutieren.

5 Robinson **A18** Wenn Geschichte bekannt, an Erinnerungen anknüpfen, die Bilder geben die Situa-
Crusoe **A19** tionen vor. Für A19 Kontinente (Süd-)Amerika und Afrika an Tafel malen (oder F2) und
Aus der Erinne- Breitengrade, um zu zeigen, dass die Kontinente z.T. auf gleicher Höhe liegen. Die
rung erzählen Lage auf gleichen Breitengraden war entscheidend für den Sklavenhandel im 17. und
F2 18. Jh. L suchen mit Atlas Unglücksstelle, zeichnen sie ein. →

Was dient wozu? Was ist langfristig von Nutzen? Ü19 in GA vorbereiten (möglichst zur Anwendung von „weil"-Sätzen), im PL diskutieren. →

A20 Ü19

Textlektüre als HA, L machen Notizen zu den Fragen. Text im PL besprechen, Informationen chronologisch oder zu Kernthemen sammeln: Kleider, Nahrung, Angst, Begegnung mit Freitag, Rettung. Ü20 in PA/GA vorbereiten, im PL vorspielen, die anderen raten, was gemeint ist. →

A21 Ü20
F23

Ü21: In GA Spannungskurve entwerfen, die aus Ruhephasen, dramatischen Höhepunkten, besonderer Nervenanspannung etc. besteht. Vergleich der Kurven im PL mit Begründungen. Lerntipp 35 auf Z 7–10 anwenden. Ü22: Maximal 8 Gruppen bilden. In GA Rezitationsmöglichkeiten erproben, im PL vortragen, diskutieren. Ganzen Text mit Bildern (F23) wie eine Laterna-Magica-Vorführung präsentieren. Jede Gruppe kann einen anderen Vortragsstil wählen (mit Rezitator, Chor im Hintergrund, Geräuschen, expressiven Betonungen, optischen Untermalungen etc.). →

A22/ Einen Text
A23 besprechen und inszenieren
Ü21–Ü22
Lerntipp 35
F23

a) L hören Beispielwörter und lesen mit; Laut-Buchstaben-Beziehung besprechen.
b) Sie sprechen Beispielwörter vor und fordern einzelne L zum Nachsprechen auf; Übungsmaterial erweitern. Bei Korrektur auf Aussprache der bisher besprochenen Laute, auf Akzentuierung und Sprechmelodie achten.

A24 Aussprache 6
AUS Konsonanten: m, n, ng, l
Ü23–Ü26

a) L hören Text ohne Bücher. Im PL Situation rekonstruieren, wichtigste Aussagen sammeln / an Tafel notieren: L erzählen Geschichte nach.

A25 Satzakzent
AUS

L hören Beispielsätze und lesen mit, Konzentration auf Satzakzent. Erläuterung der Regel. Beispielsatz vorsprechen, einzelne L sprechen nach. Variante: L hören Beispielsätze ohne Bücher und nennen das Wort mit dem Satzakzent. HA: Text mit Stichwörtern frei sprechen üben.

A26 Ü27
AUS

Im Anschluss an A13, jedenfalls vor A20: Sätze lesen, evtl. weitere unbekannte Wörter markieren. Fragen 1–5 lesen und im PL besprechen. →

A27 Wortschatz 7
Unbekannte Wörter erschließen

a) Textabschnitt still lesen, unbekannte Wörter markieren/notieren (mit Zeilenangabe).
b) In PA passende Ratetechnik suchen.
c) Im PL über Ratetechniken reden (auch muttersprachlich); diese Technik bei A20 in PA/GA einsetzen. →

A28

(Einstieg über Ü13.) Hauptsatz 2 als (notwendige) Ergänzung/Antwort zu Hauptsatz 1 charakterisieren: „Was sieht Robinson? – Er ist auf einer einsamen Insel gelandet." Den ersten „dass"-Satz an Tafel notieren: „Robinson sieht, dass er auf einer einsamen Insel gelandet ist." Struktur analysieren: Was ist anders? (Konjunktion „dass" nach Komma, dann Subjekt, Verb am Ende.) Zu weiteren „dass"-Sätzen die Hauptsatz-Variante bilden lassen. Anschließend mit Modell in PA Beispielsätze bilden und im PL vortragen. →

Grammatik 8
Hauptsatz und Nebensatz (1): „dass"-Satz
Ü13–Ü14

(Einstieg über Ü9.) Hauptsatz 1 und Hauptsatz 2 lesen, sinnvolle „Warum?"-Frage bilden lassen: „Warum sät Robinson …?" Ersten „weil"-Satz als Antwort zuordnen (Tafel): „Robinson sät …, weil er Brot backen will." Struktur analysieren, mit Struktur des „dass"-Satzes vergleichen (Stellung der Konjunktion, des Subjekts, des Verbs). Weitere „weil"-Sätze mit „Warum?" erfragen lassen. In PA weitere Beispielsätze analog bilden, im PL vortragen. →

Hauptsatz und Nebensatz (2): Kausalsatz
Ü9–Ü10

Bildgeschichte aus „Struwwelpeter". Zuerst Sätze den Bildern zuordnen (4 Zeilen pro Bild), erst dann über die genaue Reihenfolge entscheiden. Ergänzung der Nebensätze. Selbstkorrektur mit Lösungsschlüssel. →

R2 Rückschau AB

Umformulierung zu 5 Satzgefügen in EA, Korrektur mit Lösungsschlüssel. Bewertung: pro richtige Konjunktion und Verb-Position je 1 Punkt, 10 Punkte maximal. Punkteskala s. LHB, S. 58 (K4).

R3 GR, A5

Kapitelabschlusstest, TH, S. 42f.

Test TH

Ideen – Vorschläge – Bemerkungen – Zusatzmaterial

A1   **Alter Wortschatz /**
A2   **Literarische Texte**
A5

„Literarische Texte können zur Aufnahme in Lehrwerke des Deutschen als Fremdsprache besonders empfohlen werden. An ihnen kann der Lehrer nicht nur Eigenschaften der deutschen Sprache, sondern auch charakteristische Merkmale deutscher Sprachkultur zeigen. Eine grundsätzliche Beschränkung auf die Gegenwartsliteratur ist dabei nicht gerechtfertigt. Ältere Texte sind zwar manchmal sprachlich schwieriger als neuere Texte, sie sind aber zuweilen wegen ihrer Verfremdungskraft für didaktische Zwecke besser geeignet."
(Texte in Lehrwerken des Deutschen als Fremdsprache. 34 Maximen vom Beirat Deutsch als Fremdsprache des Goethe-Instituts. In: INFO DaF, Mai 1988, S. 188 ff.)

Kommt, ihr Herren, groß und klein,
ihr Mamsellen, dünn und fein.
Kommt, ihr Leute, lauft herbei,
anzuschaun die Narretei ...

Man könnte einwenden, dass einige Wörter (Mamsell: wer weiß schon, dass das von „Mademoiselle" kommt?) zu ausgefallen sind. Aber wenn wir in frühere Epochen und kulturelle Kontexte zurückgehen, um eine attraktive alte Kunst zu präsentieren, brauchen wir Originaltexte, die wir nicht modernistisch verfälschen dürfen.
Der sprachlich scheinbar erschwerte Zugang wird aufgewogen durch die poetische Form, die das Gedächtnis stark unterstützt. Das Reimschema fordert zum Rezitieren oder Singen, auf jeden Fall zum Auswendiglernen auf. Begriffe wie *Mamsell, Gaukler, Narretei* etc. werden oft zu geflügelten Worten in der Gruppe, die scherzhaft verfremdet eingesetzt werden. – Witz, Humor, alle Formen der Komik sind wichtige Helfer im Sprachunterricht.
Diese künstlerisch geformten, zunächst mündlichen Texte bieten eine Abwechslung zu rein praktischen, zweckhaften Texten, Alltagsdialogen.
Wir fordern in diesem K immer wieder zum Spiel mit Sprache und zur Gestaltung und Verlebendigung von Texten auf, um der Phantasie Raum und gleichzeitig dem Gedächtnis viele Angriffspunkte zu geben.

A8   **Textinszenierung**
A9
A23

Bei den Pantomimen (A9) gibt es in jeder Gruppe einen Rezitator, der Text und Geräusche produziert.
Differenzierungsmöglichkeit: In fortgeschrittenen Gruppen den Hörtext „Der Knödelfresser" mehrfach hören; im PL zentrale Begriffe (*Gier, Genuss, Verdruss, Enthaltsamkeit*) besprechen.
Wir haben bereits in K7 unter „Dramapädagogik" darauf hingewiesen, dass wir versuchen, möglichst viele Ausdrucksmittel (Stimme, Gestik, Pantomime, Bewegung) einzusetzen, um das Lernen nicht nur auf den Kopf zu beschränken und ein produktives Wechselspiel von inneren und äußeren Lernbewegungen zu erreichen.
Obwohl die Geschichte von Robinson Crusoe hier nur sprachlich vereinfacht nacherzählt wird, sollen die L angeregt werden, sich in die Situation und Person Robinsons einzufühlen. – Zum einen geschah dies bereits durch Simulationen:
1) Sie fahren allein auf eine Insel; wählen Sie 3 Sachen aus, die Sie mitnehmen wollen (Ü19b);
2) Verständigungsmöglichkeiten zwischen Robinson und Freitag (Ü20);
3) Zeichnen einer Spannungskurve, die wahrscheinlich mit Robinsons Augen gesehen ist. (Ü21)
In Ü22 ist angedeutet, wie der Text – aufgeteilt auf einen Rezitator und eine Art Hintergrund-Chor, der lautmalerisch Geräusche produziert – zum Leben erweckt werden kann.
Dazu sollen Abschnitt für Abschnitt die zugehörigen Bilder der Folie 23 aufgedeckt werden, sodass ein ähnlicher Effekt erzielt wird wie bei der Laterna Magica. – Die Gestaltung der einzelnen Textpassagen sollte ganz der Gruppe überlassen bleiben. Es werden dabei ganz unterschiedliche Darstellungen herauskommen. Der Text kann auf viele Stimmen aufgeteilt werden, dann wieder mit Chor rezitiert oder vom Rezita-

tor mit Chor im Hintergrund vorgetragen werden. Man kann fieberhaft schnell oder getragen sprechen, lange Pausen lassen („Nach seinem Tod ist Robinson ganz allein …"), laut und leise deklamieren.

Eine weitere dramapädagogische Technik zur Vertiefung des Textverständnisses stellt der Bau von „Standbildern" dar. Dies sind plastische Darstellungen von ausgewählten Situationen, Figurenkonstellationen, Stimmungen (z.B. Einsamkeit, Heimweh) oder Handlungen. Es ist, als ob ein Handlungsmoment zu einem still stehenden Bild „eingefroren wird". Die Figuren in einem Standbild zeigen wie auf einem Foto oder in einem angehaltenen Videofilm eine bestimmte Körperhaltung, Gestik und Mimik. Allen körpersprachlich dargestellten Details kommt Bedeutung zu. Während die L im Bild stehen, bewegen sie sich nicht.
Es ist günstig, wenn ein L die Regie übernimmt und die Körperhaltung, Gestik, Mimik der anderen Gruppenmitglieder formt und modelliert, bis sie dem Bild entsprechen, das eine Stimmung oder Situation am treffendsten wiedergibt.
Überlassen Sie es den Kleingruppen, die für sie eindrucksvollste Situation im Text auszuwählen. Auch wenn mehrere (oder gar alle) Gruppen sich für die gleiche Passage entscheiden, werden gänzlich unterschiedliche Standbilder entstehen, über deren verschiedene Kompositionen diskutiert werden sollte.
Dann folgt der Bau des Standbildes, das aus einer oder mehreren Personen bestehen kann. Ein L übernimmt die Regie und versucht, seine Vorstellung von der Szene umzusetzen, indem er die Figur/en in Position bringt. Er interpretiert dadurch das (literarische) Geschehen an einem bestimmten Punkt durch Bedeutungen, die er dem Standbild, den Haltungen und Gesten zuschreibt.
Wenn das Standbild „steht", wird noch die Perspektive festgelegt, aus der es gesehen weden soll (von unten/oben/vorn/hinten oder von der Seite).
Die Kleingruppen stellen dem PL nacheinander ihre Standbilder vor und lassen die anderen raten, um welche Textstelle es sich handelt und was gerade passiert. Danach beschreibt der/die jeweilige Regisseur/in die dargestellte Situation. Die Textstellen werden später im PL noch einmal alle gelesen.

Standbilder
(nach Originaltexten)

Differenzierung beim Hörtext (Interview): Fortgeschrittene L hören und notieren ohne Vorlage, andere benutzen das Raster (Ü12) und hören mit Vorinformation.

A13

Struktur von „weil"-Sätzen evtl. zum Einstieg in die Übung nochmals an der Tafel entwickeln.

Ü19 **AB**

Die Frage, wie sich Robinson und Freitag verständigt haben, ist natürlich für den Sprachunterricht besonders interessant (Z. 62 ff. im LB).

Ü20

Der folgende Textausschnitt stammt aus einer Zeitungskritik von einer Vorstellung des Duos „Musica Magica". Er liegt im sprachlichen Niveau über dem Lernstand der Gruppe. Es soll darum vor allem darauf ankommen, bereits bekannte Angaben aus dem Text herauszufiltern (Namen, Programme, Inszenierungsmuster). Der Inhalt wird sich dadurch weitgehend entschlüsseln. Die L können dabei auf die Strategien in K3 (Lerntipp 8) zugreifen.

Textarbeit

Differenzierung: Schnellere L sollten mit dem Wörterbuch den Text ganz zu lesen versuchen.

Phantastische Welt alter Bilder

Seniorenforum –
Duo Musica verzauberte Publikum mit
123 Jahre alter Laterna Magica

Oldenburg. „Augenblicke gegen den Bilderterrror" lautet der Titel eines märchenhaften Programms, mit dem Günther Holzhey und Ruth Baumer auf Einladung des Senioren-Forums am Donnerstag Abend ihr Publikum verzauberten.
Da erschienen bunte Bilder auf der Leinwand, die plötzlich zum Leben erwachten: Der Fisch, der unruhig in seinem Glas herumschwimmt, die Pizzeria am Rande des Vesuv, die vom Feuer heimgesucht wird, das züngelnde Flammen in den Nachthimmel wirft, ein Wanderer, aus dessen Pfeife sich kleine Rauchwölkchen kräuseln. Günther Holzhey, der die Motive in Geschichten und Moritaten kleidet, hatte zu Beginn der Veranstaltung seine Requisiten verteilt: Eine Windmaschine, ein Blech zum Donnern,

eine Flöte für Vogelstimmen. So wird jede Szene akustisch untermalt, und während der Wind heult, der Donner grollt und die Laterna Magica Blitze über die Leinwand zucken lässt, ist das Publikum ganz in den Bann des dargestellten Gewitters geraten.
Seit zehn Jahren arbeiten Günther Holzhey und Ruth Baumer bereits zusammen.
In der Pause gab Ruth Baumer eine kleine Einführung in die Kunst der Zauberlaterne. Sie zeigte die mit feinen Pinselstrichen gemalten Miniaturbilder aus Glas, erläuterte verschiedene Effekte und erzählte von der Geschichte der Laterna Magica. Entwickelt wurde sie im vorigen Jahrhundert von frommen Mönchen. Gaukler und Schauspieler begeisterten mit ihr das Publikum in den Städten, und vor dem Aufkommen der Fotografie wurde sie zum Massenmedium der damaligen Zeit. Eine Urahnin unserer heutigen Kino- und Fernsehkultur also. Und eine immer noch verzaubernde Wunderlampe.

(Stadtkultur, Nordwest-Zeitung)

A27 –28	**Wortschatz** *Lernziel*	L sollen mit Ihrer Hilfe darauf aufmerksam werden, dass sie mehr können, als sie zu können meinen: In einem komplexeren Text (wie „Robinson Crusoe") finden sich viele Wörter, deren exakte Bedeutung für das Verstehen nicht notwendig ist: *Orkan, Sturm* spezifizieren *Wind; Floß, Boot, Rettungsboot, Kanu* spezifizieren *Schiff.* Lassen Sie sich von L einfache Erklärungen geben bzw. geben Sie selbst Erklärungen dieser Art: *Sturm* – starker Wind; *Kanu* – ganz kleines, einfaches Schiff, für 1–2 Leute.
	Grammatik *Hauptsatz und Nebensatz (1): „dass"-Satz*	Zum Gebrauch von „dass"-Sätzen: nach Verben des Wahrnehmens, Sagens, Denkens, Meinens u. ä. Im „dass"-Satz steht dann der Inhalt der Wahrnehmung, der Äußerung, des Gedankens, der Meinung usw. Dieser Inhalt kann erfragt werden mit „Was?": Was sieht, sagt, denkt, meint jemand?
	Hauptsatz und Nebensatz (2): Kausalsatz	Die Grundstruktur ist dieselbe wie im „dass"-Satz. Der Inhalt des kausalen Nebensatzes ist zu verstehen als Grund oder Ursache für den Inhalt des Hauptsatzes. Der Inhalt kann erfragt werden mit „Warum?": Warum macht jemand etwas? Warum geschieht etwas? Hinweis: Will man die Ursache / den Grund durch einen Hauptsatz ausdrücken, fügt man die nebenordnende Konjunktion „denn" am Satzanfang oder das Adverb „nämlich" nach dem Verb hinzu; die Verbstellung bleibt dabei unverändert: „Robinson nennt den Gefangenen Freitag; denn er hat ihn am Freitag gerettet (er hat ihn nämlich am Freitag gerettet)."
	Spiele-Vorschlag	Pro- und Contra-Spiel: Die „Pro"-Gruppe sammelt und formuliert Argumente für eine These, die „Contra"-Gruppe dagegen; dabei sollen die Argumente in Form von Kausalsätzen formuliert werden. Beispiele: auf einer einsamen Insel leben, in der Wüste leben, …
AB	**Binnendifferenzierung**	*Ü11, Ü20 ***Ü3, Ü5, Ü18

Orientierung

Auskunft geben zu können über Gesundheitszustand und Wohlbefinden ist elementar für das „Überleben" in der Fremde; „Körper und Gesundheit" und die Beziehung, die ein Mensch dazu hat, haben eine existentielle Dimension, die sich im Laufe der Geschichte verändert hat und von unterschiedlichen Gesellschaften und sozialen Schichten unterschiedlich wahrgenommen wird. Gesundheit und Krankheit haben auch eine politische und soziale Dimension (Kosten im Gesundheitswesen, Arbeit und körperliche/seelische Gesundheit). Ausgangspunkt des Kapitels sind Texte und Themen, wie sie in Gesundheitsmagazinen präsentiert werden, und ein Besuch bei einem Arzt.

Thema

Das Thema ist in den deutschsprachigen Ländern aktuell (oder schon fast „in") und eng gekoppelt mit „Schönheit" und „Erfolg/Macht" (krank sein wird heute teilweise als moralisch verwerflich angesehen: Man <u>darf</u> nicht krank sein, sonst verpasst man seine Chancen, verliert seine Stelle usw.). Zeitschriften zu diesen Themen erleben im deutschsprachigen Raum einen wahren Boom, Sendungen im Fernsehen oder Radio haben hohe Einschaltquoten. Die Probleme, die dort abgehandelt werden, sind vielfältig: Von „fit, entspannt und schön sein" ist die Rede, aber auch von der Luft, die die Kinder krank macht, oder von der 35-jährigen Frau, die HIV positiv ist. Gleichzeitig wächst in der Bevölkerung die Skepsis gegenüber der traditionellen „Schulmedizin" und die Erprobung anderer Therapieformen nimmt zu. Gesundsein und Kranksein sind ein wirtschaftlicher Faktor geworden: viele Anlässe zum interkulturellen Vergleich im Kurs oder zum nachdenklichen Schreiben zu Hause.

Landeskunde

Handlungsbereich
- Gesichts- und Körperteile benennen
- Bewegungen beschreiben
- Anweisungen verstehen
- über Gesundheit/Krankheit reden
- zum Arzt gehen: Termin ausmachen, Formular ausfüllen, über Krankheit Auskunft geben; Schmerzen lokalisieren
- Sachtexte lesen und referieren

Lernziele

Grammatik
- attributives Adjektiv: Nominativ, Akkusativ, Dativ
- Konditionalsatz mit realer Bedingung

Wortschatz
- Wortkreis: „Der Körper"
- Wort-Partner: „Das Gesicht"
- Krankheiten/Verletzungen und ihre Ursachen

Aussprache
- Konsonantenverbindungen: z, -tion, pf, x, chs, qu: Laut-Buchstaben-Beziehung
- Satzakzent: Gegensätze ausdrücken

Lernen/Lerntipps
- Mit allen Sinnen und dem Körper lernen (Lerntipp 36)
- Kombinieren, Generalisieren (Lerntipp 37)

Das Lernpensum dieses Kapitels ist mehrfach vorentlastet: Das Thema „Körper/Krankheit" war schon Gegenstand von K13. Es werden viele Gelegenheiten zum sinnlichen und bewegten Lernen geboten, auf die auch erwachsene L ansprechen. Das attributive Adjektiv muss nicht noch einmal für alle L zum zentralen Lernpensum gemacht werden: Unterschiedliche Zugänge über den systematischen Überblick im AB oder die eigene Regelfindung erleichtern den Lernprozess.

Besonderheiten

Thema „Körper/Krankheit" aus K13 wird vertieft. Wiederholung und Erweiterung des attributiven Adjektivs aus K7.

Rückblick

Das Kapitel im Überblick

1	**Rund um den Kopf** Gesicht und Körperpflege	**A1** **A2**	a) In PA lesen und Körperteile notieren, auch Komposita auswerten. Texte müssen noch nicht unbedingt verstanden werden. Mit Bild-Collage vergleichen. b) Texte in PA (evtl. in Kleingruppen) noch mal lesen und Begründungen notieren. A2: Tipps in GA sammeln, mit Hilfe von RMK. Mit Notizen im PL vorstellen und diskutieren.
	Ü1–Ü3	**A3**	Körperteile (aus A1) rund um einen gemalten Kopf anordnen. Auf großes Poster (Packpapier) übertragen und im Kursraum aufhängen. Wenn Wörter in Wortkreisen im Uhrzeigersinn angeordnet werden, können die L sie leichter memorieren. Ü1 als HA.
2	**Endlich ohne Schmerzen sitzen** Körperteile Ü4–Ü6	**A4**	a) Machen Sie die Übungen vor. Kommentieren Sie evtl. in der ich-Form, was Sie machen. Anschließend Text lesen und Verständnis sichern. Variante: Einstieg mit Ü4. b) In PA Wortschatz sammeln und notieren, auf Packpapier übertragen oder mit Heftzetteln sich gegenseitig „etikettieren". Singular – Plural beachten. Mit A18 vergleichen. L sollen entscheiden, was für sie wichtige und unwichtige Wörter sind. Zur Wiederholung Ü5. Spiel: In GA sieben Wörter (ohne Artikel, Singular oder Plural) verstecken. Einzeln an die Tafel schreiben. Die Gruppe, die das Wort als erste herausfindet, bekommt einen Punkt, Artikel und Plural/Singular gibt je noch einen Punkt.
	Bewegungen beschreiben	**A5**	1. Phase: Partner halten sich genau an Text im Buch. 2. Phase: RMK benutzen und bei Wiederholung frei mit einem Stuhl spielen (s. Ü6).
	Ü7–Ü8 Lerntipp 36	**A6**	Um ein möglichst freies Gespräch vorzubereiten, empfiehlt es sich, zuerst die Üs im AB zu machen. Ü8 als schriftliche HA. Lerntipp 36 besprechen: Im PL/GA weitere Beispiele suchen. Wortschatzwiederholung der vorhergehenden K. Als HA ein/zwei Bereiche auswählen, Fragen beantworten.
3	**Ein Arzt gibt Auskunft** Informationen über Krankheiten und Behandlung	**A7**	In EA Hauptthemen suchen, evtl. begründen. Themen als Wortigel vorgeben: Wichtige Wörter aus dem Text und selbst gefundene in PA gruppieren.
	Ü9–Ü14 F24	**A8**	a) Vor dem Hören evtl. Antworten zu den Fragen sammeln. Mit Hörtext vergleichen. Oder: Die Wortigel aus A7 können während des Hörens in PA ergänzt werden, im PL sammeln. Evtl. Korrektur/Vertiefung mit Ü9, Ü10b), Ü13a).
	Ü15–Ü18	**A9**	In GA Reiseapotheke zusammenstellen, evtl. für verschiedene Reiseziele, bzw. Jahreszeiten. Ü13b) als HA: Vergleichen/Korrigieren in PA mit Ü14, „Wenn-Satz" als Variante in Ü17. Ü16, Ü18 als HA.
4	**Beim Arzt** Über Krankheit sprechen Ü19	**A10**	Mit den Bildern einsteigen. Hypothesen aufstellen: Wer spricht in den Dialogen 1, 2, 3 und 4? Wo spielen die Dialoge? Wie reden wohl die Leute? Beim Hören die Hypothesen überprüfen. Evtl. F24 unten als Einstieg.
	Ü20–Ü25	**A11** **A12**	Redemittel in EA notieren, dann in GA sammeln und mit den wichtigsten Fragen und Antworten im RMK vergleichen. Gespräche spielen. Aufarbeitung der Adjektiv-Endung (Ü23–Ü25) als HA. Diskussion in der nächsten Stunde.
5	**Wie gesund sind Sie?** Über Gesundheit sprechen Ü25–Ü27	**A13** **A14**	Thema wird vertieft und erweitert (psychische Krankheit, soziale Auswirkungen usw.), je nach Interesse und Bereitschaft (das Thema kann für bestimmte L tabuisiert sein!) als Diskussion oder Schreibanlass (Ü27). Jeder L sollte seine individuellen Krankheiten auf Deutsch kennen und überlebenswichtige Fragen/Antworten anwenden können (Ü26).

a) L hören und lesen mit; Besprechung der Laut-Buchstabenbeziehung.
b) Sprechen Sie die Beispielwörter vor und fordern Sie einzelne L zum Nachsprechen auf: Die Aussprache der Konsonantenverbindungen ist für viele L schwierig; lassen Sie deshalb die Laute zunächst einzeln sprechen [t]-[s], steigern Sie dann das Sprechtempo, bis die Laute zusammenfallen. Verwenden Sie Wörter/Sätze mit der Konsonantenverbindung am Wortende. („Satz; kurz; Ist der Satzakzent kurz oder lang?")
Einstieg über Ü28 und Ü29.

L hören und sprechen nach. Achten Sie bei der Korrektur auch auf die richtige Aussprache der bisher besprochenen Laute, auf korrekte Akzentuierung und Sprechmelodie. L üben die Beispielsätze in PA. Unterschiedliche Gefühlslagen ausprobieren: z.B. witzig, als Scherz, ängstlich, wütend, geheimnisvoll (hinter vorgehaltener Hand), arrogant usw. Ergebnisse im PL vorstellen.

L hören und lesen mit. Konzentration auf den Satzakzent. Erläuterung der Regel. Hinweis: Beide Wörter des Gegensatzpaares tragen einen Akzent. In der neutralen Rede ist das Wort im bejahten Teilsatz hauptbetont, das Gegensatzwort trägt einen Nebenakzent; bei starker Kontrastierung können beide Wörter einen Hauptton tragen. Sprechen Sie einen Beispielsatz vor und fordern einzelne L zum Nachsprechen auf. Evtl. mehrmals vorspielen/sprechen. L sprechen den gehörten Beispielsatz frei nach. HA: Einen Text von LB, A13, S. 100 auswählen und laut lesen üben.

Beim Lesen der Wörter auf Körperteile zeigen. Bild genau anschauen, Augen schließen, Wörter leise in Reihenfolge sprechen. Dann sprechen Sie die Wörter langsam.

Variieren mit Satzanfängen wie „Der Mann hat ..." – „Hast du die Frau gesehen mit ..."

(Einstieg über Ü2.) Rückgriff auf K7, Substantivgruppe mit „Wandern" des Kasussignals. Dann Formen in Tabellen analysieren: Wo wandert das Signal? (Vergleich der jeweiligen Formen in den Tabellen a), b) und c); Vergleich innerhalb der Plural-Tabelle). Danach: Welche Endung hat das Adjektiv, wenn es nicht das Kasus-Signal enthält? Antwort: -e oder -en. Frage: Wann -e, wann -en? Antwort: Im Plural immer -en; für den Singular Adjektivtabelle (LHB, S. 125) aufbauen. Beispielsätze analysieren. Überprüfung der Regularität: 1. Adjektive in Substantivgruppen identifizieren; 2. Substantivgruppen mit entsprechenden Formen in Tabellen a) bis d) parallelisieren lassen. →

(Einstieg über Ü17.) a) Sätze lesen lassen. Struktur der Nebensätze mit den Nebensätzen in K13 vergleichen (Stellung von Konjunktion, Subjekt und Verb). Stellung des Verbs im Hauptsatz? (normal, bekannt).
b) Struktur des Nebensatzes? (unverändert). Struktur des Hauptsatzes? Wo steht jetzt das Verb? (Position 1). Abschließend mit Beispielsatz in den beiden Varianten den Sachverhalt einprägen, z.B.: Ich gehe zum Arzt, wenn ich krank bin. – Wenn ich krank bin, gehe ich zum Arzt. L bilden eigenen Beispielsatz und tragen ihn im PL vor. Auf Kausalsätze übertragen, z.B. Ich gehe zum Arzt, weil ich krank bin. – Weil ich krank bin, gehe ich zum Arzt.

GA: 2 L machen das Rollenspiel, 2 L bewerten und achten besonders auf „wenn"-Sätze und den korrekten Gebrauch von Adjektiven. Danach Aufgaben in der Gruppe tauschen.

Lückentext mit 15 Lücken zu den Adjektivendungen. Punkteskala. →

Kapitelabschlusstest im TH, S. 44ff.

A15 Aussprache 6
AUS Konsonanten/-verbindungen: z, -tion, pf, x, chs, qu
Ü28–Ü29

A16
AUS

A17 Satzakzent
AUS Ü30–Ü32

A18 Wortschatz 7
Wortkreis „Der Körper"
F24

A19 Wortpartner: „Das Gesicht"

Grammatik 8
Attributives Adjektiv (2): Nominativ, Akkusativ, Dativ
Ü2–Ü3, Ü23–Ü25

Hauptsatz und Nebensatz (3): Konditionalsatz mit realer Bedingung
Ü17–Ü18

Rückschau AB
Selbstevaluation R2
Sprechen

Grammatik R3

Test TH

Ideen – Vorschläge – Bemerkungen – Zusatzmaterial

D·A·CH Das Kapitel kann je nach Lernsituation verschieden gewichtet werden. In den deutschsprachigen Ländern ist die konkrete Alltagsbewältigung (Arztbesuch, „Kampf" mit den Krankenkassen usw.) zentral; als Ausgangspunkt kann das Interview mit dem Arzt dienen und dann der Arztbesuch (und die entsprechenden Üs im AB). Die lokalen Besonderheiten können über Erfahrungen der L und spezifische Realien (Formulare, Bestimmungen usw.) thematisiert werden.

Im Ausland scheint uns der allgemeine Aspekt von Gesundheit und Krankheit interessant zu sein, hinzu kommt noch „Krank sein unterwegs".

Das Interesse und die Bereitschaft, über das Thema zu sprechen, und die sprachlichen Bedürfnisse sind individuell sehr unterschiedlich; gegenseitiger Respekt und Rücksichtnahme, aber auch Gelegenheiten, sich zu äußern, sind wichtig. – Durch die spielerischen Momente bei „Endlich ohne Schmerzen sitzen" besteht die Möglichkeit, das Thema locker anzugehen.

A4
A5
Mit dem Körper lernen
TPR: Total Physical Response

TPR (Total Physical Response) wurde ursprünglich von James J. Asher (Vgl. z. B. J. J. Asher: The Total Physical Response Approach to Second Language Learning, in: Modern Language Journal 53) entwickelt und basiert auf der Erkenntnis, dass Kinder Fremdsprachen über Befehle und das Ausführen der Befehle lernen. Das Typische an TPR ist daher das Zuhören und das körperliche Reagieren auf das, was gesagt wird. Dabei müssen nicht nur Sie Anweisungen geben, sondern die L können in GA und PA ebenso effizient den Lernprozess, vor allem was Verstehen und Speichern von Wörtern anbelangt, vorantreiben.

Fotos nachstellen / Statuen bauen

Ein paar Vorschläge: Zeitschriften zum Thema „Gesundheit/Fitness" mitbringen. Fotos mit Abbildungen von Menschen in unterschiedlichen „Posen" auswählen, die in PA/GA als Statuen nachgebaut werden können. Ziel der Übung ist es, den Partner dazu zu bringen, die gleiche Körperhaltung wie die „Vorlage" einzunehmen. Differenziertes Sprechen, genaues Verstehen und körperliche Umsetzung sind dabei gefragt.

Bewegung im Raum

Handlungsanweisungen befolgen – Gegenstände im Klassenraum

TPR-Übungen eignen sich auch ausgezeichnet für die Wiederholung der Raumorientierung (s. K2), kombiniert mit dem attributiven Adjektiv. Spiel: In PA eine Person mit geschlossenen Augen durch einen Raum dirigieren. Drei Schritte geradeaus. Achtung, jetzt mit dem linken Bein einen Schritt nach vorn, dann rechts, mit dem rechten Bein einen Schritt nach hinten, den linken Arm ... usw.

Wiederholung von Gegenständen im Klassenraum (s. K6) und Bewegung im Raum und Imperativ (s. K1 und K12): Forden Sie einen L auf: „Geh bitte zur Tür. – Gut, und jetzt geh bitte raus und klopf dreimal an die Tür. Wenn ich „herein" rufe, dann komm wieder rein. – Danke, und jetzt geh bitte zur Tafel, schreib bitte: „hinaus und herein". – Danke, und jetzt geh zu deinem Stuhl und setz dich auf ..."

Bezeichnungen für Körperteile wiederholen

Als Wiederholung (nicht zur Einführung!) kann die Übung „Körperteile verwechseln" eingesetzt werden: Die Übung macht Spaß und erfordert gleichzeitig eine hohe Konzentration. Machen Sie zuerst im PL die Ü mit einem L vor: A zeigt auf seinen Fuß und sagt: „Das ist mein Ohr." – B reagiert, indem er an sein Ohr fasst und sagt: „Das ist mein Fuß." Wenn die Antwort richtig ist, kann B weitermachen; z. B.: Er zeigt auf sein Knie und sagt: „Das ist meine Nase." A greift sich an die Nase und sagt: ...
Variante: „Ein Marsmensch lernt zeichnen." Spielen Sie ein Wesen von einem anderen Planeten, das noch nie einen Menschen gesehen hat. Die Aufgabe der L ist es nun, Ihnen genau zu beschreiben, wie ein Mensch aussieht. Zeichnen Sie nach den Vorgaben der L auf dem OHP / der Tafel die Figur. Spielen Sie bewusst den/die Nichtwissende/n (oben – unten oder Größe von Körperteilen). Beispiel: „Ohren? Was ist das? Wo sind die? Wie groß etwa?" Zeichnen Sie „falsch", um Korrekturen und Präzisierungen zu „provozieren".

Machen Sie ab und zu Lockerungsübungen zur Entspannung oder wenn Müdigkeit aufgrund von Bewegungsmangel aufkommt. Machen Sie die Übungen vor und bewegen Sie sich nach den Anweisungen, die Sie selber geben. Beispiel: „Hüpfen, auf beiden Füßen, die Beine ganz locker, die Schultern entspannen, die Hände auch ganz locker, und dazu immer hüpfen, und jetzt: Hüpfen und die Hände vor dem Bauch zusammenschlagen und klatschen, auf drei, ich zähle: eins zwei drei – (klatschen) und hüpfen und noch einmal: eins zwei drei – (klatschen) – usw. Rücken aufrecht – Arme hängen lassen – Kopf schütteln – Arme strecken – mit den Händen durch die Haare streichen ..."
Atmungsübungen eignen sich auch als Konzentrations- und Entspannungsübungen.

Bewegung schafft Abwechslung und fördert die Konzentration

TPR-Übung können Sie improvisieren oder, wenn Sie ein bestimmtes Lernpensum üben oder wiederholen wollen, vorher verschriftlichen und ablesen oder auf Band aufnehmen. Auf mehreren Radio- und TV-Stationen laufen regelmäßig Programme, die sich als Vorlage eignen, meist aber etwas zu schwierig sind (Fitnessprogramme, Aerobic, Vorbereitung aufs Skifahren usw.). Auch Fitnessübungen in Zeitschriften können als Ausgangspunkt für eigene Übungen dienen.

Material für weitere Übungen

STABILISIEREN SIE IHRE KORPERMITTE: Das Gewicht liegt auf dem linken Bein. Das rechte zur Seite strecken, die Fußspitze hat Bodenkontakt (Foto rechts). Arme seitlich anheben. Jetzt mit dem rechten Bein hoch über das linke kreuzen. Dabei schwingt auch der rechte Arm unten herum nach links bis über den Kopf (Foto Mitte). Arm und Bein schwingen und auf dem gleichen Weg zurück. 6–8mal, dann Beinwechsel und wiederholen.
PENDELN SIE IHRE ENERGIE AUS: Gewicht auf linkes Bein verlagern, beide Arme zur linken Seite anheben (Foto rechts). Locker vor dem Körper nach rechts schwingen, das Gewicht gleichzeitig nach rechts verlagern. Knie dabei leicht beugen, wieder strecken. 12-mal zu jeder Seite.

Inszenieren Sie die „Zungenbrecher". Machen Sie z. B. aus den Zungenbrechern eine Chaosübung (vgl. K8); L wählen Zungenbrecher aus und gehen im Kursraum, ihre Zungenbrecher laut sprechend, umher; nach geraumer Zeit finden sich die passenden Zungenbrecher und beginnen synchron zu sprechen. Wenn sich alle Gruppen gefunden haben, spricht jeweils eine Gruppe ihren Zungenbrecher laut und schweigt danach, während die anderen im Flüsterton weitersprechen, dann spricht die nächste Gruppe laut, jede Gruppe macht weiter, bis die letzte Flüstergruppe ihren Zungenbrecher laut (und ohne Flüsterhintergrund) gesprochen hat. Das Chaos glättet sich, es wird immer ruhiger ...

Aussprache   6
Ü32
Zungenbrecher

Die folgende graphische Darstellung kann als Behaltenshilfe dienen:

Grammatik   8
Adjektiv-Tabelle

	MASKULIN	NEUTRUM	FEMININ
NOM	e	e	e
AKK	en	e	e
DAT	en	en	en

| Adjektive und Substantive kombinieren | Adjektive (unflektiert) untereinander auf der linken Seite und die Substantive auf der rechten Seite der Tafel notieren: |

schwarz   Katze
krank   Schüler
lustig   Abend
sauber   Wohnung
schmutzig   Heft

Aufgabe: Adjektive und Substantive kombinieren. Geben Sie zuerst ein paar Beispiele, z. B. *eine schwarze Katze, ein kranker Schüler.*
Die L suchen neue Kombinationen. Die neuen Kombinationen müssen „sinnvoll" und korrekt sein. Wie viele Kombinationen sind möglich?
Erweitern mit Präpositionen: *mit, in, an, auf ...* oder Satzanfängen: Ich habe gestern ... gesehen. Ich sehe zwei / drei / ganz viele ...
(nach: P. Ur, A. Wight, Five-Minute Activities, Cambridge 1992)

Attributives Adjektiv

Die Darstellung fokussiert das „Wandern" des Kasus-Signals zwischen Artikel-Wort und attributivem Adjektiv nach der Grundregel, dass das Signal nur einmal auftaucht, entweder beim Artikel-Wort oder beim Adjektiv. Es geht also um die richtigen Endungen sowohl der Artikelwörter als auch der Adjektive.

Des Weiteren ist zu beachten und zu lernen, dass die „unmarkierte" Form des Adjektivs gleichwohl eine Endung hat, nämlich *-e* (vgl. die Merkhilfe weiter oben: „Adjektivtabelle") oder *-en.*
Aufgrund dieses Wissens können die Formen erklärt werden. Ob sie auch spontan richtig gebildet werden können, ist eine andere Frage. Nur bei Zeit zum Nachdenken und bei richtiger Anwendung aller Grundregeln kommt es zur fehlerfreien Äußerung, und diese Zeit steht vor allem bei der Formulierung schriftlicher Äußerungen zur Verfügung. Es ist also nötig, auf sehr lange Zeit die Strukturen immer wieder zu üben und zur Erklärung der richtigen Formen die Grundregeln immer wieder aufs Neue anzuwenden. Fehlertoleranz ist also ebenso angesagt wie der Hinweis darauf, dass die Einsicht in die Grundregeln nicht automatisch die Lernprobleme beseitigt.
Etwas einfacher sind die Regeln für den Plural (da hier nicht zwischen den einzelnen Genera zu unterscheiden ist): Die Kasussignale sind *-e, -e, -n.*

AB   **Rückschau**
15er Punkteskala

Punktebewertung für R3: 14–15 Punkte = sehr gut, 12–13 Pkte. = gut, 10–11 Pkte. = befriedigend, 8–9 Pkte. = ausreichend, weniger als 8 Pkte. = nicht bestanden.

Abschlussevaluation

Wie schon in K7 (S. 81) beschrieben, können Sie die alten Rückschauseiten zu einer Schlussevaluation benutzen. Spielplan, Spielregeln und Bewertungsform sind gleich wie in K7.
Erweiterung des Zwischenevaluationsspiels: Kopieren Sie die Rückschauseiten K8–K14. Schneiden Sie die Aufgaben aus (K8: R3, R4 – K9: R3, R4 (2 separate Kärtchen), R5 – K10 : R3 (mit Straßenkarte aus R2), R4 – K 11: R2, R3 – K 12: R2, R3 (2 separate Kärtchen), R4 – K13: R2, R3 – K14: R2, R3), und kleben Sie sie auf Karteikarten (etwa in Größe einer halben LB-Seite). Kleben Sie Partneraufgaben A und B immer auf verschiedene Karten. Wenn A und B nur gemeinsam gelöst werden können, dann stecken Sie die beiden Karten mit Büroklammern zusammen (gilt hier für K9: R4, K10: R3 – K14: R2). Kleben Sie die Sätze unter der Kategorie „Moment mal!" ebenfalls auf Aufgabenkärtchen. Achten Sie darauf, dass Sie nur Aufgaben wählen, die in der Gruppe sinnvoll oder lösbar sind. Benutzen Sie den Spielplan aus dem Testheft, S. 52/53 oder malen Sie einen Plan, etwa wie in K7 (S. 81) erklärt.
Weitere Anweisungen zu Spielregeln und Bewertung s. S. 81 (K7).

AB   **Binnendifferenzierung**

*Ü1, Ü9, Ü10   ***Ü11, Ü15, Ü27

Kapitel 15

Orientierung

Im Zentrum des Abschlusskapitels stehen ein Mensch und eine Stadt: Niklas ist ein junger Mann, dessen Interessen und Aktivitäten so vielfältig und facettenreich sind wie die Stadt Berlin, in der er lebt. Vom Studenten zum Musiker zum Taxifahrer wandelt sich Niklas; Kind schwedischer Eltern im bunten Berlin, passt er sich täglich neuen Situationen an, so wie die Stadt selbst sich auch im Verlauf ihrer Geschichte immer wieder hat verändern müssen. Viele Fotos und Hörtexte machen das K attraktiv, auch wenn eine ganze Menge an sprachlicher und inhaltlicher Wiederholung darin verpackt und verhüllt ist. Thematisch spiegelt sich in diesem K der ganze erste Band. Geben sie den L die Möglichkeit zu zeigen, was sie können – eine gute Motivation fürs Weiterlernen.

Thema

Mit Niklas und Berlin rückt die multikulturelle Realität Europas noch einmal ins Blickfeld. Niklas als Vertreter einer Generation, für die das „Sich-Zurechtfinden" in mehreren Kulturen und Sprachen zur Normalität geworden ist. Berlin als Schmelztiegel verschiedener Kulturen, als Mittelpunkt bei der Vereinigung und als neue Hauptstadt, aber auch mit einem hohen Potential an Konflikten, an Hass und Gewalt. Zum Nachdenken und Diskutieren ist am Schluss des ersten Bandes genug Stoff gegeben. Christo und Jeanne-Claude, beide „Ausländer" (er aus Bulgarien, sie aus Marokko) haben den schweren deutschen Reichstag verhüllt und ihn damit leichter und luftiger werden lassen. Hoffen wir, dass es für die Lernenden genau so leicht wird, mit dem bisher erlernten Sprachmaterial umzugehen.

Landeskunde

Handlungsbereiche des ersten Bandes repetieren und evaluieren

Lernziel

Ziel dieses K ist die Evaluation: Den Lernenden soll am Schluss des ersten Bandes die Möglichkeit gegeben werden, leicht und spielerisch zu überprüfen, was sie im Verlauf von 14 Kapiteln gelernt haben. „Formative Evaluation" meint hier nicht Bewertung im herkömmlichen Sinn, sie soll dazu führen, nachzudenken und Rechenschaft zu geben, wo die L im Lernprozess stehen, wo noch Lücken sind oder was noch einmal wiederholt werden sollte. Diese Art der Evaluation ist für die Lehrenden und die Lernenden Informations- und Planungsinstrument.

Information für die Lehrenden

Habe ich alles gemacht? Was hätte ich anders machen können? Was will ich in Zukunft anders machen?

Information für die Lernenden

Wo habe ich noch Lücken? Was muss ich selbst noch einmal wiederholen? Was sind meine Stärken? Was kann ich schon gut? Was will ich beim Weiterlernen besser machen?

Schwerpunkte, die in diesem K noch einmal aufgegriffen werden:
- Informationen zu Personen (K1 und 3)
- Räumliche Orientierung an einem fremden Ort, Reisen (K 2, 9 und 10)
- Geschichte, zeitliche Abläufe (K4 und 13)
- Hobby, Beruf und Alltag (K4, 11 und 12)
- Landschaft, Natur und Häuser (K7, 8 und 11)
- Fremde Sprachen und Kulturen (K5 und 6)
- Musik, Kunst, Theater (K3, 7, 8 und 13)

Wiederholung

Das Wiederholungsangebot in diesem Kapitel gibt Ihnen die Möglichkeit, selbst zu entscheiden, wo Sie mit den L zusammen Akzente setzten möchten. Die Pfeile in der RS des LB mit den Verweisen auf vorhergehende K können dabei helfen. Wählen Sie unterschiedliche Themen aus, damit allen die Möglichkeit gegeben ist, ihre Stärken und Schwächen am Ende des ersten Bandes zu erkennen. Versuchen Sie, bei den L eine „natürliche" Lese- und Hörhaltung zu schaffen, sodass sie ihre Lernfortschritte genießen können, und verweilen Sie nicht allzu lange bei den einzelnen Aufgaben. Denn der Abschluss des ersten Bandes soll Mut machen für den Start und die Weiterarbeit mit dem zweiten Band.

Rück- und Ausblick

Das Kapitel im Überblick

Erinnerung und Wiederholung
F26/27

A1 Kursstatistik erstellen: Tage und Zeiten notieren; wie viel Zeit für Hausaufgaben?

Name	Stunden im Kurs	Stunden zu Hause

A3 Zuerst Assoziationen zu den Fotos sammeln. Dann zu den einzelnen K in GA mit Hilfe der Randspalten eine Liste der Lernziele und ein Raster zum Ankreuzen erstellen. Wir geben ein Beispiel zu K3:

Ich kann Informationen zu Ort und Zeit geben.
Ich kann die Zahlen.
Ich kann Gefallen/Missfallen ausdrücken.
Ich kann über Musik sprechen.
Ich kann Informationen in einem Text verstehen.
Ich kann meine Meinung sagen.

++	+	–	––

Eine Person beschreiben
F25

A6 Ratespiel mit einer Person aus dem Buch: L suchen individuell oder zu zweit eine Figur aus dem Buch, die sie möglichst präzise, aber doch „verhüllt" beschreiben und im Plenum präsentieren. Die anderen L müssen raten, wer die Person ist und in welchem Kapitel sie auftaucht.

Informationen zu einer Veranstaltung verstehen

A7 Auf der Einladung rechts oben im LB steht der Satz: „Get up and grove." Das lässt sich etwa übersetzen mit „Kommt her und schwingt mit."

Über historische Ereignisse sprechen

A11
A17 Hausaufgabe: Gibt es ähnlich wichtige historische Ereignisse im eigenen Land? Kurzvortrag mit Hilfe von Notizen vorbereiten. Lassen Sie die L zunächst aus ihren Ländern berichten. Regen Sie, falls die L dies nicht von sich aus tun, dazu an, mögliche Verbindungen und Zusammenhänge zwischen den Ereignissen in den verschiedenen Ländern herzustellen. →

Über Sprachen sprechen

A13 Kursstatistik erstellen: Wie viele Sprachen werden durchschnittlich im Kurs gesprochen? Erstsprachen? Zweitsprachen usw. Welche?

Name	Muttersprache	Fremdsprachen

Orientierung: Ort, Weg, Sehenswürdigkeiten

A15 Was sind Sehenswüdigkeiten? Wortigel machen und mit Hilfe anderer K (z.B. K2) ergänzen.

A16 Welche Städte, Regionen und Landschaften der deutschsprachigen Länder haben die L bis jetzt kennen gelernt? Welche fehlen noch?

A22 Wahrnehmungstraining: Gegenstand im Kursraum 3 Minuten genau anschauen und anschließend verhüllen. Verhüllten Gegenstand in Gruppen beschreiben. Was passiert durch Verhüllen von Gegenständen im Klassenzimmer? Wie verändern sich die L und die Gegenstände? Was passiert durch Enthüllen? Variante: Alltagsgegenstände verhüllen (z.B. die eigene Uhr), verhüllte Gegenstände in Kleingruppen beschreiben und Notizen machen; Enthüllen und Notizen überprüfen.

TH **Test** Abschlusstest im Testheft, S. 47ff., Testspiel S. 52ff.

Ideen – Vorschläge – Bemerkungen – Zusatzmaterial

Realien zur Informationsentnahme (Wer? Wann? Wo? Was?):

Informationen zu A7
einer Veranstaltung
verstehen

Texte zur Mauer- A11
öffnung 1989

Freitag, 10. November 1989

Die Tageszeitungen berichten nur knapp von einer neuen Reiseregelung. Rundfunk und Fernsehen berichten ununterbrochen von Hunderttausenden von DDR-Besuchern, die Westberlin und die grenznahen Orte Westdeutschlands überfluten.

In der ganzen Stadt gibt es nur noch ein Gesprächsthema. Die Straßen und Geschäfte in Ostberlin wirken wie ausgestorben. In der – freitags sonst überfüllten – Kaufhalle frage ich eine Verkäuferin, ob das heute den ganzen Tag so ruhig bleiben wird. Nein, sagt sie, kann nicht sein, die Leute müssen sich ja was zu essen kaufen, die hundert Mark West reichen dafür nicht.

Die Bürger aus der DDR erhalten in Westberlin und Westdeutschland ein „Begrüßungsgeld" in Höhe von 100 DM pro Jahr. Vor den auszahlenden Banken gibt es lange Schlangen. Die DDR-Währung ist nicht konvertierbar, eine Binnenwährung, die auf dem Schwarzen Markt derzeit in einem Verhältnis von 1:10 getauscht wird. Um einen Betrag zu tauschen, für den ein westdeutscher Arbeiter eine Stunde arbeiten muß, muß ein DDR-Arbeiter etwa 30 Stunden arbeiten. Andrerseits kann ein Westdeutscher für einen (westdeutschen) Pfennig sich im Osten zwei Brötchen kaufen, für die er daheim 50 Pfennige zahlen müßte.

Das Wirtschafts- und Währungsgefälle nutzten bislang vor allem die Angehörigen der westlichen Besatzungsmächte. US-Soldaten können sich für einen einzigen umgetauschten Dollar in den besten Restaurants ein ganzes Menü bestellen. Und zum Ärger der Ostberliner ziehen sie danach am Abend mit den extrem preiswert eingekauften Waren in riesigen Paketen aus Ostberlin wieder in ihre Westberliner Kaserne.

(aus: Christoph Hein, Als Kind habe ich Stalin gesehen. Aufbau Verlag, Berlin und Weimar 1990)

Aufgabe: Lassen Sie die L zentrale Informationen in dem Text suchen. Welche Vorteile ergeben sich für die „Wessis", welche für die „Ossis"? (In den Texten von Christoph Hein und Cees Nooteboom haben wir die Rechtschreibung bewusst nicht aktualisiert, ebenso sind wir bei den Zeitungsartikeln auf S. 129 und 132 verfahren.)

Vorteile Wessis	Vorteile Ossis

Cees Nooteboom: Berliner Notizen

Die L versuchen, anhand von Schlüsselwörtern/Schlüsselsätzen, die Texte zeitlich zu ordnen:

vor 1989 (Mauer existiert noch)	nach 1989 (Mauer geöffnet)

① Jemand macht einen Witz: West-Berlin, über eine Million freie Menschen in einem Käfig. So empfindet man es nicht immer, komischerweise nur dann, wenn man aus der Stadt hinausfährt, obwohl es just nicht meine Freiheit ist, in die ich dann hineinfahre. Ich muß für eine Lesung nach Kiel und habe beschlossen, das mit dem Auto zu tun. Berlin/Hamburg ist eine der drei Transitmöglichkeiten, und diese Strecke bin ich noch nicht gefahren. An manchen Teilen der Autobahn, die man nicht und nirgends verlassen darf (merkwürdig, wie schnell man so etwas Unvorstellbares akzeptiert), ist man nur etwa siebzig Kilometer von der Ostsee entfernt, und ohne sofort sagen zu können, warum, vermittelt mir das ein abenteuerliches Gefühl.

② Jeden Augenblick gibt es neue Ereignisse, Berichte, wenn ich aus dem Haus gehe, bin ich innerhalb weniger Minuten Teil einer wogenden Menge, wird mir aus Zeitungsschlagzeilen zugeschrien: *Abschied von der Insel. Deutschland umarmt sich. Das Volk hat gesiegt. Achthunderttausend eroberten West-Berlin.* Vor und in den Banken und Postämtern lange Reihen von DDR-Bürgern, die ihr Begrüßungsgeld abholen.

③ Bald gibt es keine Mauer mehr, bald ist es ein Land. Aber auch wenn die Mauer nicht mehr steht, in den Köpfen wird sie weiterexistieren, es wird lange dauern, bis die beiden Deutschland auch da ineinandergesickert sind, ...

④ Wenig Verkehr. Genug Zeit zum Nachdenken. Auch an den wenigen Autos sieht man die Unterschiede der beiden Länder desselben Landes. Der Trabant ist ein ulkiges Vehikel, beinah rührend. Die anderen, in ihren emblematischen Mercedessen, Audis, BMWs, fühlen sich bestimmt überlegen. Etwas jedoch fehlt hier zum Glück, das hysterische, aggressive Rasen und Drängen auf den westdeutschen Autobahnen.

(aus: Cees Nooteboom, Berliner Notizen, edition Suhrkamp 1639. © Suhrkamp Verlag, Frankfurt am Main 1991)

Die folgende Zeittafel können Sie für Ihre L kopieren:

1. 9. 1939   Deutschland beginnt mit dem Überfall auf Polen den Zweiten Weltkrieg

8. 5. 1945   Kapitulation der deutschen Wehrmacht; Deutschland wird in vier Besatzungszonen geteilt

1948/49   Blockade Berlins durch die UdSSR, Versorgung aus der Luft (durch USA und Großbritannien); Teilung Berlins in Ost und West

24. 5. 1949 Gründung der Bundesrepublik Deutschland (BRD), Beitritt zur NATO	7. 10. 1949 Gründung der Deutschen Demokratischen Republik (DDR)
	17. 6. 1953 Volksaufstand in der DDR, UdSSR-Armee greift ein
	14. 5. 1955 Mitbegründung des Warschauer Pakts durch die DDR
	13. 8. 1961 Baubeginn der Berliner Mauer
1970 Bundeskanzler Willy Brandt beginnt die Entspannungspolitik mit dem Osten (Polen, DDR)	
	Sommer 1989 Beginn der Bürgerproteste und Demonstrationen, Flucht vieler DDR-Bürger über Ungarn und Österreich in die BRD
	9. 11. 1989 Öffnung der Grenzen der DDR und der Berliner Mauer
	3. 10. 1990 Beitritt der DDR zur BRD, Vereinigung beider deutscher Staaten

1991   Berlin wird die neue Hauptstadt der Bundesrepublik Deutschland

A22 Verhüllung des Berliner Reichstags

Zusätzliche Information für Lehrende:

Größtes Kunstereignis „seit Wagner"

Weltweites Medienecho auf die Verhüllung des Reichstags in Berlin

(dpa) Der von Christo und Jeanne-Claude verhüllte Berliner Reichstag schmückt weltweit die Titelseiten der Zeitungen. Rund um den Globus findet das Kunstwerk Beachtung, erntet überschwengliche Kritiken und rückt mit Reportagen, Fotos und Fensehberichten zugleich die deutsche Hauptstadt – meist positiv – ins Blickfeld.

Auch die „New York Times" plazierte Christos spektakuläres Verhüllungswerk auf der ersten Seite. „Die Verhüllung ist zugleich ein Kunstwerk, ein kulturelles Ereignis, ein politisches Happening und ein ambitiöses Stück Business", beobachtete das Blatt aus New York, der Heimatstadt des Künstlerpaares. Das Kunstwerk habe Berlin mehr in Festtagsstimmung versetzt als irgendetwas seit dem Fall der Mauer vor fünfeinhalb Jahren. Christo und Jeanne-Claude würden in Berlin behandelt wie Rockstars. „Das Gebäude schimmert, wo es einst solide war, verfeinert, wo es einst groß und schwer war. Aber es hat nichts von seiner Macht verloren."

Die „Washington Post" widmete sich dem Auftreten Jeanne-Claudes und der neuen gemeinsamen Autorenschaft des Paars. „Nach fast vier Jahrzehnten als des Gatten knallharte Business-Managerin im kreativen Schatten, pocht Jeanne-Claude jetzt auf ihren rechtmäßigen Platz als eine künstlerische Mitverschwörerin." Die Verhüllung sei das publicity-trächtigste künstlerische Unternehmen in Deutschland, seit Richard Wagner vor mehr als einem Jahrhundert das Bayreuther Opernhaus gebaut habe.

In Frankreich schrieb die linksliberale „Liberation": „Malerei, Skulptur, Architektur, alles hüllt sich in die Stoffbahnen des Reichstags wie ein Gruß der Künste an die neue deutsche Demokratie." Das Blatt wertete die Verhüllung des Reichstags in mehr als einer Hinsicht als einen Höhepunkt in der Karriere Christos, der 1985 den Pariser Pont Neuf verhüllt hatte.

Die Mailänder Tageszeitung „Corriere della Sera" bezeichnete den Reichstag als Metapher für „Glorie und Schande des modernen Deutschland". „Ein Schleier legt sich über das Feuer, das die Nazis an die Macht gebracht hat; die Bomben, die das Dritte Reich in die Knie zwangen; die Roten Fahnen, die die Teilung verkündeten, und die Trikolore der Nacht der Vereinigung." Die linke liberale Turiner Tageszeitung „La Stampa" findet, daß Christo Deutschland eine historische Gelegenheit gebe, über seine Identität nachzudenken. Der verhüllte Reichstag scheine ein angemessenes Symbol für die Stadt zu sein, die sich darauf vorbereite, die jüngste Hauptstadt Europas zu werden.

Die spanische „El Pais" schlug vor, den spanischen Regierungspalast „Moncloa" zu verhüllen, damit er als Kunstwerk ohne Hass betrachtet werden könne. Im übrigen aber bemängelte das Blatt die überhöhten Hotelpreise in Berlin und die schlechte Bezahlung der Helfer am Reichstag. Auch die österreichische Presse fragt, was Christo in Wien verhüllen sollte. Der „Standard" titelte: „Das Raumschiff ist gelandet." Fortlaufend berichten auch die niederländischen Medien, vor allem auch in zahlreichen Fernsehberichten. „Ignorant" fand „De Telegraaf" die Haltung Berlins, das von Christo ein Weltkulturereignis geboten bekomme, ihn aber kaum unterstütze.

Landshuter Zeitung, 29. 6. 95

| | | |

1935 Christo wird am 13. Juni als Christo Javacheff in Gabrovo, Bulgarien, als Sohn einer Industriearbeiterfamilie geboren. Jeanne-Claude, geborene de Guillebon, Tochter einer französischen Soldatenfamilie, kommt am 13. Juni in Casablanca, Marokko, zur Welt.

1952 Jeanne-Claude: Baccalauréat in Latein und Philosophie an der Universität Tunis.

1953–56 Christo: Studium an der Akademie der Künste in Sofia.

1956 Christo in Prag.

1957 Christo studiert ein Semester an der Kunstakademie in Wien.

1958 Christo kommt nach Paris; Jeanne-Claude und er lernen sich dort kennen. Erste Pakete und „Verhüllte Objekte".

1960 Geburt ihres Sohnes Cyril am 11. Mai.

1962 „Eiserner Vorhang – Mauer aus Ölfässern" als Blockade der Rue Visconti, Paris.
„Gestapelte Ölfässer" in Gentilly bei Paris.
„Verhüllung eines Mädchens" in London.

1964 Christo, Jeanne-Claude und Cyril nehmen ihren festen Wohnsitz in New York City.

1966 „Luftpaket" und „Verhüllter Baum" im Stedelijk-van-Abbe Museum, Eindhoven.
„1200 Kubikmeter Paket", Walker Art Center, Kunstschule Minneapolis.

1968 „Verhüllter Brunnen" und „Verhüllter mittelalterlicher Turm", Spoleto, Italien.
Verhüllung eines öffentlichen Gebäudes: „Kunsthalle Bern". „5600 Kubikmeter Paket" für die documenta 1, Kassel, ein 85 m hohes Luftpaket, dessen Fundamente in einem Kreis mit 274 m Durchmesser arrangiert waren.

1969 „Verhülltes Musuem für zeitgenössische Kunst" in Chicago.
„Verhüllter Fußboden und Treppe" mit 260 qm Abdeckplane, Museum für zeitgenössische Kunst, Chicago.
„Verhüllte Küste", Little Bay, 92 900 qm Sydney, Australien", Gewebe für Erosionsschutz und 58 km Seil.

1970 Verhüllte Denkmale in Mailand: Denkmal für Vittorio Emanuele, Piazza Duomo; Denkmal für Leonardo da Vinci, Piazza Scala.

1971 „Verhüllte Fußböden", Haus Lange, Krefeld.

1972 „Valley Curtain, Grand Hogback, Rille, Colorado, 1970–72". Breite: 381–417 m, Höhe: 56–111 m, 18 580 qm Nylon-Polyamid, 49 896 kg Stahlkabel, 813 Tonnen Beton.

1974 „Die Mauer, Verhüllte Römische Mauer, Via V. Veneto und Villa Borghese, Rom".
„Ocean Front, Newport, Rhode Island" 13 935 qm fließendes Polypropylen-Gewebe über dem Meer.

1976 „Laufender Zaun. Sonoma and Marin Counties, Kalifornien 1972–76". 5,5 m hoch und 39,4 km lang. 185 800 qm Nylongwebe, 145 km Stahlkabel, 2050 Stahlpfähle, jeder davon 9 cm Durchmesser und 6,40 m Länge.

1978 „Verhüllte Parkwege, Loose Park, Kansas City, Missouri, 1977–78". 12 542 qm Nylongewebe über 4,5 km Gehwege.

1983 „Umsäumte Inseln, Biscayne Bay, Greater Miami, Florida, 1980–83". 603 850 qm pinkfarbenes Polypropylengewebe.

1984 „Verhüllte Fußböden und Treppen" des Architekturmuseums in Basel, Schweiz.

1985 „Verhüllter Pont Neuf, Paris, 1975–85", 40 876 qm champagnerfarbenes Polyamidgewebe, 13 076 m Seil.

1991 „Die Schirme, Japan – USA, 1984–91". 1340 blaue Schirme in Ibaraki, Japan; 1760 gelbe Schirme in Kalifornien, USA, Höhe: 6 m, Durchmesser: 8,7 m.

1995 „Verhüllter Reichstag, Berlin 1995". 100 000 qm aluminiumbedampftes Polypropylen-Gewebe, vertäut mit mehr als 150 Kilometern blauem Seil aus Bremen.

Liste der Lerntipps

LT	Thema	Fertigkeit/ GR/WS/AUS	Lern- und Kommunikationstechniken	K	LB S.	AB S.
1	Namen identifizieren	HV	identifzieren	K1	7	5
2	Geräusche, Stimmen, Wörter kombinieren	HV	kombinieren	K2	12	14
3	Wegbeschreibung „links", „rechts", „geradeaus"	SPR	reduzieren	K2	13	16
4	Bestellen im Café	SPR	reduzieren	K2	14	17
5	Internationale Wörter identifizieren → Thema finden	LV	Schlüsse ziehen, kombinieren	K2	15	19
6	Zahlen	HV/SPR	memorieren	K3	20	26
7	Ähnliche Wörter in verschiedenen Sprachen	HV/LV	vergleichen	K3	21	29
8	Textsorte und wichtige Informationen erkennen	LV	identifizieren, Vorwissen aktivieren	K3	21	29
9	Akzentvokal markieren	AUS	Lerntechnik: Notation	K3	22	32
10	Uhrzeit memorieren	WS	Lernmöglichkeiten im Alltag erweitern	K4	24	35
11	Struktursignale in Texten	LV	identifizieren, strukturieren	K4	27	40
12	Wörter ordnen	WS	Lerntechnik: Ordnen	K4	27	39
13	Trennbare Verben	WS/GR	Lerntechnik: Notation	K4	29	37
14	Substantivformen	WS/GR	Lerntechnik: Memorieren	K4	29	41
15	Informationen notieren	HV	strukturieren, konzeptualisieren, Mind-map, Wort-Netz	K5	31	49
16	Eigenes Lernen planen		Lernorganisation	K6	36	54
17	Wortschatzlernen mit Bildern	WS	Sensomotorik einsetzen	K6	38	58
18	Präpositionen mit Dativ	WS/GR	memorieren	K6	41	56
19	Texte sprechen	AUS	laut sprechen, sich in Situationen einfühlen, experimentieren	K7	46	72
20	Präpositionen „in" und „an"	WS/GR	memorieren	K8	52	80
21	Komposita	WS	analysieren, kombinieren	K8	52	84
22	Schwierige Wörter	WS/AUS	memorieren, repetieren	K8	53	86
23	Wörter in Paaren, Kollokationen	WS	kombinieren, memorieren	K9	58	93
24	Unregelmäßige Verben	WS/GR	memorieren	K9	59	94
25	Wörter erschließen, Wörterbuch benutzen	WS	induzieren, ableiten, Hilfsmittel benutzen	K9	59	96
26	Blickkontakt in direkter Kommunikation	SPR	Kommunikation optimieren	K9	60	98
27	Wörter thematisch lernen	WS	kombinieren, assoziieren, memorieren	K10	67	107
28	Aussprache üben	AUS	kreativ sein, regelmäßig wiederholen, Hilfe suchen	K10	68	110
29	Komposita	WS	fragmentieren, analysieren	K11	76	118
30	Ausdrucksmöglichkeiten erweitern	AUS	variieren, aktiv ausprobieren	K11	77	120
31	Reflexive Verben	WS/GR	individualisieren, kontextualisieren, memorieren	K12	81	126
32	Textsorte „Rezept"	SPR/SCHR	Textsorte und Ausdrucksmittel kombinieren	K12	82	127
33	Zeitangaben und Präpositionen	GR/WS	systematisieren, memorieren	K12	84	129
34	Präpositionen	GR/WS	visualisieren, memorieren	K12	86	129
35	Kreativer Umgang mit Sprache	SPR/AUS	Mimik, Gestik, Körper einsetzen	K13	93	139
36	Mit dem Körper lernen	WS	assoziieren, synthetisieren	K14	97	144
37	Attributives Adjektiv	GR	kombinieren, generalisieren	K14	102	149

LT = Lerntipp, HV = Hörverstehen, SPR = Sprechen, LV = Leseverstehen, SCHR = Schreiben

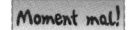

Im Folgenden sind alle Hörtexte zu den Cassetten 1.1–1.4 abgedruckt, die nicht im Lehr- oder Arbeitsbuch vollständig wiedergegeben sind. Der Abdruck ist nach Kapiteln geordnet. Sie finden zu jedem Kapitel zunächst die Transkripte zu den Lehrbuch-Cassetten (1.1), dann die zur Arbeitsbuch-Cassette (1.2), zur Aussprache-Cassette (1.3), wenn nötig, und zur Testheft-Cassette (1.4). CD-Benutzer/innen finden die Angaben zur Nummerierung der CDs und der Aufteilung der Texte auf die CDs in den CD-Inlays.

Kapitel 1

Lehrbuch-Cassette 1.1 (1)

A1 Hören Sie und schauen Sie.
Begrüßen: Was sagt Maria? Was sagt Yves?

○ Guten Tag! Ich bin Jenny.
● Hej! Ik heta Anders!
□ Merhaba! Ich heiße Bilge.
■ Ahoj! Já se jmenuji Zdenky.
○○ Servus! Ich heiß(e) Anna.
●● Grüezi! Ich heiße Urs Hiestand.
□□ Buenos dias. Me llamo Maria.
■■ Bonjour! Je m'appelle Yves Pelletier.
○□ Hello! I'm Elizabeth Lainsbury.

A4 Hören Sie. Länder und Städte.

Im Süden:
Im Süden von Europa liegt Italien.
Die Hauptstadt von Italien ist Rom.
Im Süden von Europa liegt auch Spanien.
Die Hauptstadt ist Madrid.
Im Süden liegt auch Portugal mit der Hauptstadt Lissabon.
Im Süden liegt auch Athen, die Hauptstadt von Griechenland.

Im Westen:
Im Westen von Europa liegt England.
Die Hauptstadt von England ist London.
Im Westen liegt auch Irland.
Die Hauptstadt von Irland ist Dublin.
Im Westen von Europa liegt auch Frankreich.
Die Hauptstadt von Frankreich ist Paris.

Im Norden:
Im Norden von Europa liegt Island.
Die Hauptstadt von Island ist Reykjavik.
Im Norden liegt auch Norwegen.
Die Hauptstadt von Norwegen ist Oslo.
Im Norden von Europa liegt auch Schweden.
Die Hauptstadt von Schweden ist Stockholm.

Im Osten:
Im Osten von Europa liegt Rumänien.
Die Hauptstadt von Rumänien ist Bukarest.
Im Osten liegt auch Litauen.
Die Hauptstadt von Litauen ist Wilna.
Im Osten von Europa liegt Russland,
Russland mit der Hauptstadt Moskau.
Und im Osten liegt auch Ankara, die
Hauptstadt der Türkei.

In der Mitte – im Zentrum:
In der Mitte von Europa liegt Österreich.
Die Hauptstadt von Österreich ist Wien.
Im Zentrum liegt auch die Schweiz,
die Schweiz mit der Hauptstadt Bern.
Auch Deutschland liegt in Mitteleuropa.

Die Hauptstadt von Deutschland ist Berlin.
Im Zentrum liegt auch die Tschechische
Republik mit der Hauptstadt Prag.

A19 Wortnetz „Deutschkurs".
Hören und lesen Sie die Wörter.

hören
  Ich höre.
  Ich höre Wörter.
  Ich höre die Lehrerin. Sie spricht.
  Ich höre die Cassette.

lesen
  Ich lese.
  Ich lese ein Wort.
  Ich lese einen Text.

schreiben
  Ich schreibe.
  Ich schreibe Wörter.

notieren
  Ich notiere.
  Ich notiere Informationen.

ergänzen
  Ich ergänze das Verb.
  Ich ergänze einen Text.

markieren
  Ich markiere das Verb.
  Ich markiere einen Rhythmus.

üben
  Ich übe Grammatik.
  Ich übe die Aussprache.
  Ich mache Übungen.

sprechen
  Ich spreche.
  Ich spreche Deutsch.
  Ich spreche mit der Partnerin.

fragen
  Ich frage die Lehrerin.
  Ich frage den Partner.

antworten
  Die Lehrerin antwortet.
  Der Partner antwortet.

spielen
  Wir spielen.
  Wir spielen Dialoge.
  Wir spielen in der Gruppe.

Arbeitsbuch-Cassette 1.2

Ü26 Informationen notieren und weitergeben. Hören Sie und notieren Sie.

1
● Hallo, wie heißt du?
○ Maria.
● Und woher kommst du?
○ Aus Barcelona.
● Wo wohnst du denn?
○ Hier in Berlin: Kafkastraße 5.

2
● Guten Tag.
○ Guten Tag, wie ist Ihr Name?
● Pelletier.
○ Wie bitte?
● Yves Pelletier: P – e – l – l – e – t – i – e – r.
○ Sie kommen aus Frankreich?
● Ja, aus Paris.
○ Und wo wohnen Sie?
● In Genf, in der Schweiz.

3
● Guten Tag, wie ist Ihr Name, bitte?
○ Silvia Meier, aus Bozen.
● Und wo wohnen Sie?
○ In Innsbruck.
● Und die Adresse, bitte?
○ Lindenstraße 9.
● Also: Silvia Meier, Lindenstraße 9, Innsbruck.
○ Ja.
● Danke.

Testheft-Cassette 1.4

T1 Woher kommen die Personen? Markieren Sie.

○ Guten Tag. Ich heiße Thomas. Ich komme aus Deutschland.
● Hallo, ich heiße Richard Trim. Ich komme aus England, aus London.
□ Hallo, ich heiße Nuki. Ich komme aus Indonesien.
■ Hallo, mein Name ist Maria. Ich bin aus Polen, meine Heimatstadt ist Zamość.
○○ Guten Tag. Ich heiße Ronny, ich bin indonesisch. Ich komme aus Surabaya.
●● Hallo. Ich heiße Jennifer. Ich komme aus Amerika.
□□ Hallo, ich heiße Claudrey. Ich komme aus der Schweiz und lebe in Freiburg.

Sie hören den Text noch einmal.

T2 Welche Namen und Städte hören Sie? Kreuzen Sie an.

○ Stellen Sie sich bitte vor!
● Ja, hallo, ich bin die Claudia und ich komme aus Hamburg.
□ Ja, guten Abend. Ich heiße Barbara und ich lebe in Berlin.
■ Hallo, ich bin die Jasmin aus Frankfurt.

Sie hören den Text noch einmal.

T3 Welche Sprachen sprechen die Personen? Kreuzen Sie an.

Ich lebe in Deutschland, und ich bin Italiener. Mein Vater kommt aus Italien, meine Mutter aus Deutschland. Ich spreche Deutsch und Italienisch. In der Schule lerne ich Englisch.
Also, ich lebe jetzt 1 Jahr in England. Ich spreche also Englisch und natürlich Deutsch, denn ich bin Österreicherin. Ich kann auch etwas Spanisch.
Ich lerne gerne Sprachen. Ich spreche Französisch und Spanisch. – Ach ja, ich spreche auch Deutsch.
Ich lebe in Berlin, komme aus Dresden. Ich spreche Russisch und etwas Italienisch.

Kapitel 2

Lehrbuch-Cassette 1.1 (1)

A6 Suchen Sie den Weg vom Hauptbahnhof zum Hotel. Ist das weit?

● Und wo liegt das Hotel genau?
○ Schauen Sie … hier …, das ist ganz einfach: Gehen Sie die Kettwiger Straße Richtung Zentrum. Da ist der Markt. Und da gehen Sie links über den Kennedyplatz zum Salzmarkt … Schauen Sie … Und da beginnt die Logenstraße. Das Hotel hat … äh – Moment mal – die Nummer 18.
● Und ist das sehr weit?
○ Nein, zu Fuß etwa 15 Minuten – aber mit dem Taxi sind es …

A19 Orientierung.
a) Was sucht die Frau? Folgen Sie auf dem Stadtplan.

Sehen Sie hier das ① auf dem Stadtplan. Das ist die City-Information. Sie gehen kurz nach rechts und dann gleich nach links. Da ist ein Platz, der Stadtplatz, und dort gehen Sie nach rechts. Das ist die Kirchgasse. Und da sehen Sie gleich links eine Straße: Das ist schon die Museumsstraße. Und da links, da ist dann das …

b) Was sucht der Mann?

Wir sind hier in der Goethe-Straße: City-Information. Sie gehen gleich nach links, bis zur Hauptstraße. Sehen Sie, da vorne, das ist die Hauptstraße. Dann nach links, und da sehen Sie links die Theatergasse. Sie gehen Richtung Marktplatz, vorbei am Theater und dann über den Marktplatz. In der Bahnhofstraße, direkt beim Bahnhof – ja, genau da – sehen Sie rechts die Schloßstraße. Und dort ist Ihr Hotel, das Hotel „Europa".

Arbeitsbuch-Cassette 1.2

Ü2 Fragen: Hören Sie.

● Guten Tag.
○ Guten Tag. Ja, bitte?
● Ich suche ein Doppelzimmer für etwa 70 Euro.
○ Moment bitte, da habe ich zwei Hotels, das Hotel Ambassador, da kostet das Doppelzimmer 60 Euro, und das Hotel Europa, da kostet das Doppelzimmer 80 Euro.
● Liegt das Hotel Ambassador im Zentrum?
○ Nein, aber das Hotel Europa liegt im Zentrum.

● Gut, dann nehme ich das Hotel Europa. Reservieren Sie bitte für mich?
○ Gerne. Wie ist Ihr Name, bitte?
● Martin Baumgartner.

Ü11 Hören Sie das Gespräch und kreuzen Sie an.

● Guten Abend, was möchten Sie, bitte?
○ Einen Tee, bitte.
● Mit Milch oder mit Zitrone?
○ Mit Milch. Und … äh … eine Mini-Pizza.
■ Und ich nehme einen Salat und ein Sandwich.
● Mit Salami? Mit Käse? Mit …?
■ Mit Schinken. Und ein Bier, bitte.

Testheft-Cassette 1.4

T1   Was möchten die Personen? Kreuzen Sie an.

Dialog eins

○ Was nimmst du?
● Cola. Und du?
○ Oh, ich nehme einen Cappuccino.
□ Guten Tag, was möchten Sie?
● Eine Cola, bitte. Und einen Salat.
□ Gern. Und Sie, was möchten Sie?
○ Ich nehme einen Cappuccino und ein Sandwich.
□ Ja, gern. Also: eine Cola und einen Salat und einen Cappuccino mit Sandwich.
○ Mhm.

Dialog zwei

● Guten Tag. Was nehmen Sie?
○ Ich nehme … äh … einen Tee mit Milch und ein Sandwich. Welche Sandwichs haben Sie?
● Wir haben Sandwich mit Käse, mit Schinken, mit Salami und Salat-Sandwich.
○ Mhm, ich nehme ein Käse-Sandwich.
● Ja, gern. Also Tee mit Milch und ein Sandwich mit Käse?
○ Ja, bitte.

Dialog drei

○ Guten Abend.
● Guten Abend. Sie wünschen?
○ Ich suche ein Hotelzimmer.
● Ein Einzelzimmer oder ein Doppelzimmer?
○ Ein Doppelzimmer für etwa 75 Euro.
● Da gibt es eins im Hotel International für 70 Euro.
○ Wo liegt das Hotel?
● Das ist am Bahnhof.
○ Gut, das nehme ich. Reservieren Sie bitte ein Zimmer für mich?
● Ja gerne. Also ein Doppelzimmer im Hotel International am Bahnhof. Wie ist Ihr Name?
○ Müller …

T2   Wegbeschreibungen. Hören Sie. Markieren Sie den Weg auf dem Plan.

Eins: Bahnhof

Entschuldigung, wie komme ich zum Bahnhof?
Der Bahnhof? Moment. Gehen Sie gleich links, dann rechts, dann wieder links. Da ist links der Bahnhof.
Vielen Dank.
Bitte.

Zwei: Hotel

○ Entschuldigung.
● Ja, bitte?
○ Ich suche das Hotel Central.
● Hotel Central? Ach, das ist im Zentrum. Gehen Sie rechts, dann links, dann wieder rechts. Dann ist rechts das Hotel.
○ Also rechts, links, rechts?
● Ja! Das ist bei der Kirche.
○ Vielen Dank! Auf Wiedersehen.
● Auf Wiedersehen!

Drei: Kino

○ Entschuldigung, ich suche das Kino. Cinema 1.
● Mhm. Cinema 1? Das ist am Bahnhof. Gehen Sie links, dann rechts, dann geradeaus. Da ist gleich rechts das Kino.
○ Danke.

Vier: Post

○ Entschuldigung, wo ist die Post, bitte?
● Die Post? Gehen Sie rechts, dann links und dann immer geradeaus. Da ist die Post.
○ Also, ich gehe links, links und immer geradeaus?
● Nein, Sie gehen rechts, links und geradeaus.
○ Ach so! Vielen Dank. Auf Wiedersehen.

Fünf: Museum

○ Entschuldigung, wo ist das Museum?
● Das Museum? Ja, das ist in der Dürerstraße. Da gehen Sie hier geradeaus und dann rechts. Da ist rechts das Museum. Das sehen Sie.
○ Also, ich gehe hier geradeaus und dann rechts?
● Ja.
○ Vielen Dank!

Sechs: Theater

○ Entschuldigung, zum Theater, wie komme ich zum Theater?
● Ähm. Also, da gehen Sie hier nach rechts und dann immer geradeaus. Dann gehen Sie nach rechts und dann sofort wieder nach rechts. Da ist das Theater.
○ Also, ich gehe hier nach rechts, immer geradeaus? Ist das weit?
● Nein, es geht.
○ Vielen Dank!

Kapitel 3

Lehrbuch-Cassette 1.1 (1)

A2 a) Hören Sie ein Interview:
Wo spielen die „Young Gods" im April?
Wann sind sie in Japan?

○ … die „Young Gods" auf Welttournee in vier Kontinenten: in Eurpa, in Amerika, in Australien und in Asien. Franz, spielt ihr zuerst in Europa?
● Ja, wir machen zuerst eine Klubtour in der Schweiz, das sind 5 Konzerte im Januar. Im Februar spielen wir zwei Wochen in England, dann zwei Tage in Holland; und im März gehen wir 10 Tage nach Deutschland, und dann zwei Wochen nach Frankreich.
○ Und dann geht ihr auf Welttournee?

● Ja, im April startet die Welttournee: Zuerst gehen wir
7 Wochen nach Amerika, und im Mai und im Juni zwei
Wochen Australien und eine Woche Japan.
○ Nach Japan gibt es eine Pause?
● Nein, im Juni, Juli und August sind die Festivals in Europa,
da machen wir etwa 10 Open-Air-Konzerte in England,
in Deutschland und in der Schweiz.
○ Und wie geht es dann weiter?
● Also, im August sind wir 6 Tage im Norden: in Schweden,
Norwegen und Finnland. Und dann im September sind wir
in Österreich, Ungarn, in der Tschechischen Republik und
in Polen. Im Oktober spielen wir noch 10 Tage im Süden,
in Spanien und in Portugal. Und dann ist Schluss!
○ Franz, die Welttournee der „Young Gods" dauert
10 Monate, ihr seid 10 Monate unterwegs, von Januar bis
Oktober, immer „on the road"; wie viele Konzerte sind
das?
● Ich weiß es nicht. Vielleicht achtzig, vielleicht hundert, ich
weiß es nicht …

A4 Informationen zu Personen.
Wer ist das? Wer sind die „Young Gods"?

● Hallo, ich heiße Franz, Franz Treichler, und ich bin der
Sänger bei den „Young Gods" – äh … meine Kollegen
sind Üse, Urs Hiestand, der spielt Schlagzeug, – und
Alain, der spielt Sampler. Ich bin dreißig Jahre alt und ich
komme aus Genf. Genf liegt im Westen der Schweiz;
meine Muttersprache ist Französisch, ich singe auch
Englisch und Deutsch.
○ Mein Name ist Alain, Alain Monod. Ich bin dreiund-
dreißig, und ich komme aus Fribourg in der Schweiz.
Da spricht man Deutsch und Französisch. Meine Mutter-
sprache ist Französisch. Bei den „Young Gods" spiele ich
Sampler.
■ Ich heiße Urs Hiestand. Ich spiele Schlagzeug bei den
„Young Gods". Ich bin siebenundzwanzig Jahre alt und
wohne in Zürich. In Zürich spricht man Deutsch. Meine
Muttersprache ist Züridütsch. Mit Franz und Alain rede ich
oft Englisch.

A7 Zahlen verstehen.
Welche Zahlen hören Sie?

○ Die „Young Gods" sind Spezialisten für Sampling.
Was ist das? Was ist Sampling?
● Sampling ist eine Verbindung zwischen Musik und
Computer. Hör mal: Wir machen für „Moment mal!" einen
Computermix mit den Zahlen.
(Aus dem Gemix heraus zu hören sind:)
1 – 3 – 5 – 7 – 8 – 9 – 10 – 11 – 12 – 13 – 15 – 20.

A8 b) Interview 2: Vergleichen Sie.

● Wie heißt du?
○ Mario.
● Und woher kommst du?
○ Aus Innsbruck.
● Wie alt bist du?
○ Siebenundzwanzig.
● Und wie findest du die „Young Gods"?
○ Ich find sie gut, aber sie spielen zu laut. Das Konzert ist
sehr laut.
● Hörst du gern Musik?

○ O ja, ich mache auch selbst Musik: Ich spiele Klavier in einer Jazz-Band. Wir spielen aber auch Volksmusik aus Italien.

A8 c) Interview 3: Lesen Sie die Notizen.

● Viktoria, wie findest du das Konzert?
○ Es geht. Nicht schlecht.
● Und Sampling? Hast du das gern?
○ Ja, die Mischung von Musik und Computer finde ich sehr
gut.
● Und welche Musik hörst du gern?
○ Klassik und auch Volksmusik; Blues finde ich Spitze!
● Wie alt bist du?
○ Siebzehn.
● Vielen Dank, Viktoria.
○ Bitte.

A13 Meinungen sagen.

Und wie finden Sie die Musik der „Young Gods"? Hören Sie
von der CD „Only Heaven" das Stück Nr. 8, „Lointaine".

Arbeitsbuch-Cassette 1.2

Ü11 Die Telefonauskunft anrufen. Hören Sie und
notieren Sie die Nummer.

Anruf 1
● Auskunft, Sie wünschen?
○ Ich suche die Telefonnummer von Sibylle Wiederkehr in
Zürich.
● Wiederkehr Sibylle in Zürich?
○ Ja.
● Einen Moment bitte. …
Sind Sie noch da?
○ Ja.
● Die Nummer ist null-eins für Zürich, dann zweihundert-
sechsundfünfzig neunundsechzig null-sieben.
○ Moment mal: neunundsechzig null-sieben.
● Ja.
○ Danke, auf Wiederhören!
● Auf Wiederhören!

Anruf 2
● Ja, bitte?!
○ Ich suche die Telefonnummer von Anton Hradlicek in
Wien: Ha, Er, A, De, El, I, Ce, E, Ka – Hradlicek, Anton in
Wien.
● Da habe ich zwei. In der Josefstraße und in der Schiller-
straße.
○ Der in der Schillerstraße.
● Schillerstraße. … Das ist die Nummer null-eins achthundert-
einundsiebzig dreiunddreißig null-fünf
○ Achthunderteinundsiebzig dreiunddreißig null-fünf.
● Genau.
○ Und haben Sie auch die Faxnummer?
● Achthunderteinundsiebzig dreiunddreißig neunzehn.
○ Danke, auf Wiederhören!
● Auf Wiederhören!

Anruf 3
● Telekom-Auskunft Bielefeld. Bitte gedulden Sie sich einen
Augenblick. Platz 49. Guten Morgen!
○ Guten Morgen! Ich brauche die Nummer des Goethe-
Instituts in München, bitte.

● Mmh. Die gewünschte Nummer lautet: 15 92 10. Die Vorwahl lautet: 0 89. Ich wiederhole: Die gewünschte Nummer lautet: 15 92 10. Die Vorwahl lautet: 0 89. Wünschen
Sie weitere Informationen, bleiben Sie bitte am Telefon.

Anruf 4

● Platz 30. Guten Morgen.
○ Guten Morgen! Ich brauche die Nummer der Volkshochschule in Hannover, bitte.
● Die gewünschte Nummer lautet: 1 68 47 83. Die Vorwahl
lautet: 05 11. Ich wiederhole: Die gewünschte Nummer
lautet: 1 68 47 83. Die Vorwahl lautet: 05 11.

Anruf 5

○ Guten Tag! Ich brauche die Nummer der Deutschen
Botschaft in Madrid, bitte.
● Mmh. Für Spanien wählen Sie: 00 34.
○ 00 34.
● Für Madrid die 1.
○ 1.
● Die Rufnummer: 3 19 …
○ 3 19 …
● 91 …
○ 91 …
● 00.
○ 00.
● Die Faxnummer habe ich auch, wenn Sie die brauchen.
○ Au ja, bitte!
● Es ist die gleiche Vorwahl, dann 3 10 …
○ 3 10 …
● 21 …
○ 21 …
● 04.
○ 04. Vielen Dank!
● Bitte.
○ Wiederhören!
● Wiederhören!

Ü18 Deutsche Wörter erkennen:
Welches Wort ist das deutsche Wort?
1, 2, 3 oder 4? Kreuzen Sie an.

A
1 muzyka   (poln.)
2 Musik   (dt.)
3 мýзыка.   (russ.)
4 music   (engl.)

B
1 Konzert   (dt.)
2 concert   (engl.)
3 koncert   (poln.)
4 концéрт   (russ.)

C
1 турнé   (russ.)
2 Tournee   (dt.)
3 tournée   (poln.)
4 tour   (engl.)

D
1 публúчность   (russ.)
2 audience   (engl.)
3 Publikum   (dt.)
4 publiczność   (poln.)

E
1 Instrument   (dt.)
2 instrument   (poln.)
3 instrument   (engl.)
4 инструмéнт   (russ.)

F
1 interview   (engl.)
2 интервью   (russ.)
3 wywiad   (poln.)
4 Interview   (dt.)

G
1 календáрь   (russ.)
2 kalendarz   (poln.)
3 Kalender   (dt.)
4 calendar   (engl.)

H
1 kombinacja   (poln.)
2 combination   (engl.)
3 комбинáция   (russ.)
4 Kombination   (dt.)

Testheft-Cassette 1.4

T1 6 Personen kommen aus einem Konzert.
Wie gefällt den Personen das Konzert?
Kreuzen Sie an.

1
○ Wie findest du das Konzert?
● Toll! Die Musik ist super! Und der Sänger ist so süß!

2
● Nicht so gut. Ich mag lieber Blues.

3
● Gut! Ich mag die Musik.

4
● Nicht schlecht! Ach, ganz gut eigentlich.

5
● Schrecklich! Viel zu laut! Nie wieder!

6
● Echt Spitze! Ein super Konzert! Ganz, ganz toll!

T2 Welche Zahlen hören Sie?
Notieren Sie. Verbinden Sie die Zahlen.

Wir beginnen: 1 – 8 – 20 – 12 – 16 – 33 – 4 – 15 – 19 –
49 – 50 – 24 – 31 – 42 – 21 – 26 – 47 – 18 – 9 – 35 – 1.

T3 Sie hören zwei Anrufe bei der Auskunft.
Notieren Sie die Telefonnummern.

1
○ Telekom Auskunft Traunstein. Bitte gedulden Sie sich einen
Augenblick. Platz 12.
● Grüß Gott.
□ Grüß Gott. Ich hätte gern die Nummer vom Deutschen
Museum in München.
● Einen Moment bitte.

■ Die gewünschte Rufnummer lautet: 2 – 1 – 7 – 9 – 1.
Ich wiederhole: 2 – 1 – 7 – 9 – 1. Die Vorwahl lautet:
0 – 8 – 9. Wünschen Sie weitere Auskünfte, bleiben Sie
bitte am Telefon.

2
○ Telekom Auskunft Kempten. Bitte gedulden Sie sich einen
Augenblick. Platz 29.
● Grüß Gott.
□ Grüß Gott. Ich hätte gern die Nummer von der Alten Oper
in Frankfurt.
● … alte Oper. Alte Oper hab ich jetzt. Einen Moment.
■ Die gewünschte Rufnummer lautet: 1 – 3 – 4 – 0 – 0.
Die Vorwahl lautet: 0 – 6 – 9. Ich wiederhole:
1 – 3 – 4 – 0 – 0. Die Vorwahl lautet: 0 – 6 – 9.

Kapitel 4
Lehrbuch-Cassette 1.1 (1)

A1 Tageszeit, Uhrzeit und Begrüßung/Verabschiedung
a) Wann ist das? Wie spät ist es?

Dialog 1
○ Guten Abend, Max!
● Hallo, Brigitte! Wie geht's dir?
○ Gut. Und dir?
● Ach, schlecht. – Gehen wir ein Bier trinken?
○ Moment, wie spät ist es denn?
● Kurz nach zehn.
○ Gut, gehen wir, aber nicht zu lange.

Dialog 2
○ Guten Tag, Frau Schröder.
● Guten Tag, Frau Bauer. Wie geht's?
○ Gut. Und Ihnen?
● Gut, danke.
○ Übrigens, wie spät ist es?
● Fünf Minuten vor zwölf.
○ Wie bitte?
● Kurz vor zwölf.

Dialog 3
● He, hallo, Brigitte! Wie geht's?
○ Ach, nicht so gut, ich bin müde. Und wie geht's dir?
● Gut. – Und die Musik ist super heute!
○ Ich find sie sehr laut. … Du, wie spät ist es, bitte?
● Moment, jetzt ist es halb zwei.
○ Was, schon halb zwei?! Ich geh nach Hause. Gute Nacht!
● Ja, dann schlaf gut! Gute Nacht! – Möchtest du ein Taxi?

Dialog 4
○ Guten Morgen, Frau Huber. Wie geht's?
● Gut, Frau Bauer, danke. Haben Sie einen Moment Zeit?
Wissen Sie, spät in der Nacht …
○ O nein, Frau Huber, nicht jetzt! Wissen Sie, mein Bus fährt
gleich! Es ist Viertel nach …!
● Was? Es ist schon Viertel nach sieben?
○ Ja, da kommt schon der Bus!

A5 Was passiert? Wann macht Brigitte Bauer was?

○ Was, schon halb sieben?
Ach – noch fünf Minuten …
O nein! Jetzt aber aufstehen! Was, schon zwanzig vor …?

■ Das war der Hit aus dem Jahre 1966: „Good Morning,
America." Es ist jetzt 6 Uhr 56. In vier Minuten gibt es
Nachrichten, bis dann hören Sie noch die …
○ Blablabla! O Gott, Viertel nach sieben!
Guten Morgen, Frau Huber. Wie geht's?
● Gut, Frau Bauer, danke. Haben Sie einen Moment Zeit?
Wissen Sie, spät in der Nacht …
○ O nein, Frau Huber, nicht jetzt! Wissen Sie, mein Bus fährt
gleich. Es ist Viertel nach!
● Was? Es ist schon Viertel nach sieben?
○ Ja, da kommt schon der Bus! … So ein Mist! Und das
heute! Taxi! Taxi!

A9 Wochentage – Datum – Termine: Wann ist der
Termin mit Herrn Dietrich?
Warum sagt Brigitte B. am Telefon:
„Nein, Herr Dietrich! – Moment, sind Sie noch da?"

○ Dietrich.
● Hallo, Herr Dietrich. Hier ist Brigitte Bauer, Contact AG.
Herr Dietrich, der Termin am Dienstagvormittag passt
leider nicht.
○ Moment bitte! – Oh, das ist schlecht! Ich habe schon viele
Termine die Woche.
● Wie ist es am Mittwoch, den fünften März?
○ Am fünften ist alles voll.
● Und am Montag, den dritten?
○ Ja, da geht's. Am Nachmittag, um 17 Uhr 30?
● Oh, das ist gut. Vielen Dank!
○ Also, am Dienstag, um 17 Uhr 30. Auf Wiederhören,
Frau Bauer.
● Nein, Herr Dietrich! – Moment, sind Sie noch da? …

A12 Jemanden einladen. Wen ruft Brigitte Bauer an?
Was sagt sie?

○ Lemper.
● Hallo, Max! Hier ist Brigitte. Du, Max, ich koche
Spaghetti. Kommst du auch?
○ Was, jetzt, heute Abend? – Das ist lieb, aber das geht
leider nicht; ich hab um halb neun einen Termin.
● Ach schade, du hast nie Zeit.
○ Ich nie Zeit? Am Wochenende hab ich Zeit. Viel Zeit!
Gehen wir zusammen …

Arbeitsbuch-Cassette 1.2

Ü6 Wie spät ist es? Notieren Sie.

1
Beim nächsten Ton ist es 14 Uhr 13 Minuten und 20 Sekunden.

2
Beim nächsten Ton ist es 23 Uhr 57 Minuten und 30 Sekunden.

3
● Entschuldigung, wann fährt der Bus?
○ In drei Minuten, um Viertel vor sieben.
● Danke.

4
● Du, wie spät ist es?
○ Ich hab keine Uhr, aber etwa halb acht.
● Was? Schon halb acht?
○ Ja, bestimmt!

5

● Entschuldigung, wie spät ist es?
○ Zwanzig vor drei.
● Danke.

Ü12 Büro-Dialog: Schauen Sie den Kalender in A9 an und ergänzen Sie den Dialog.

● Guten Morgen, Daniel!
○ Tag, Brigitte!
● Wie geht's?
○ Nicht schlecht, und dir?
● Gut, danke. Viel Arbeit! Heute um acht Uhr kommt Herr Krug! Danach habe ich etwa eine halbe Stunde Zeit für Korrespondenz. Und um halb zehn kommt schon Frau Zink. – Ach, hast du Zeit? Holst du sie bitte am Bahnhof ab?
○ Ja, das geht. Ich fahre erst um 11 weg.
● Oh, hast du die Faxnummer von Frau Minder aus Halle?
○ Moment … ja, da ist sie: 0345/789126.

Ü23 Nachtarbeit. Wann steht Frau N. auf? Notieren Sie die Uhrzeiten.

Frau N. arbeitet in der Nacht, Montag bis Freitag, jede Woche. Sie steht am Nachmittag auf, meistens so um 4 Uhr. Sie braucht einen Wecker. Um halb fünf sieht sie fern, eine halbe Stunde lang, und dann macht sie das Abendessen. Um halb sieben isst sie zu Abend, um sieben geht sie los. Genau um Viertel nach sieben nimmt sie den Bus und fährt in die Stadt. Um fünf nach halb acht steigt sie aus dem Bus und geht zu Fuß weiter. Um 8 Uhr fängt sie an zu arbeiten. Sie arbeitet immer vier Stunden, bis Mitternacht, und dann macht sie eine Pause. Die Pause dauert eine halbe Stunde. Um vier am Morgen trinkt sie einen Kaffee. Um diese Zeit ist sie besonders müde. Um halb acht ist die Arbeit zu Ende, dann geht sie nach Hause. Sie nimmt wieder den Bus, etwa um 8 Uhr. Dann kauft sie noch ein. Eine halbe Stunde später, so um halb neun, ist sie zu Hause. Sie duscht gleich, und eine Viertelstunde später, um Viertel vor neun, geht sie schlafen.

Aussprache-Cassette 1.3

Ü27 a) Sind die zwei Namen gleich? Kreuzen Sie an.

1. Heckmann. Heckmann.
2. Sieker. Sicker.
3. Bahle. Bahle.
4. Mehler. Meller.
5. Schmied. Schmidt.
6. Talmann. Talmann.
7. Diekhoff. Diekhoff.
8. Schädlich. Schädlich.

b) Welchen Laut hören Sie?

1. Rieger.	7. Kahre.
2. Fricke.	8. Lammert.
3. Mießmacher.	9. Rabenhorst.
4. Seppmann.	10. Fehlmann.
5. Seele.	11. Räder.
6. Temme.	12. Reeder.

Testheft-Cassette 1.4

T1 Was macht der Mann? Notieren Sie die Uhrzeiten.

Mein Tagesablauf ist relativ normal. Ich stehe um Viertel nach sechs auf. Dann mache ich 15 Minuten Gymnastik. Um halb sieben dusche ich und ziehe mich an. Etwa um sieben Uhr frühstücke ich. Ich trinke oft nur einen Kaffee und lese die Zeitung. Ich brauche diese Zeit am Morgen für mich. Um halb acht gehe ich aus dem Haus. Mein Bus fährt um zwanzig vor acht. Ich bin um fünf vor acht im Büro. Die Mittagspause mache ich früh. Um Viertel vor zwölf gehe ich mit den Kollegen in das Personalrestaurant etwas essen. Normalerweise mache ich eine Stunde Mittagspause. Ich fange also um Viertel vor eins wieder an zu arbeiten. Ich arbeite von Montag bis Donnerstag bis achtzehn Uhr. Dann gehe ich nach Hause. Mein Bus fährt um fünf nach sechs. Abends treffe ich mich mit meiner Freundin. Wir gehen ins Kino oder etwas trinken. Um Mitternacht gehe ich ins Bett.

T2 Wie spät ist es? Notieren Sie Stunde und Minute.

1
Beim nächsten Ton ist es 7 Uhr 30 Minuten und 10 Sekunden.
Beim nächsten Ton ist es 7 Uhr 30 Minuten und 20 Sekunden.
Beim nächsten Ton ist es 7 Uhr 30 Minuten und 30 Sekunden.

2
Beim nächsten Ton ist es 21 Uhr 16 Minuten und 10 Sekunden.
Beim nächsten Ton ist es 21 Uhr 16 Minuten und 20 Sekunden.

3
Beim nächsten Ton ist es 9 Uhr 40 Minuten und null Sekunden.

4
Beim nächsten Ton ist es 12 Uhr 5 Minuten und 10 Sekunden.

5
Beim nächsten Ton ist es 23 Uhr 59 Minuten und 50 Sekunden.

6
○ Entschuldigung, wie spät ist es?
● Oh, tut mir Leid. Das weiß ich nicht. Ich habe keine Uhr.
○ Entschuldigung, wie spät ist es?
■ Moment, es ist jetzt zehn nach elf.
○ Danke schön!

7
○ Wann kommst du?
● Geht es um Viertel vor sechs?
○ Viertel vor sechs? – Ja, das ist gut!
● Also, bis später!

8
○ Wie spät ist es jetzt?
● Gleich halb zwölf.
○ Was! So spät schon! Ich muss am Mittag bei Anna sein!

9
○ Wie lange arbeitest du heute?
● Heute, am Freitag? Bis halb vier.
○ Um halb vier bin ich auch fertig. Gehen wir noch ins Café?
● Nein, tut mir Leid. Ich kann nicht.

10

○ Wann stehen wir morgen auf?
● Um Viertel nach neun. Ist das okay?
○ Ja, Viertel nach neun ist gut. Dann gute Nacht.
● Gute Nacht, schlaf gut!
○ Du auch.

Kapitel 5
Lehrbuch-Cassette 1.1 (1)

A3 Ein Interview mit Leslie, Anders, Esther und Elena: Wen verstehen Sie am besten? Wie lernen die vier Deutsch?

(Das Transkript gibt die Texte so wieder, wie sie gesprochen werden, also mit den Fehlern der Deutschlernenden!)

Warum lernt ihr Deutsch?
Anders: Ich brauche Deutsch im meinem Beruf.
Esther: Ich lerne Deutsch, weil für meine Zukunft is sehr gut.
Leslie: Ich lerne Deutsch, weil ich habe Lust, mit meine Mutter sprechen. *(Leslies Mutter ist Deutsche.)*
Elena: Ich denke, heute ist es sehr wichtig, Fremdsprachen lernen.
Sprecht ihr auch andere Sprachen?
Anders: Ich spreche Englisch und ein bisschen Spanisch.
Esther: Ich spreche Englisch.
Leslie: Ich spreche auch Norwegisch.
Elena: Ich spreche Englisch.
Was ist besonders schwer am Deutschen?
Anders: Ich denke, dass die deutsche Grammatik ist schwer.
Esther: Die deutsche Grammatik und die, der Artikel.
Leslie: Ich denke, die Präpositionen sind sehr schwer, und auch der „r".
Elena: Für mich die Deklination ist sehr schwer.
Wie lernt ihr? Durch Sprechen, Lesen, Hören, Singen?
Anders: Ich lerne Deutsch: Zeitungen lesen; Zeitungen und mit deutsche Leute sprechen.
Esther: Ich lerne Deutsch mit Spr... mit Leute sprechen und Radio hören.
Leslie: Ich hör viel das Radio, und ich sehe das Fernseher.
Elena: Ich sehe Fernsehen und versuche, Zeitung zu lesen.
Wie übt ihr? Wie lange am Tage und wie oft?
Anders: Wir haben vier Stunden pro Tag im Institut. Und dann vielleicht eine Stunde mit die Hausaufgabe.
Esther: In Tag zwei Stunden mit Hausaufgaben und im Morgen in Institut.
Leslie: (What was the question?) Nach dem Unterricht lerne ich Deutsch ein Stunde, wenn ich meine Hausaufgaben machen.
Elena: Ich mache meine Hausaufgabe und ein bisschen mehr lernen.
Was ist für euch guter Unterricht?
Anders: Guter Unterricht für mich is, im kleine Gruppe eine interessante Thema zu sprechen.
Esther: Sprechen und hören und Dialog.
Leslie: Ein gute Unterricht ist mit viele Dialog ... Dialoge, und wir hören deutsch Musik.
Elena: Ein bisschen von jeden Sache: Grammatik und Hören und Sprechen und so weiter.

Wie sieht ein gutes Lehrbuch aus?
Anders: Ich denke, ein gutes Lehrbuch in Deutsch ist viele Texte, viele interessante Texte und viele Bilder.
Esther: Ich denke, viele moderne Texte und viele Bilder.
Leslie: Ein gutes Lehrbuch is nicht so dich *(= dick)*, und es hat auch ein Arbeitsbuch.
Elena: Mit Bilder und nicht lange Teste *(= Texte)*, nicht zu lang.

A7 a) Ein Interview mit Simone: Wie hilft sie den Studenten?

○ Simone, du bist hier Leiterin der Mediothek in diesem Spracheninstitut. Was ist eine Mediothek? Was bietet sie an?
● Eine Mediothek ist eine Bibliothek; aber wir haben auch Medien. Wir haben Cassettenrecorder, wir haben Videorecorder, Computer, und die Studenten können hier am Nachmittag arbeiten.
○ Das Institut hat im Monat 160 Schüler im Kurs. Wie viele von denen kommen denn regelmäßig in die Mediothek?
● Em, ich denke, ca. 50 Studenten kommen wirklich regelmäßig in die Mediothek, vielleicht 3-, 4- oder 5-mal pro Woche; und die anderen Studenten kommen in die Mediothek und leihen dann Bücher oder Cassetten aus.
○ Und wie lange arbeiten die Studierenden hier durchschnittlich?
● Ja, ca., ja, eine bis fünf Stunden. Sie machen aber auch Pausen.
○ Und welche Programme suchen sie vor allem?
● Viele Studenten suchen etwas für die Grammatik. Sie denken, sie haben Probleme mit Grammatik, und dann suchen sie Programme im Computer oder in Büchern. Em, sehr viele Studenten arbeiten aber auch mit Cassetten. Sie machen Hörverstehen, Diktate ...
○ Welche Lernprobleme sind besonders häufig?
● Em, ja, am Anfang denken die Studenten, dass die Grammatik das größte Problem ist. Und dann sprechen wir zusammen, und sie sehen dann, Deutsch ist nicht nur Grammatik, Deutsch ist auch Hören, Sprechen, Lesen.
○ In eurem Programm steht: „Sie können Hilfe beim Lernen bekommen." Wie sieht diese Hilfe aus?
● Ich helfe, wenn die Studenten etwas suchen, das ist die erste Hilfe. Sie kommen zu mir und sagen z.B.: „Ich habe Probleme mit „Passiv", was kann ich machen?" Dann suche ich zusammen mit den Studenten Material. Ja, andere Studenten z.B. sagen, ich kann nicht hören, wie kann ich mein Hören verbessern, dann sprechen wir zusammen über das Problem, und ich zeige, wie sie mit dem Material hier in der Mediothek, mit den Cassetten arbeiten können.
○ Das ist also individuelle Beratung.
● Das ist eine individuelle Beratung, ja.
○ Kennst du spezielle Lerntricks, Techniken?
● Ja, das hängt immer von dem Problem ab, äh ...
○ So generell, sagen wir, so ein Intervall-System oder ...
● Also ein Trick ist zunächst auch, denk ich, die Zeit, die Lernzeit selbst zu organisieren mit Pausen, mit Portionierung ...

Arbeitsbuch-Cassette 1.2

Ü16 Mind-map.

a) Sammeln Sie Wörter und Ausdrücke. Welche Wörter hören Sie?

● Und, wie findest du das Fest?
○ Prima, es ist wirklich toll. Und die Atmosphäre ist gut, sehr gut. Was machst du jetzt?
● In ein paar Minuten gibt es Musik aus Thailand. Das möchte ich hören. Das ist sicher interessant. Kommst du mit?
○ Nein, ich kann nicht, ich habe keine Zeit, wir machen selbst ein Programm.
● Was macht ihr?
○ Wir tanzen, meine Kolleginnen und ich, wir zeigen einen Flamenco! Möchtest du das nicht sehen?
● Doch, schon, aber ich gehe zur Musik aus Thailand. Das ist ganz neu für mich. Und dann habe ich nur sehr kurz Zeit. Ich muss nämlich zum Büfett. Wir verkaufen da Tacos. Du musst auch kommen. Die Tacos sind super! Und dann machen wir noch Musik. Um sieben – Gitarrenmusik.
○ Dann sehen wir uns später beim Büfett. Oder beim Tanzen mit der Big Band.
● Oder erst in der Disco. Bis dann!

Aussprache-Cassette 1.3

Ü20 a) Sie hören Nachnamen. Was hören Sie: o- oder u-Laut? Kreuzen Sie an.

1. Kohlmann	5. Kunert
2. Grunewald	6. Budde
3. Gooßen	7. Upmann
4. Koch	8. Wolter

b) Vokal: kurz oder lang? Kreuzen Sie an.

1. Scholler	7. During
2. Krone	8. Uffmann
3. Rohde	9. Grundig
4. Koppmann	10. Kuhlmann
5. Tosse	11. Junge
6. Vogel	12. Kruse

Testheft-Cassette 1.4

T1 Immer mehr Menschen in Deutschland lernen Fremdsprachen. Hören Sie. Kreuzen Sie an.

1 Ich lerne Russisch. Ich finde, Russisch ist wichtig. Wir können heute in jedes Land gehen. Russland ist ein großes Land und es gibt viele Menschen, die Russisch sprechen. Ich lerne gerne neue Sprachen. Das macht mir Spaß. Ich besuche einmal in der Woche einen Sprachkurs. Dieser Sprachkurs ist jeden Montag von 19 bis 21 Uhr. Und zu Hause höre ich Cassetten auf Russisch. Man muss die Sprache viel hören. So lernt man gut. Mit den Cassetten ist das wirklich gut.

2 Ich lerne gerne Fremdsprachen. Das macht mir viel Spaß. Im Moment lerne ich Italienisch. Ich mag die italienische Kultur. Die Kultur ist sehr interessant. Ich bin gerne in Italien. Ich bin auch oft in Italien. Jetzt habe ich viele

italienische Freunde. Mit ihnen spreche ich Italienisch. So lerne ich viel. In Deutschland lerne ich allein mit einem Buch. Jeden Tag lerne ich eine halbe Stunde. Das macht mir wirklich Spaß.

3 Ich lerne Spanisch. Ich brauche die Sprache für meinen Beruf. Aber mich interessiert auch die Kultur, der Flamenco und die Literatur von Spanien und Südamerika. Ich besuche jetzt einen Intensivkurs. 4 Wochen lerne ich jeden Tag 5 Stunden Spanisch. Zu Hause in Deutschland besuche ich auch einen Sprachkurs. Aber dieser Kurs ist nur am Montag und Donnerstag von 17 bis 18.30.

4 Ich lerne Holländisch. Ich lerne gerne Fremdsprachen. Holländisch ist nicht schwer. Viele Wörter sind wie im Deutschen. Ich wohne nicht weit von Holland. Ich habe viele holländische Freunde. Ich spreche viel mit diesen Freunden. Einen holländischen Freund treffe ich jeden Mittwoch. Wir sprechen erst eine Stunde Holländisch. Er korrigiert mich. Dann sprechen wir eine Stunde Deutsch und ich korrigiere ihn. Ich lerne viel und habe viel Spaß am Lernen. Zu Hause höre ich viel Cassetten.

Kapitel 6
Lehrbuch-Cassette 1.1 (1)

A2 a) Wie lernt Herbert Italienisch?

● Herr Rathmaier, besuchen Sie eigentlich auch einen Italienischkurs?
○ Ja, aber nicht regelmäßig. Oft komme ich nicht früh genug zurück von der Arbeit. Und zu Haus lerne ich kaum mit dem Lehrbuch. Ich hab keine Zeit und keine Lust.
● Wie lernen Sie dann Italienisch?
○ Wir sehen gemeinsam italienisches Fernsehen, und zu Hause läuft auch oft italienisches Radio.
● Verstehen Sie schon viel?
○ Es geht. Manchmal nehme ich auch etwas auf Cassette auf und höre es noch mal. Oder ich höre im Auto die Cassette aus dem Sprachkurs. Ich frage auch immer wieder meine Frau, und sie hilft mir.
● Ist das genug?
○ Nein, natürlich nicht. Wir haben auch immer italienische Zeitungen und Zeitschriften zu Hause. Ich blättere sie ganz gern durch und les dann einen Artikel. Ich verstehe viele Wörter nicht; dann frage ich Giovanna, oder ich schaue im Wörterbuch nach.

b) Wann braucht Herbert die Sprache?

● Und wie gut können Sie Italienisch sprechen?
○ Es geht. Wir fahren jeden Monat mindestens einmal nach Italien. Da muss ich Italienisch sprechen, mit Giovannas Familie und Bekannten. Und ich sprech viel und gern. Aber ich mache auch viele Fehler. Mir ist das ziemlich egal.
● Sprechen Sie zu Hause mehr Deutsch oder mehr Italienisch?
○ Zuerst vielleicht mehr Italienisch, jetzt vielleicht mehr Deutsch. Ich weiß das nicht genau. Bei einem deutschen Fernsehprogramm fragt Giovanna: „Was heißt das und was heißt das?" Dann sprechen wir Deutsch, und ich helfe ihr. Aber oft sprechen wir auch Englisch.

A10 Was sagen die Leute noch? Ergänzen Sie die Aussagen.

Aussage 1: Daniela
Zu Hause lerne ich nicht, aber ich passe im Unterricht gut auf. Wir sprechen viel, und das gefällt mir. Und ich frage meine Lehrerin oft. Sie erklärt dann alles noch einmal. Ich mache im Unterricht auch Notizen. Die Übungen aus dem Arbeitsbuch finde ich nicht wichtig. Die mache ich nicht.

Aussage 2: Michael
So wie du kann ich nicht lernen. In unserem Unterricht ist immer so viel neu: Grammatik, Wörter, Sätze machen. Das muss ich zu Hause lernen und üben. Ich schreibe zu Hause alles ab, und dann kann ich es erst lernen. Dann mache ich auch die Übungen aus dem Arbeitsbuch. Danach höre ich Musik und wiederhole noch mal. Das kann ich dir auch empfehlen.

Aussage 3: Teresa
Für dich ist die Grammatik schwer, für mich nicht. Verstehen ist für mich schwer. Darum finde ich die Grammatikübungen nicht wichtig. Nur die Hörübungen sind für mich wichtig. Ich muss auch zu Hause mit der Cassette arbeiten. Ich will schnell mehr verstehen. Ich lerne am besten beim Spazierengehen mit dem Walkman.

A17 a) Zu welcher Gruppe (A–D) passen die Hörtexte?

1 Ich arbeite mit dem Computer, jeden Tag. Zu Hause spiele ich mit dem Computer, jeden Tag einige Stunden. Und ich lerne mit dem Computer, mit Cassetten und mit Büchern.
2 Ich gehe zur Schule, jeden Tag. Und da bin ich dann einige Stunden. Ich komme erst nachmittags aus der Schule. Von der Schule gehe ich dann zu Fuß nach Hause.
3 Ich bin seit einem Jahr in Deutschland. Seit vier Monaten habe ich auch eine Arbeit. Nach der Arbeit bin ich müde. Beim Fernsehen zu Hause schlafe ich dann oft ein.
4 Ich sehe gern mit Freundinnen Filme an. Wir mögen gern Filme mit viel Musik. Auch Filme mit Clint Eastwood oder mit Bud Spencer gefallen uns sehr.

Arbeitsbuch-Cassette 1.2

Ü10 Über Kursteilnehmer sprechen.
    a) Richtig oder falsch? Kreuzen Sie an.

● Frau Peyer, wie lange arbeiten Sie schon mit dieser Gruppe? Wie lange dauert der Deutschkurs schon?
○ Vier Wochen. Wir haben jeden Tag drei Stunden Unterricht.
● Können Sie Ihre Teilnehmer kurz vorstellen, bitte?
○ Tja, da ist einmal Ismail, aus der Türkei; dann Inci und Hamide, beide auch aus der Türkei; dann Akemi, sie ist Japanerin; und Salih und Gordana, beide aus Bosnien.
● Können Sie die einzelnen Teilnehmer kurz beschreiben?
○ Also, Ismail, der lebt schon ein paar Jahre in Österreich, der versteht ziemlich viel, und er kann auch ziemlich gut sprechen. Er kann aber kaum schreiben, und das will er lernen.
  Inci lernt sehr viel, aber sie spricht zu Hause und bei der Arbeit nur Türkisch. Sie hat wenig Möglichkeit zum Sprechen.

Hamide ist Hausfrau. Ihre Familie spricht immer Türkisch. Sie spricht und lacht viel im Deutschkurs. Sie hat auch eine gute Freundin aus Österreich.
Akemi ist mit einem Österreicher verheiratet. Zu Hause spricht sie mit ihrem Mann immer Englisch. Sie spricht sehr langsam, sie möchte keine Fehler machen.
Salih und Gordana sind Flüchtlinge aus Bosnien. Salih ist immer lustig und lernt sehr schnell. Er arbeitet und spricht mit seinen Kollegen nur Deutsch.
Gordana, Gordana ist erst vierzehn Jahre alt, sie geht noch in die Schule. Sie hat viele Probleme. Sie muss auch in der Schule Deutsch lernen, aber sie macht es nicht gern.
● Gibt es Probleme in der Gruppe?
○ Nein, die Atmosphäre ist sehr angenehm.

Aussprache-Cassette 1.3

Ü29 a) Sie hören drei Namen. Kreuzen Sie an.

1. Mettler.	Möttler.	Müttler.
2. Risser.	Resser.	Rüsser.
3. Göhner.	Gehner.	Gühner.
4. Löttke.	Lüttke.	Littke.

1. Schene.	Schüne.	Schöne.
2. Rettger.	Röttger.	Rüttger.
3. Südmann.	Siedmann.	Sehtmann.
4. Keffner.	Kiffner.	Küffner.

1. Ferster.	Förster.	Fürster.
2. Lücke.	Löcke.	Lecke.
3. Rüth.	Reth.	Röth.
4. Böhler.	Bühler.	Biehler.

Ü30 a) Schreiben Sie die Vokale.

Den Künstler begrüßen.
Natürlich im Süden.
Die Tür öffnen.
Um fünf frühstücken.
Französisch lernen.
Die Bücher suchen.
Die Wörter hören.
Fünfzehn Übungen.
Die Lösung kennen.

Testheft-Cassette 1.4

T1 Thema im Radio ist: Wie lernen unsere Hörerinnen und Hörer Fremdsprachen? Hören Sie und kreuzen Sie an: Richtig oder falsch?

○ Hallo, wer ist da?
● Ja, hallo, hier ist der Heinz aus Dortmund.
○ Hallo, Heinz. Du lernst Fremdsprachen. Wie machst du das?
● Ich besuche einmal in der Woche einen Sprachkurs und ich lerne viel allein: zu Hause und vor allem im Auto.
○ Du lernst im Auto?
● Ja, weißt du, ich fahre jeden Morgen 30 Minuten zur Arbeit. Ich höre Cassetten mit Texten auf Französisch. Ich höre Interviews oder Musik und ich habe auch Cassetten mit Übungen. Ich sitze im Auto, fahre durch die Stadt und lerne Französisch!
○ He, das finde ich toll! Woher hast du die Cassetten?

● Die kaufe ich oder ich mache sie mir selber. Ich nehme am Wochenende eine Stunde mit französischen Texten auf Cassette auf und die Cassette höre ich dann jeden Morgen und jeden Abend im Auto.

○ Jeden Tag hörst du dieselbe Cassette? Ist das noch interessant?

● Ja, ich denke schon! Erst höre ich nur. Am nächsten Tag höre ich noch einmal und verstehe schon etwas mehr. Am dritten Tag höre ich und spreche manchmal auch Wörter oder ganze Sätze nach. Das hört ja keiner!

○ Na dann viel Glück.

○ Ich hab da den nächsten Anruf. Hallo?

□ Hallo, ich bin die Katrin aus Düsseldorf.

○ Katrin, wie machst du das mit den Fremdsprachen?

□ Ich lerne mit einer Freundin.

○ Das ist ja nicht gerade neu!

□ Doch. Meine Freundin spricht Spanisch und lernt Deutsch und ich lerne Spanisch. Also, wir treffen uns zweimal in der Woche. Ich möchte vor allem Spanisch sprechen und wir sprechen über verschiedene Themen. Und meine Partnerin, ja, die kann noch nicht sehr gut Deutsch. Sie besucht einen Sprachkurs an der Volkshochschule und hat da so ein Sprachbuch. Wir machen manchmal die Übungen im Buch. Sie notiert die Wörter und stellt viele Fragen. Manchmal erzählt sie auch etwas auf Deutsch. Wir haben viel Spaß und lachen viel.

○ Kannst du die Fragen beantworten?

□ Nein, manchmal nicht. Aber sie hat das gleiche Problem in Spanisch. Aber das ist nicht so wichtig. Das Sprechen ist wichtig. Ich habe keine Angst mehr vor Fehlern.

○ Schön! Das ist eine gute Idee, Katrin. Danke für deinen Anruf!

Kapitel 7

Lehrbuch-Cassette 1.1 (1)

A10b) Am Strand gehen: Hören Sie und spielen Sie.

● Jetzt brauchen wir Platz. Räumen Sie Tische und Stühle an die Seite.

○ Jetzt sind wir am Strand von St. Peter.
Hier ist der Strand, weit und lang.
Wir gehen und gehen.
Der Strand ist endlos weit, und der Sand ist sehr weich.
Unsere Füße sinken tief in den Boden.
Wir machen lange, große Schritte.
Wir gehen langsam.
Wir hören das Meer.
Jetzt gehen wir langsam an das Wasser, näher, immer näher, ganz nahe ans Wasser.
Da, plötzlich kommt das Wasser!
Schuhe und Füße sind nass – huch, iiihh!
Wir laufen zurück, schnell zurück.
Das Wasser ist kalt. Wir schütteln die Füße.
Und wir gehen weiter, gehen und gehen.
Ganz hinten sehen wir einen Leuchtturm, rot-weiß gestreift.
Noch ist er ganz klein.
Aber wir gehen und gehen und kommen näher.
Endlich sind wir da. Vor uns steht der Leuchtturm, und wir sehen nach oben.

Hier sind keine Menschen.
Wir rufen: Hallo!
Keine Menschen, wir sind ganz allein.
Und weit hinten hören wir das Meer.
Jetzt sind wir müde, sehr müde.
Wir gehen ganz langsam zurück – an unsere Plätze.
Jetzt machen wir Pause und atmen tief.

A16 Hören Sie den Kommentar eines Malers zum Bild von Gabriele Münter. Vergleichen Sie mit dem Text und mit Ihrer Meinung.

Villen am Hügel, ein Bild von Gabriele Münter.
Auf dem grünen Hügel stehen vier Häuser. Die Linie des Hügels fällt von links oben nach rechts unten.
Sie teilt das Bild diagonal: oben der Himmel, unten der Hügel, in der Mitte die Häuser. Die Häuser halten sich am Hügel fest.
Sie sehen nicht aus wie Villen. Sie sind einfach, stehen eng beieinander.
Die Fassaden wirken blau, die Fenster sind schwarze Löcher, die Dächer rotbraun, rostrot. Vor dem gelben Himmel stehen sie wie Silhouetten.
In den Hügel malt Gabriele Münter auch Bäume: Laubbäume, Tannenbäume – sehr abstrakte Bäume.
Die grüne Farbe des Hügels ist nicht gleichmäßig. Man sieht die Pinselstriche und das Tempo des Malens: schnell, spontan.
So wirkt das ganze Bild: schnell gemalt, wie eine Skizze beim Spazierengehen.

Arbeitsbuch-Cassette 1.2

Ü7 6 Situationen mit Farben: Nummerieren Sie die Bilder A bis F.

Situation 1
● Guten Morgen. Marlboro, bitte!
○ Rot oder Gold?
● Gold, bitte.

Situation 2
● Und was zum Trinken, bitte?
○ Wein, bitte.
● Rot oder Weiß?
○ Weißwein, bitte.

Situation 3
● Blau – oh, ist der schön!
Der Pullover passt so gut zu dir!
○ Blau hab ich schon. Rot gefällt mir besser.
Ich glaub, ich nehm den da!

Situation 4
● Wie heißt denn der Film eigentlich?
○ „Die Farbe Lila".
● Komischer Titel!

Situation 5
● Ich möchte einen Strauß Rosen, bitte.
○ Hier, wir haben rote, gelbe, weiße ...
● Oh, das ist schwer! Am besten weiß und rot – passt das zusammen?
○ Aber natürlich!

Situation 6

● Also, Weiß finde ich zu weiß.
○ Ja, aber Gelb ist auch nicht schön.
● Können wir nicht mischen: so ganz hellgelb?
○ Na gut, machen wir das!

Ü13 Hören Sie und kreuzen Sie an: Was passt? Was gehört zusammen?

Wetterbericht 1: Im Norden stark bewölkt und Regen. Temperaturen um 12 Grad.
Wetterbericht 2: An der Küste heiter bis wolkig. Ostwind mit Windstärken um 5 bis 6.
Wetterbericht 3: An der Ostsee sonnig, blauer Himmel, Temperaturen bis 25 Grad.

R4a) Hören Sie das Interview. Was ist richtig? Kreuzen Sie an.

○ Anna, kannst du dich bitte kurz vorstellen?
● Ja, ich heiße Anna Kiriaku und ich bin 23 Jahre alt. Ich komme aus Zypern und lebe jetzt in Fribourg in der Schweiz.
○ Wie lange lebst du jetzt schon in Fribourg?
● Moment, das sind jetzt 5 Jahre, also seit 5 Jahren lebe ich hier in Fribourg.
○ Was machst du hier in Fribourg?
● Ich studiere Wirtschaft; im Moment schreibe ich meine Examensarbeit.
○ Das heißt, du bist mit deinem Studium bald fertig.
● Ja, hoffentlich!
○ Und studierst du auf Deutsch?
● Nein, nein, ich studiere auf Französisch.
○ Ach so.
● Mhm, aber jetzt lerne ich wieder Deutsch. Zuerst habe ich Deutsch in Zypern gelernt – ein Jahr in der Schule – und jetzt besuche ich eine(n) Sprachkurs an der Universität.
○ Wie viele Stunden Sprachkurs besuchst du in der Woche?
● Äh, sie sind – das sind also 4 Stunde(n) in der Woche, jeden Montag und Donnerstag von 13 bis 15 Uhr. Dann lerne ich noch zu Hause Wortschatz und Grammatik, und manchmal höre ich Nachrichten auf Deutsch, und ich sehe deutsche Filme im Fernsehen.
○ Du sagtest eben, du studierst auf Französisch. Warum lernst du jetzt noch die deutsche Sprache?
● Mhm – ja, es ist eine gute Frage. Ja, ich habe gern Sprachen und ich kann schon Englisch, Französisch und ein bisschen Italienisch, und ich finde, dass man muss viele Sprachen kennen, und für den Beruf sind Sprachen wichtig.
○ Okay, dann wünsche ich dir alles Gute für deinen Beruf, jetzt erst mal für die Examensarbeit, und herzlichen Dank für das Interview!
● Ja, danke.
○ Tschüs, Anna!
● Tschüs!

Testheft-Cassette 1.4

T1 Welches Bild passt zu dem Text? Nummerieren Sie.

1 Ich mag diese Landschaft sehr. Die Berge sind nicht hoch. Es sind Hügel. Zwischen diesen Hügeln liegt der See.

Man kann ihn schon von weitem sehen. Eine Straße geht zum See. Sie ist ganz gerade und lang. Direkt am See gibt es eine kleine Stadt. Hier lebe ich.

2 Der Strand ist sehr lang. Es gibt keine Häuser, nur Sand, Sonne und das Meer. Das Wasser ist weit weg. Eine Frau steht dort und schaut aufs Meer. Vielleicht eine Touristin. Vielleicht wartet sie auf jemanden.

3 Ich mag diese Hügel. Sie sind nicht sehr hoch. Alles ist grün. Rechts unten auf dem Bild beginnt ein Weg. Man sieht nur den Anfang vom Weg. Vielleicht ist er weiß, vielleicht hellbraun. Hier dürfen keine Autos fahren. Es gibt hier einen guten Wein.

4 Die Berge sind sehr hoch. Es ist Sommer. Die Luft ist kalt. Es gibt keinen Baum und keine Häuser. Die Berge haben verschiedene Farben. Sie sind grün, braungrün, braun und die ganz hohen Berge sind weiß. Hier muss man eine warme Jacke anziehen.

5 Mir gefällt der Himmel mit den Wolken. Diese Wolken sind ganz weiß. Das Land ist flach. Es ist irgendwo am Meer. Hier gibt es im Sommer viele Menschen. Die Menschen mögen diese Landschaft, den Strand und das Wasser.

6 Auf diesem Bild sieht man viele Bäume und eine Wiese. Alles ist grün. Vorne ist ein See. Das Wasser ist ganz ruhig. Zwischen See und Wiese ist eine kleine Mauer.

T2 Was hat welche Farbe? Hören Sie und malen Sie.

Das ist am Meer. Der Sand ist nicht gelb; auf diesem Bild ist er ganz schwarz. Der Himmel ist gelb, man sieht keine Sonne. Das Wasser ist grün. Am Strand steht ein Leuchtturm. Er ist ganz rot.
Der Hügel links ist braun. Auf dem Hügel steht ein Haus. Es ist blau und hat ein grünes Dach. Die Tür ist rot.
Vor dem Haus steht ein Junge. Er hat blonde Haare. Seine Hose ist braun. Dazu trägt er ein gelbes T-Shirt. Hier möchte ich nicht leben!

Kapitel 8
Lehrbuch-Cassette 1.1 (2)

A5 Hören Sie die vier Interviews: Wo haben die Leute früher gewohnt? Wo wohnen die Leute jetzt?

Interview 1
Ich wohne jetzt auf dem Land, früher war ich ein Stadtmensch – jeden Abend war etwas los: Kino, Theater oder Konzert. Ich hatte eine Wohnung im Zentrum, in einem Zweifamilienhaus. Das Leben war sehr hektisch, nervös und viel zu laut für mich: Discolärm bis spät in die Nacht und am morgen früh die Straßenbahn. Das war nicht gut für mich. Ich finde es jetzt besser: Ich habe eine gemütliche Zweizimmerwohnung in einem großen Bauernhaus. Ich genieße die Ruhe und mache lange Spaziergänge in der Natur. Kein Stress mehr, keine Hektik. Ein großer Nachteil: Ich arbeite in der Stadt und brauche jetzt jeden Tag das Auto.

Interview 2
Ich wohne schon lange hier in der Altstadt von Bern. Das Haus ist uralt, aber ganz neu renoviert: innen und außen. Die Türen und die Fenster, auch die Böden, die Wände und die Decken, alles sieht wie neu aus, viel farbiger als früher

und besser isoliert. Im Winter ist es jetzt viel wärmer. Aber leider ist auch die Miete höher als früher, ich bezahle jetzt 200 Franken mehr! Das finde ich nicht so gut. Aber ich liebe alte Häuser; ich mag das Leben in der Altstadt.

Interview 3
Wir wohnen in einer Siedlung am Stadtrand. Ganz moderne Wohnungen mit fünf Zimmern auf zwei Stockwerken, oben und unten ein Balkon. Vier Schlafzimmer und ein Bad mit Dusche oben, unten die Küche, das WC und ein großes Wohnzimmer. Die Wohnung ist größer als unsere alte auf dem Land. Sie ist sehr praktisch und komfortabel. Mein Mann und ich sind jetzt zufriedener, auch die Kinder. Sie spielen jetzt lieber draußen als drinnen; auch der Weg zur Schule ist viel kürzer als früher. Die Kinder haben auch mehr Zeit zum Spielen.

Interview 4
Jetzt wohne ich in der Stadt, mitten im Zentrum. Meine Eltern wohnen immer noch auf dem Land, in einem kleinen Dorf. Da war es mir zu ruhig. Hier in der Stadt, da ist was los, da ist Leben und Bewegung, auch in unserem Block. Ich lebe in einer Einzimmerwohnung bei meiner Freundin, hoch oben, im 14. Stock. Die Wohnung ist zu klein für zwei, aber die Sicht auf die Berge und auf die ganze Stadt ist phantastisch. Die Wände sind dünn, und die Nachbarn beschweren sich schon beim kleinsten Lärm. Wir laden gern Freunde ein. Dann reden wir oder hören Musik. Das stört unsere Nachbarn, leider.

A20 Schauen Sie das Foto an und hören Sie zu: Wo wohnt Eva?

Ich wohne in einem alten Haus. Alle Häuser in meiner Straße sind alt.
In meinem Zimmer ist aber Einiges neu. Der Boden, die Tür und das große Fenster sind neu. Ich mag mein Zimmer: Der Raum ist sehr hoch und hell. Das Zimmer ist auch ziemlich groß: Es ist ein langer und schmaler Raum. Es ist wirklich nicht breit.
Das Haus aber ist breit, ziemlich breit. Aber die beiden Häuser rechts und links sind sehr schmal und eng.
Vor den Häusern in unserer Straße gibt es Bäume. Unten sind die Räume ziemlich dunkel. Im Parterre sind Geschäfte, da gibt es keine Wohnungen. Die Wohnungen im ersten Stock sind auch noch ziemlich dunkel. Aber oben sind die Räume hell. Und mein Zimmer ist besonders hell. Mein Fenster ist groß und rund, und ich kann auch gut nach rechts und nach links sehen. Übrigens, ich wohne im dritten Stock.

Arbeitsbuch-Cassette 1.2

Ü8 Hören Sie das Telefongespräch und notieren Sie:

○ Hier Bichsel.
● Hallo, Boris!
○ Hallo, Claudia! Was machst du so?
● Ich lese gerade die Zeitung: Du suchst doch eine Wohnung, nicht wahr?
○ Ja, hast du was?
● Ich? Da gibt es zum Beispiel eine 1-Zimmerwohnung mit Balkon, aber ohne Bad. Im Zentrum.
○ Klingt gut. Und wie teuer ist sie?
● 325 Euro warm.
○ Was heißt das: „warm"?

● Das bedeutet, da ist alles dabei: Strom, Heizung usw.
○ 325 inklusive – das muss ich mir überlegen. Und ab wann ist die frei?
● Ab 1. April. Melden kannst du dich unter der Telefon-Nummer: 8 36 31 79 ab 20 Uhr abends.
○ Wie ist die Nummer?
● 8 36 31 79. – Moment! Da ist noch eine Anzeige: Ich lese dir mal vor: „Suchst du Kontakt? Magst du Ruhe und schöne Aussicht? Wir sind eine Gruppe von Leuten und leben auf dem Land. In unserem neu renovierten Bauernhaus ist ab sofort noch ein großes Zimmer (ca. 20 m²) frei." Na, was meinst du?
○ Klingt nicht schlecht. Und wie ist es mit Bad und Küche?
● Weiß ich nicht. Da steht nichts. Aber ich glaube, Küche und Bad sind für alle da.
○ Und der Preis?
● Äh . . . da: 75 Euro.
○ Wie? 75 Euro? Kann man da telefonieren oder schreiben?
● Du kannst auch einfach mich fragen!

Testheft-Cassette 1.4

T1 Sie hören 4 Texte. Welches Bild passt zu dem Text? Notieren Sie die Bild-Nummer.

1 Das Haus steht auf dem Land. Es gibt keine Nachbarn. Es sieht sehr schön und ruhig aus. Ich glaube, hier wohnt eine Familie mit Kindern. Ich finde dieses Haus sehr schön. Mir gefallen die fünf dunklen Fenster in der weißen Wand.
2 Dieses Haus ist neu. Es hat 4 Stockwerke. Viele Menschen wohnen in diesem Haus. Vielleicht sind es Studenten. Es gibt viele Fenster. Alle sind gleich, grau und langweilig. Es gibt nichts Grünes, keinen Baum. Dieses Haus gefällt mir nicht.
3 Ich glaube, dieses Haus steht in einer Stadt. Es ist etwa 40 Jahre alt. Hier wohnen sicherlich alte Menschen, vielleicht auch kleine Familien. Die Wohnungen sind alle gleich groß. Sie haben vermutlich etwa 3 Zimmer, sicher Küche, Bad. Die Zimmer sind klein. Jede Wohnung hat einen Balkon und alle haben die gleichen Blumen auf dem Balkon. Die Menschen wohnen bestimmt gerne dort. Sie machen sich ihre Wohnung schön. Sie kennen ihre Nachbarn und ihre Geschichte. Mir gefällt dieses Haus.
4 Das Haus steht wohl irgendwo in einer Stadt. Es ist noch neu. Es sieht freundlich aus. Jede Wohnung hat einen Balkon. Auf den Balkonen rechts gibt es viele Blumen. In der Mitte gibt es einen Balkon unter dem Dach. Es gibt vielleicht etwa 11 Wohnungen in diesem Haus. Vielleicht wohnen noch nicht in allen Wohnungen Menschen. Doch, ja, das Haus gefällt mir.

T2 Was sagen die Menschen? Kreuzen Sie an: richtig oder falsch?

1 Wir haben eine sehr schöne Wohnung direkt im Zentrum. Sie hat 3 große Zimmer und eine Terrasse auf dem Dach. Wir haben eine schöne Aussicht über die Dächer. Die Wohnung hat nur einen Nachteil: Die Miete ist sehr hoch.

147

2 Ich wohne in einem Haus mit 16 Wohnungen. Das Haus hat 4 Stockwerke. Ich bin im 3. Stock und habe einen schönen Blick aus dem Fenster. Meine Wohnung ist etwa 75 m² groß, hat 3 Zimmer, einen Balkon und eine kleine Küche. Der Balkon zeigt in Richtung Süden. Die Wohnung ist also sehr hell. In diesem Haus leben Familien und Einzelpersonen. Das Haus steht am Stadtrand.

3 Ich wohne in einem Dorf ziemlich weit weg von der Stadt, also ungefähr 30 km. Man muss mit dem Zug in die Stadt fahren. Aber der Vorteil ist: Ich habe ein großes Zimmer, mit zwei Betten sogar, und ich habe meine eigene Dusche, und man kennt hier in diesem Dorf die Nachbarn gut.

4 Wir leben in einem Haus auf dem Land. Es gibt viele alte Bäume. Das ist sehr schön. Das Haus ist renoviert. Wir haben 5 Zimmer. Sebastian, er ist 11 Jahre, hat sein eigenes Zimmer und Maike auch. Bis zur nächsten Stadt sind es etwa 15 km. Wir müssen immer mit dem Auto fahren. Das ist wirklich ein Nachteil. Wir müssen die Kinder oft in die Stadt fahren.

Kapitel 9
Lehrbuch-Cassette 1.1 (2)

A9 Hören Sie Jennys „Selbstgespräch" und notieren Sie.

„Jenny, Untertalham 5" – der ist für mich!

„Ahoj Jenny". Ahoj – das wird „Hallo" sein. Hallo, Jenny. „Včera k nám přiletěl, přiletěl Tuej" – Gott, was heißt denn das? Ich versteh ja überhaupt nichts! Aber da: „balónek", das ist bestimmt mein Ballon mit der Adresse. Woher kommt der Brief überhaupt? Ich glaub, das ist Tschechisch. Wir haben doch da ein Lexikon. „Včera – včera – včera" – hier. „Včera": gestern. „K nám přiletěl", „při, při, přiletěl" – das steht da gar nicht drin. Aber: „přiletět", „přílétat" – herbeifliegen, geflogen kommen. Ach, mein Ballon ist da wahrscheinlich angekommen.
Da: „Zdenky a Honzy", das sind wahrscheinlich die Namen. Vielleicht 'n Mädchen und 'n Junge.
Wo ist das denn überhaupt? Philippsreut, Volary. Ich muss mal 'ne Karte holen. Philippsreut, Philippsreut ist hier, dann da die Grenze, ah ja: Volary, genau über der Grenze, ah, hier.

A10 Hören Sie Jenny im Gespräch mit einem tschechischen Freund, der seit vielen Jahren in Deutschland lebt. Was steht in dem Brief?

○ Du, ich hab 'ne Karte gekriegt, aus Volary. Ich weiß so ungefähr, was drin steht. – Also, „Ahoj Jenny" wird wohl so „Hallo, Jenny" heißen.
● Jaja, hmmhm.
○ Und „balónek" – also das hab ich mir auch noch ... – so „Ballon" also.
● Hmhm.
○ Und dann hab ich halt im Wörterbuch nachgeschaut, so „přivalski" – „přivázali" mein ich, das heißt so, so festbinden oder so. Und dann „strom", also, „na strom", also: an einen Baum.
● Jaja.
○ Und dann „přijedeš" heißt „holen", also, hab ich nachgeguckt, auch. Und dann ...
● Naja, so ungefähr, stimmt schon.

○ Also wahrscheinlich soll ich ihn halt holen. Und das „Zdenky a Honzy" sind die Kinder, also die Namen.
● Ja, richtig.
○ He, lies mir das doch mal vor, also auf Tschechisch richtig.
● *(liest die Karte auf Tschechisch vor)* Ja, und dann kommt eben diese Karte dann ... und „Zdenky a Honzy".
○ Ach ja, hehe, wie sagt man dazu, zu dem, zu dem „přijedeš"?
● „Priedesch".
○ „Priedesch" – „priedesch".
● Hm.
○ Und dann „si pro ..", wie sagt man „si pro něj"?
● „Si pronej".
○ „Si pronej".
● Hmhm.
○ „Přijedeš si proněj".
● „Priedesch si pronej".
○ „Pri– –", noch mal bitte!
● „Prijedesch si pronej".
○ „Prijedesch si pronej".
● Nja, so ungefähr.
○ So, übersetz mir doch bitte mal den ganzen Brief da.
● Also: „Hallo, Jenny! Gestern ist dein Luftballon bei uns angekommen. Er gefällt uns sehr. Wir haben ihn an den Baum gebunden. Und, also: kommst du ihn holen? Wir wohnen hier." Und dann eben diese Karte und: „Viele Grüße von Zdenka und Honza."

Arbeitsbuch-Cassette 1.2
Ü7 Eine Landschaft zeichnen.
a) Hören Sie und zeichnen Sie mit.

Nehmen Sie ein Blatt, ein weißes Blatt Papier und einen Bleistift oder einen Kugelschreiber. Am besten nehmen Sie das Blatt Papier quer.

So, und jetzt beginnen wir:

In der Mitte vorn ein Haus. Also, vorne in die Mitte vom Blatt zeichnen Sie ein Haus, ein großes Haus mit einer Tür und drei Fenstern. Ein Fenster unten neben der Tür und zwei Fenster oben, unter dem Dach.

So, und links vom Haus ist eine Wiese. Eine Wiese mit Blumen. Die Wiese mit den Blumen zeichnen Sie links neben das Haus.

Und rechts neben dem Haus ist ein Weg und ein Baum. Zuerst zeichnen Sie rechts also einen großen Baum. Der Baum ist so groß wie das Haus.
Und dann zeichnen Sie auf der rechten Seite auch noch einen schmalen Weg. Der Weg geht von der Haustür am Baum vorbei bis ganz nach rechts.

Hinten links, hinter der Wiese, ist ein kleiner Wald; und hinter dem Wald sind große, hohe Berge. Sie zeichnen also zuerst direkt hinter die Wiese einen kleinen Wald, mit etwa fünf, sechs Bäumen.
Und hinter den Wald zeichnen Sie jetzt hohe, große Berge. Im Winter liegt da immer Schnee ganz oben.

Und rechts hinter dem Haus und dem Baum ist ein Hügel, und hinter dem Hügel die Sonne und ein paar Wolken. Das Wetter ist nicht schlecht. Sie zeichnen hinter das Haus und hinter den Baum einen flachen Hügel, und über dem Hügel sieht man die Sonne und ein paar Wolken.

Und oben, ganz oben auf dem Hügel, unter der Sonne und fast in den Wolken, was steht da wohl? Zeichnen Sie selbst etwas. Es steht ganz oben auf dem Hügel.

Schauen Sie noch mal Ihr Bild an und kontrollieren Sie. Vorn in der Mitte das Haus, links die Wiese mit dem Gras und den Blumen.
Rechts vom Haus der große Baum und der schmale Weg. Links hinten die hohen Berge mit dem kleinen Wald davor; und rechts oben, hinter dem Haus, die Sonne mit den Wolken. Und der Hügel, und ganz oben auf dem Hügel – ja – da ist etwas. Das wissen nur Sie!

Ü11a) Was hören Sie? Kreuzen Sie an.

Und das Wetter in dieser Nacht: wolkig. Und auch in Nord- und Südbayern aufkommender gelegentlicher Regen. Tiefst- temperaturen 12 bis 7 Grad. Morgen vielfach wolkig oder stark bewölkt und gelegentlich Regen. Vereinzelt gibt es auch Aufhellungen. Und die Höchsttemperaturen morgen liegen zwischen 12 und 15 Grad. In wenigen Sekunden: 22 Uhr 16.

Aussprache-Cassette 1.3

Ü33b) Hören Sie auf Satzakzent, Pausen und Sprechmelodie.

Karin und Jenny sind Freundinnen. Jenny lebt auf einem Bauernhof in Niederbayern, Karin lebt in der Stadt. Beide haben das gleiche Hobby: Reiten und Pferde. Heute reiten sie über die Felder, durch den Wald bis zu dem Hügel. Da steht nur ein Baum. Seine Blätter sind schon bunt: rot, gelb, blau. Blau? Das ist kein Blatt! Da hängt ja ein Luftballon im Baum!

Testheft-Cassette 1.4

T1a) Was hat Susanne gestern gemacht? Was macht sie heute? Hören Sie und kreuzen Sie an: gestern oder heute.

○ Thomas? – Hallo, Thomas!
● Hallo, Susanne. Was machst du hier in München?
○ Ich habe Ferien und das Wetter in Hamburg ist sehr schlecht. Es regnet den ganzen Tag. Also habe ich gedacht: Fahr doch einfach mal nach München und sieh dir die Stadt an. Und da bin ich! Und du, was machst du hier?
● Ich lebe seit einem halben Jahr hier.
○ Ach nee?! Das habe ich ja gar nicht gewusst!
● Ja, weißt du, meine Freundin Anna hat hier Arbeit ge- funden. Uns gefällt es sehr gut hier, die Stadt ist wirklich toll. – Was hast du von München schon alles gesehen?
○ Oh, schon sehr viel: Gestern Vormittag habe ich mir die Innenstadt angesehen. Ich bin auf dem Marienplatz gewesen, habe mir die Frauenkirche angesehen.
● Hast du auch die Theatinerkirche gesehen?
○ Nein, das mache ich heute. Ich bin noch in die Alte Pinakothek gegangen und am Abend bin ich im IMAX-Kino gewesen. Hat mir echt gut gefallen.
● Welchen Film hast du gesehen?
○ Ich habe den Film „Blue Planet" gesehen. Ich gehe noch einmal ins IMAX-Kino und sehe mir „Grand Canyon" an. Ich habe noch viel auf dem Programm. Ich will noch in

eine Ausstellung im Deutschen Museum, und in eine Ausstellung im Haus der Kunst gehe ich auch noch.
● Wenn du nicht zu müde bist, können wir heute Abend zusammen in einen Biergarten gehen?
○ Mit Anna?
● Nein, Anna ist heute nach London geflogen. Sie besucht dort eine alte Freundin. Also, kommst du?
○ Ja, das ist eine gute Idee.
● Sehen wir uns um 7 Uhr an der Universität?
○ Okay, um 7 Uhr. Bis später.

T1b) Sie hören jetzt den Dialog noch einmal. Richtig oder Falsch? Kreuzen Sie an.

Kapitel 10
Arbeitsbuch-Cassette 1.2
Ü3 Weg beschreiben: Schauen Sie die Karte an und hören Sie. Markieren Sie den Weg.

● Ja, und dann? Von Mailand?
■ Von Mailand nach Venedig – alles auf der Autobahn – über Verona bis nach Venedig. Das liegt hier auf der Karte ganz unten im Süden, da, siehst du, da unten, direkt am Meer. Ja, und in Venedig haben wir zuerst die Stadt angeschaut und etwas gegessen. Venedig ist sehr roman- tisch, viele Brücken, viele Kirchen, schöne Plätze und vor allem: ganz viele kleine Schiffe! Und im Herbst sind da nur wenig Touristen.
○ Und habt ihr in Venedig übernachtet?
■ Nein, wir sind weitergefahren, wir haben uns ja mit Freunden in Wien verabredet. Die Kinder haben ge- schlafen, hinten im Auto, und wir sind die ganze Nacht durchgefahren, also, nach dem Essen sind wir losgefahren bis zur Grenze nach Triest, von da weiter durch Slowenien nach Ljubljana.
● Und an der Grenze, habt ihr da keine Probleme gehabt?
○ Nein, überhaupt nicht, die Zöllner waren sehr nett, und die haben nicht einmal die Pässe der Kinder kontrolliert, die haben die Kinder nicht geweckt. Ja, und wir, wir sind dann durch Slowenien durchgefahren bis nach Maribor, siehst du, das liegt hier, gerade an der Grenze zwischen Österreich und Slowenien. Und dann weiter, immer auf der Autobahn, bis Graz, und da haben wir einen Moment an einer Autobahnraststätte geschlafen, ganz in der Nähe von Graz.
○ Und wie weit ist es von da bis Wien?
■ Bis Wien, das sind etwa 2 bis 3 Stunden. Also, wir sind dann noch falsch gefahren, da in Graz, da muss man nämlich rechts abbiegen auf die Autobahn nach Wien, und ich habe das Schild nicht gesehen, ich war noch nicht ganz wach. Und da ist dann auch wieder alles Autobahn bis Wien. Wien ist übrigens auch sehr schön, ja, genau da liegt es, direkt an der Donau, und, ja, so gegen 10 Uhr haben wir dann bei unseren Freunden geklingelt.
○ Und was habt ihr in Wien gemacht?
■ Wir sind dann ein paar Tage in Wien geblieben und haben viel …

Testheft-Cassette 1.4

T1 Daniela und Mario sitzen im Café. Sie wollen am Wochenende ans Meer. Mario fährt schon am Mittwoch. Daniela kommt erst später mit dem Auto. Mario erklärt Daniela den Weg. Hören und markieren Sie den Weg auf der Landkarte. Wo und wann sehen sich Daniela und Mario? Notieren Sie: Ort und Zeit.

○ Also, du fährst bis Stralsund. In Stralsund fährst du über die Brücke und kommst bei Altefähr auf die Insel Rügen. Da musst du aufpassen, da ist im Sommer oft ein Stau. Von Altefähr fährst du weiter auf der Bundesstraße 96 über Rambin bis Samtens. Bei Samtens fährst du von der Bundesstraße ab. Hast du's?

● Ja, Moment: Also Altefähr bis Samtens. Ja, jetzt hab ich's.

○ Okay. – Du fährst jetzt in Richtung Norden über Dreschwitz bis Ramitz.

● Ramitz, ja.

○ Bei Ramitz biegst du rechts ab. Dann kommst du nach Kluis.

● Das sind aber komische Namen! Samtens, Ramitz, Kluis.

○ Ja, das stimmt. – Hast du's?

● Mhm, und dann?

○ Okay. Bei Kluis fährst du nach links in Richtung Trent und dann links weiter bis Schaprode. In Schaprode an der Kirche warte ich auf dich.

● Wie lange fahre ich von Berlin bis Stralsund?

○ Das sind etwa 300 km. Ohne Staus fährst du etwa 3 Stunden, vielleicht auch 3,5 Stunden.

● Also, ich fahre etwa um 1 Uhr hier los. Dann bin ich so gegen halb fünf da.

○ Okay, halb fünf an der Kirche in Schaprode.

● So, ich muss los! Bis Freitag! Tschüs, Mario!

○ Ciao, Daniela. Bis Freitag!

T2 Hören Sie und malen Sie.

Bitte beginnen Sie auf der rechten Bildhälfte, ungefähr in der Mitte, nicht ganz rechts.
Ganz rechts auf dem Bild steht ein Haus. Vorne im Haus ist eine Tür. In der Tür steht eine Person. Links neben der Tür vor dem Haus steht ein Stuhl.
Rechts neben dem Haus ist ein Pferd. Es schaut zum Haus. Hinter dem Haus steht ein sehr großer Baum.
Malen Sie jetzt bitte auf der linken Bildhälfte weiter. Beginnen Sie am linken Bildrand, aber nicht ganz unten.
Links auf dem Bild sind zwei Hügel. Auf dem rechten Hügel steht eine Kirche. Zwischen den Hügeln steht noch ein Haus. Vor den beiden Hügeln ist ein See. Ein Weg geht vom Haus zum See.

Kapitel 11

Lehrbuch-Cassette 1.1 (2)

A11 a) Hören Sie die vier Dialoge. Verstehen Sie Sächsisch?

Dialog 1

○ Und wann ist Ihre Zeit, wo Sie immer einkaufen?

● An und für sich so nach neun. Ja.

○ Und haben Sie so Ihre festen Stände hier auf dem Markt, wo Sie einkaufen?

● Ach na ja, an und für sich nicht so, ich geh gerne kucken.

○ Kucken?

● Und mal da, mal da, s' schmeckt überall mal 'n bisschen anders, ja, das is' ja auch 'n bisschen Abwechslung, und, sonst, och, ich find's gut.

○ Und die Atmosphäre, wie finden Sie die?

● Gut, och, klar, die ist gut, also im Sommer, wenn's wärmer ist, noch besser als jetzt, wenn's so kalt ist, ja. Aber ich find ihn gut, den Markt, ich find ihn gut.

Dialog 2

○ Hast du deine Lieblingsstände, oder …

● Ja, also, mein Lieblingsbäcker, das Brot schmeckt sehr gut und ist mit Sauerteig gebacken, und, er sagt jedenfalls, mit natürlichen Zutaten. Und Radebeul is' zu weit weg. Der kommt extra aus Radebeul hierher, und deswegen kaufe ich freitags hier ein. Und dann …

○ Und was für Stände noch?

● Ja, frisches Gemüse, aus Omsewitz, der Kamenzer Fleischer, und Gemüsesaft aus dem Spreewald.

○ Und das ist günstiger, als wenn du …?

● Is' es nicht. Aber einmal die Woche kann man's machen.

Dialog 3

● Die Kunden, die sind begeistert von dem Markt, die gehen lieber uff dem Markt hier einkaufen als wie in … – nebenan haben wir hier Spar-Kaufhalle. Also, unsere Kunden sagen uns zumindestens, unser Gemüse, Obst ist frischer als wie in der Kaufhalle. Denen gefällt das hier so, bissl überall zu kucken.

○ Und auch ins Gespräch zu kommen?

● Genau. Und ja, bissl das Leid anhören und Problemchen. Das gibt's, das gibt's.

○ Hören Sie viel?

● O ja, ich hör viel. Was soll's, wenn man Zeit hat, hört man zu, warum nicht, die wollen doch ihre Probleme loswerden, meistens sind das solche ältere Damen, die sind alleine, no jo.

Dialog 4

○ Sagen Sie, und ist der Honig aus Ihrer Imkerei?

● Aus meiner Imkerei.

○ Aha, und wo liegt Ihre Imkerei?

● Meine Imkerei liegt in Naunhof, und das ist im Moritzburger Teichgebiet.

○ Moritzburg? Da haben Sie ja immer einen weiten Weg zur Anfahrt?

● Jo, so ungefähr 25 Kilometer bis hierher.

○ 25 Kilometer. Und wann fahren Sie da früh hierher?

● 10 vor 6 fahr ich immer zu Hause los, und da bin ich immer, so drei viertel sieben bin ich hier. Dann wird aufgebaut. Um achte is' hier offiziell der Beginn.

○ Um acht beginnt der Markt?

● Ja.

A14 Kontrollieren Sie Ihre Notizen und ergänzen Sie.

Natürlich kaufen hier in Dresden nicht alle auf dem Sachsenmarkt ein. Ich auch nicht. Heute habe ich Zeit. Da geh ich gern auf den Markt.
Ich kaufe meistens in der Nähe von meiner Wohnung ein. Da gibt es noch einige kleine Geschäfte. Meistens gehe ich in einen kleinen Laden. Das ist so ein alter Tante-Emma-Laden. Dort gibt es so ziemlich alles, nur kein Brot und auch kein

10T

Edición, Importación y Venta Directa de Libros Alemanes

B

NUEVO NÚMERO TELEFÓNICO
0810-333-4105
hola@dashausdesbuches.com
www.dashausdesbuches.com

Das Haus des Buches

Uniendo Culturas
MARCA REGISTRADA

Das Haus des Buches
de Karin V. Arenas
Cuba 2790 Piso 10 Of. B
1428 Ciudad Aut. de Bs. As.
IVA. RESPONSABLE INSCRIPTO

FACTURA

Nº 0002 - 00005752

FECHA: 12-Abr-2005

C.U.I.T.:27-23292403-4
Ingresos Brutos: 1047711-10
Inicio de Actividades: 01/11/1998

Señor/es: Leonardo Font

Domicilio: Juramento 5079

Localidad: Cap. Fed.

Condición IVA.:

C.U.I.T.:

Condiciones de venta: Contado

Remito Nº:

CANTIDAD	DESCRIPCION	P. UNITARIO	IMPORTE
1	Moment Mal! 1 Pack	79.00	79.00
1	Moment Mal! 1 LHR	85.00	85.00

Das Haus des Buches mejora con un descuento mínimo de 5% el mejor precio que pueda ofrecer cualquier competidor legalizado entre idénticos productos disponibles en stock. Este compromiso le asegura el menor precio de mercado.

SUBTOTAL	$	164.00
DESCUENTO %	$	0.00
GASTOS ENVIO	$	0.00
TOTAL	$	**164.00**

27232924034060002250491524748592007020

GRAFICA CAMAIL - Ladd S.R.L - Esmeralda 343 - Cap. Fed. 4326-2657
C.U.I.T.: 30-61733855-2 - Hab. Munic.: 07846 - Registro 048144/0
Fecha de Impresión Setiembre 2004 - del 0002 - 00005301 al 0002 - 00005800

Original Blanco
Duplicado Amarillo

C.A.I. Nº: 25049152474859
VENCIMIENTO: 08/02/2007

Fleisch. Aber das ist nicht schlimm. Es gibt bei mir gleich um die Ecke eine Bäckerei und eine Fleischerei.
Manchmal fahre ich auch in eine Großkaufhalle, Konsum, Eurospar, Kaiser oder wie sie alle heißen, so ein- oder zweimal im Monat. Da ist es schon billiger als in den kleinen Geschäften. Übrigens, auf dem Markt ist es auch nicht gerade billig. Diese Großkaufhallen finde ich nicht besonders angenehm, sie sind so anonym, die Atmosphäre ist nicht persönlich. Ich kaufe ein und nachher habe ich mit niemandem gesprochen. Und ich kenne niemand. Aber da bekomme ich schnell alles für die Familie. Und ich kaufe auch alles für den Haushalt, nicht nur Lebensmittel, auch Waschmittel und viele andere Dinge. Und natürlich das Futter für unsere Katze, für Linus.
Aber am liebsten gehe ich in den kleinen Laden gleich um die Ecke, in den Tante-Emma-Laden. Der war schon immer dort. Ich kenne die Leute, schon lange, und sie kennen mich. Schon sehr lange.

Arbeitsbuch-Cassette 1.2

Ü10 Ergänzen Sie den Dialog.

● Guten Tag, was darf es sein?
○ Ein Pfund Tomaten und zwei Paprika.
● Sonst noch ein Wunsch?
○ Geben Sie mir noch einen Salat, bitte.
● Alles? Das macht zusammen 2 Euro 60, bitte.
○ Und was kosten die Äpfel hier?
● 1 Euro 40 das Kilo.
○ Geben Sie mir auch noch vier Stück davon.
● 2 Euro 60 und 1 Euro 5, das macht dann zusammen 3 Euro 65.
○ Hier, bitte.
● Und 1 Euro 35 zurück. Danke und auf Wiedersehen!
○ Wiedersehen!

Ü12a) Welche Antwort passt? Notieren Sie.

A Die sind heute besonders günstig, nur 1 Euro 40 das Kilo. Sehr frisch und saftig!

B Natürlich, die sind aus eigener Ernte, rein biologisch und lang haltbar; ein 10-Pfund-Sack nur 2 Euro, für den Vorrat zu Hause.

C Die sind sehr gut im Geschmack und schön reif, eher fest; kosten heute nur 55 Cent pro Pfund.

D Möchten Sie versuchen? Die sind sehr süß und saftig. Überhaupt nicht sauer! Ein Kilo 1 Euro 60, zwei Kilo nur 3 Euro.

E Ja, schon, aber die sind nicht so süß und saftig. Aber sie schmecken auch gut, 95 Cent das Kilo.

R4a) Hören Sie den Dialog. Wo kauft der Mann seine Lebensmittel? Was kauft er dort?

● Entschuldigen Sie bitte, ich möchte Sie gerne etwas fragen.
○ Ja, bitte?
● Sie haben gerade hier eingekauft. Kaufen Sie immer hier im Supermarkt?
○ Ja, normalerweise. Einmal in der Woche kaufe ich hier ein.
● Was kaufen Sie hier?

○ Ach, eigentlich fast alles. Sehen Sie: Heute habe ich Milch, Käse und etwas Gemüse gekauft.
● Warum kaufen Sie in diesem Supermarkt und nicht in kleineren Läden?
○ Oh, aus drei Gründen: Erstens ist es billiger als in anderen Geschäften. Hier bezahle ich zum Beispiel für 500 Gramm Käse nur 3 Euro. Zweitens kann ich hier schneller einkaufen, ich brauche weniger Zeit. Ja, und drittens ist der Supermarkt näher bei meiner Wohnung. Ich wohne in der Friedrichstraße. Das ist hier ganz in der Nähe.
● Dann kaufen Sie also alles hier im Supermarkt?
○ Nein, nicht alles. Wurst und Fleisch kaufe ich in der Metzgerei in der Karlsstraße.
● Warum?
○ Ich esse am liebsten ein gutes Steak. Und das Fleisch ist halt in dieser Metzgerei am besten.
● Herzlichen Dank. Ich wünsche Ihnen noch einen schönen Tag!
○ Auf Wiedersehen!

Aussprache-Cassette 1.3

Ü26 Welchen Laut hören Sie? Kreuzen Sie an.

a) 1. aufwachen **b)** 1. Kirche
2. nackt 2. Kirsche
3. Nacht 3. möchten
4. lachen 4. mischen
5. Lack 5. Milch
6. Macht 6. Menschen

Testheft-Cassette 1.4

T1 Hören Sie einen Ausschnitt aus dem Radio. Sie hören diesen Text 2-mal. Warum kommen die Frauen auf den Markt? Kreuzen Sie an. Achten Sie nur auf die Frauen!

○ Marktplätze, das waren früher die Plätze, wo verkauft und gekauft wurde, wo Neuigkeiten ausgetauscht wurden. Auf den Markt fahren, das war etwas Besonderes. Und auch heute ist es noch genauso.
Freiburg im Breisgau hat seinen Blumen- und Gemüsemarkt vor dem Münster. Vor allem am Samstag gibt es immer sehr viele Menschen, die hier einkaufen. Und auch jeder Freiburg-Tourist ist nicht nur vom Münster beeindruckt, sondern auch von diesem bunten Markt.
Wir wollen heute herausfinden, warum die Menschen auf den Markt kommen.
Alexander Kurz hat die Menschen auf dem Markt befragt.
● Warum kaufen Sie auf dem Markt?
▷ Wegen der Atmosphäre hier. Alles sieht hier so schön aus und das Gemüse ist hier schön frisch. Und man trifft Leute, redet. Ich kaufe regelmäßig hier. Eigentlich jeden Samstag.
▶ Och, wir sehen uns das alles nur mal so an. Wir sind nicht von hier. Das ist ja alles so schön bunt hier. Kaufen tun wir nichts.
□ Man kauft hier gut. Die Qualität ist hier einfach am besten. Alles ist frisch und es ist auch noch preiswert. Und man trifft Leute, redet, hört Neuigkeiten. Das ist schon toll. Mein Mann kommt oft mit. Wir gehen dann oft noch in ein Café etwas trinken.
■ Meine Mutter hat gesagt, ich soll hier einkaufen.

- Machst du das nicht gerne?
- Och, ja. Ich finde das ein bisschen weit. Gemüse gibt's ja auch im Supermarkt.
- Ich kaufe nur selten hier. Eigentlich nur im Sommer. Heute ist das Wetter so schön, da habe ich gedacht: Geh doch einmal auf den Markt. Ja, und das ist ganz schön hier, hat 'ne gute Atmosphäre, und es ist wirklich billig hier. Ich gehe jetzt noch einmal über den Markt und dann gehe ich rüber ins Café.
- Ich kaufe hier nur biologisches Gemüse und Obst. Das bekomme ich hier auf dem Markt. Ich mag auch die Atmosphäre hier.
- Oh, ich finde den Markt phantastisch! Ich treffe immer viele Leute. Das ist schon schön! Ja, und das Gemüse ist hier preiswert, wirklich billiger als im Supermarkt. Und frischer ist auch alles.
  Und – hier weiß ich von wem ich kaufe. Ich kaufe eigentlich immer beim gleichen Händler.
- Der Markt auf dem Münsterplatz ist ein Treffpunkt für Jung und Alt. Leute mit Einkaufstaschen voller Obst und Gemüse. Leute, die auf der Straße stehen und sich unterhalten. Der Markt als Zentrum der Stadt, als Platz der Kommunikation.

Sie hören den Ausschnitt noch einmal. Hören Sie nur auf die Frauenstimmen.

Kapitel 12
Lehrbuch-Cassette 1.1 (2)

A3a) Was fragt Christine? Notieren Sie die Fragen.

- Claudia Weiß.
- Ah, servus, Claudia, da ist Christine. Wie geht's denn so?
- Es ist alles okay, danke. Und dir? Wie geht's?
- Es geht. Du, ich hab deine Einladung bekommen, für den nächsten Samstag. Danke.
- Ah, fein, du kommst also?
- Na klar. Was feierst du eigentlich? Du hast doch erst im Juli Geburtstag.
- Ich möchte einfach wieder einmal ein gemütliches Fest, mit ein paar netten Leuten. Das ist alles.
- Und kann ich was mitbringen? Soll ich einen Kuchen backen?
- Das ist nicht nötig, danke.
- Aber das mach ich gern. Übrigens, bis wann soll ich bei dir sein?
- Am besten so gegen sieben; geht das?
- Ja, kein Problem. Also, dann sehen wir uns am Samstag, fein!
- Ja, schön. Bis dann. Ciao!
- Bis Samstag! Tschüs!

A4 Ins Gespräch kommen.

a) Hören Sie die Dialoge ① und ②. Wie viele Personen sprechen?

Dialog 1

- Hallo, Christine! Wie geht's dir?
- Danke, gut, und dir auch?
- Ja, alles in Ordnung. Mensch, ich hab dich schon so lange nicht mehr gesehen, sicher ein paar Monate.

- Ich weiß es genau, das war bei meinem Geburtstag, vor vier Monaten.
- Schau, da stehen die Getränke, bedien dich doch selbst, ja?

Dialog 2

- Schön, dass Sie kommen, Herr Huber.
- Vielen Dank für die Einladung. Ich habe mich sehr gefreut.
- Übrigens, darf ich Ihnen vorstellen, das ist mein Kollege, Herr Peters.
- Schönen Abend! Angenehm, Peters.
- Schönen Abend! Freut mich.
  Und was darf ich Ihnen zum Trinken anbieten? Einen Aperitif, ein Glas Sekt, Bier, Wein, einen Saft?

A9 Hören Sie jetzt den Dialog. Vergleichen Sie mit dem Text im Lehrbuch. Was ist anders?

- Guten Appetit!
- Danke, gleichfalls.
- Hast du schon den Kartoffelsalat probiert? Der schmeckt nicht gut, da fehlt etwas.
- Aber der griechische Salat: Spitze! Den musst du unbedingt auch probieren.
- Und dieses Brot. Ich weiß nicht …
- Hast du auch die Lasagne gekostet? Die ist wirklich gut.
- Die esse ich nicht, ich esse nur vegetarisch.
- Dann ist sie richtig für dich, die ist ohne Fleisch.
- Wie bitte? Lass mich mal probieren!
- Und?
- Ich mache sie besser!
- Aber der Wein ist gut: Zum Wohl!
- Da hast du recht. Prost!

A13 Im Restaurant bestellen. Hören Sie! Was passiert? Wo liegt das Problem?

- Haben Sie schon gewählt?
- Ja, aber ich habe eine Frage: Was ist das, „Gemüse überbacken mit Nudeln"?
- Das sind verschiedene Gemüse, je nach Saison, alles frische Sachen.
- Hm, ja, schön! Bringen Sie mir das!
- Möchten Sie auch eine Vorspeise? Suppentopf? Knoblauchrahmsuppe? Ein bunter Salatteller? Ach ja, es gibt heute auch eine Kartoffelsuppe.
- Ja, das ist eine gute Idee, bringen Sie mir eine.
- Eine Kartoffelsuppe und „Gemüse überbacken". Und zum Trinken?
- Ich nehm ein Mineralwasser.
- Ihr Mineralwasser, bitte. Entschuldigen Sie, aber es gibt ein kleines Problem: Das „Gemüse überbacken" gibt es heute nicht mehr. Das ist leider aus. Hier ist noch mal die Karte.
- Vegetarisch ist also nichts da …

A22a) Welche Ausdrücke zum Thema „Kochen" hören Sie? Notieren Sie.

Ich koche ja wirklich gerne, ich hab immer gern gekocht – früher für die Familie, heute nur noch für mich allein. Es ist heute alles viel einfacher. Früher hatte ich einen Holzherd. Heute muss ich nur den Herd einschalten und schwupp … schon kann ich kochen. Das geht so einfach und schnell. Und der Kühlschrank … Die Milch, das Gemüse, das Fleisch,

alles bleibt im Kühlschrank länger frisch. Und nach dem Essen ist es auch viel bequemer heute: den Tisch abräumen, das Geschirr und Besteck in die Geschirrspülmaschine geben, den Herd putzen, fertig. Ich habe nie gern Geschirr abgewaschen. Früher waren meine Kinder meistens auch in der Küche. Sie haben geholfen: haben Holz im Keller geholt, haben Kartoffeln geschält und geschnitten, haben den Tisch gedeckt und nach dem Essen abgeräumt, haben auch gern selbst gekocht. Und noch lieber haben sie beim Backen geholfen.
Sie haben aber nie gern abgewaschen und auch nicht gern abgetrocknet. Ich hab das meistens allein gemacht. Ach, das waren noch Zeiten …!

Ü5 Befehle, Anweisungen, Aufforderungen. Welche Verbformen hören Sie? Kreuzen Sie an.

Text 1
Mit dem Auto? Das ist ganz einfach. Nehmen Sie nach der Unibrücke die dritte Straße rechts, die Höhenstraße. Fahren Sie bis zur Kirche. Lassen Sie das Auto dort stehen, da gibt es genug Parkplätze. Nach circa 50 Metern beginnt links die Berggasse.

Text 2
Ach, ihr kommt mit dem Bus? Dann nehmt einfach die Linie N, vom Bahnhof weg. Steigt schon bei der Kirche in der Höhenstraße aus, nicht erst bei der Haltestelle Berggasse. Geht von dort noch 50 Meter aufwärts, da ist die Berggasse. Alles klar? Übrigens, im Garten ist ein Hund, aber habt keine Angst, er macht nichts!

Text 3
Du kommst wirklich mit dem Fahrrad? Moment mal, dann nimm doch den Radweg aus der Stadt hinaus, bis über die Brücke, und dort nach links. Bleib dann ca. 500 Meter auf der Bundesstraße bis zur Höhenstraße. Fahr nicht ganz bis zur Kirche. So 50 Meter vor der Kirche ist rechts die Berggasse. Und sei so nett, nimm bitte ein paar CDs mit!

Aussprache-Cassette 1.3

Ü27 a) Wo hören Sie ein „h"? Kreuzen Sie an.

1. Heisig.	6. Eickel.
2. Hauer.	7. Olting.
3. Ackmann.	8. Eder.
4. Hägar.	9. Heder.
5. Hellmann.	10. Uhland.

Ü27 b) Ergänzen Sie die Wortpaare.

1. Eis. Heiß.	5. Hessen. Essen.
2. Aus. Haus.	6. Offen. Hoffen.
3. Halle. Alle.	7. Ende. Hände.
4. Er. Herr.	8. Ihr. Hier.

Testheft-Cassette 1.4

T1 Sie hören zwei Gespräche auf einem Fest. Was sagen die Personen? Kreuzen Sie an. Richtig oder falsch.

Text 1
○ Hallo, Nicole!
● Guten Abend, Sabine.
○ Schön, dass du da bist. Komm doch bitte herein! Die anderen sind schon da. Ich stelle dich vor.
● Gern.
○ Das ist der Franz. Franz, das ist die Nicole. Du weißt, ich habe schon viel von ihr erzählt.
□ Hallo, Nicole!
● Guten Abend, Franz.
○ Und das hier ist Paul.

Text 2
○ Guten Appetit!
● Danke, gleichfalls!
○ Hast du den Wurstsalat schon probiert? Der schmeckt sehr gut. Probier einmal!
● Danke. Ich esse kein Fleisch. Aber der Nudelsalat dort ist auch sehr gut.
○ Du bist Vegetarierin?
● Ja, seit bald 4 Jahren. Und du isst Fleisch?
○ Ja, aber nicht oft. Isst du auch keinen Fisch? Und was ist mit Eiern?
● Fisch esse ich auch nicht, aber Eier und Käse esse ich schon. Mhm, der Kartoffelsalat ist sehr gut.
■ Na, wie schmeckt's?
● Das ist alles sehr, sehr gut.

T2 Die Gastgeberin erklärt ein Rezept. a) Ergänzen Sie die Angaben zu den Zutaten.

○ Mhm, diese Kartoffeln sind phantastisch! Wie macht man das? Das ist soo gut. Du musst mir unbedingt das Rezept geben! Ist das schwer?
● Das ist ganz einfach. Das Rezept kommt aus Norddeutschland. Also, für 6 Personen brauchst du etwa: 800 Gramm Kartoffeln, 2 Zwiebeln, 6 Esslöffel Brühe, Salz, Pfeffer, 4 Esslöffel Mayonnaise und einen Joghurt.
○ Mayonnaise und Joghurt?
● Ja, in Süddeutschland nimmt man Essig und Öl. Aber im Norden eben Mayonnaise und Joghurt.

T2 b) Sie hören jetzt das Rezept. Welche Fotos gehören zu diesem Essen? Nummerieren Sie die richtige Reihenfolge.

● Also, du nimmst einen Topf mit Wasser und kochst zuerst die Kartoffeln. Die Kartoffeln brauchen so etwa 25 Minuten, bis sie gar sind.
Lass sie einen Moment stehen. Nimm dann eine Gabel und schäle die noch heißen Kartoffeln.
Dann schneidest du die Kartoffeln und die Zwiebeln in dünne Scheiben und mischst die heiße Brühe mit Salz, Pfeffer und Essig und gießt alles über die Kartoffeln und Zwiebeln.
Das lässt du 15 Minuten stehen.
Und zum Schluss mischst du die Mayonnaise und den Joghurt und gibst diese Mischung auch zu den Kartoffeln.
Lass alles noch einmal 30 Minuten stehen.
Das ist schon alles. Du siehst, es ist wirklich ganz einfach.
○ Ja, ich versuche das einmal.

153

Kapitel 13

Lehrbuch-Cassette 1.1 (2)

A2 Was verstehen Sie jetzt? Was heißt wohl „Gaukler"?

Kommt, ihr Herren, groß und klein,
ihr Mamsellen, dünn und fein!
Kommt, ihr Leute, lauft herbei,
anzuschaun die Narretei!
Denn bei euch sind Gaukler heut.
Ja, wisst es nur, ihr guten Leut.
Heute könnt ihr euch erbauen,
denn gar vieles gibt's zu schauen.
Ein Zauberspiel auf weißer Wand:
Die Laterna Magica entführt in ein exotisch' Land.

A13 Hören Sie ein Interview mit Ruth und Günther. Für wen spielen sie? Wie sieht das Programm aus?

○ Das Wort „Laterna Magica" kommt aus dem Lateinischen. In Deutsch würde man sagen: „Zauberlaterne" oder „Wunderlampe".

● Warum heute Laterna Magica?

○ Die Laterna Magica ist eine alte Projektionskunst. Noch bevor das Kino erfunden war, haben die Leute auch schauen wollen und sich Geschichten erzählen lassen wollen. … Als das Kino kam, wurde die Laterna Magica einfach verdrängt. Und jetzt haben wir bei unseren Aufführungen festgestellt, dass die Leute sehr gerne zuschaun und sehr gerne zuhören.

● Welche Leute sind das? Junge Leute? Alte Leute?

□ Ja, das sind junge und alte Leute. Das geht von sechs bis hundert Jahren.

● Habt ihr ein unterschiedliches Programm?

□ Es gibt verschiedene Programme. Ein Programm für Kinder; ein Programm für Jugendliche, die schon mehr an den historischen Sachen auch interessiert sind. Und ein Programm für Erwachsene.

● Wie schaut denn so ein Abendprogramm aus? Könntet ihr das mal so vom Ablauf her beschreiben?

○ Zur Einleitung steht ein(e) lustige Sequenz, die heißt „Kleine Teufeleien". Die dient dazu, die Leute zu erheitern und die Augen für diese Bilder ein bisschen zu öffnen. Dann kommt eine „Zimmerreise" … anhand der handgemalten Bilder und Plaudereien rund um die Welt, obwohl wir alle im Zimmer sitzen bleiben. Dann kommt eine Erfrischungspause.
Dann geht es weiter, kommt ein historischer Exkurs, der dazu dient, die Fragen, die sonst von allen einzeln gestellt werden, aus der Geschichte der „Laterna Magica" zu beantworten.
Und am Schluss steht eine Liebesgeschichte, „Harlekin und Colombine".

A17 Hören Sie die Geschichte. Gefällt sie Ihnen? Wie ist sie gestaltet?

Unsere Reise ist nicht nur eine Reise nach Italien, nein, es ist auch eine Reise durch die Zeit.
Hier sehen wir die Pizzeria „Vesuvio" im Jahre 79 nach Christus. Wir sitzen hier, sehen in der Ferne den feuerspeienden Vulkan und warten, dass Paolo, der Kellner, uns eine Portion duftender Spaghetti bringt. Und da kommt er schon, Paolo!
Plötzlich, in der Ferne … fängt der Berg zu donnern an. Entsetzt bleibt Paolo stehen und schaut hinüber. Aber er hat ja Gäste und serviert unsere Spaghetti. Mit Weintrinken, Gesang und Gesprächen vergeht der Nachmittag.
Die Dämmerung kommt, langsam färben sich die Wolken rosa, die Nacht bricht herein und das Bild hat sich total verändert. Hier sehen wir die Arkaden von Pompeji. Die Leute sind alle fortgelaufen, hinaus aus der Stadt, um der Naturkatastrophe zuzuschauen – sie werden alle untergehen und sterben. Aber noch wissen sie es nicht.
Eine Eruption nach der andern kommt aus dem Berg und Gesteinshagel donnert über die Stadt. Die Menschen sind entsetzt, der heiße Wind fegt durch die Stadt und der nächste Ausbruch verschüttet die ganze Stadt mit ihren Häusern und Bewohnern. Werfen wir noch einen letzten Blick in die Pizzeria Vesuvio: Ein Flammenmeer hat sich ausgebreitet, die zwei versuchen das Rotweinfass zu retten, der da schleppt die Spaghettikiste, und da hat sich eine Eimerkette gebildet –, aber wie sollen sich menschliche Kräfte gegen Naturgewalten behaupten?
Die Damen und die jüngeren Herrschaften im Publikum, die die Augen mit den Händen bedeckt hatten, weil sie so entsetzliche Bilder nicht sehen wollen, können jetzt die Augen wieder öffnen, es kommen friedlichere Bilder.

Arbeitsbuch-Cassette 1.2

Ü4d) Hören Sie den Text.

Der Frosch kämpft mit dem Krokodil,
die Schnecke trägt Herrn K. zum Nil.

Der Käfer auf der Laute brummt,
Frau Schmetterling beim Tanze summt.

Und wenn wir rechtens das besehn:
Exotischer kann's nicht mehr gehn!

Aussprache-Cassette 1.3

Ü23 Ergänzen Sie.

1. Dem. Den.
2. Seinen. Seinem.
3. Vom. Von.
4. Ihren. Ihrem.
5. Wen. Wem.
6. Welchem. Welchen.

Ü24a) Ergänzen Sie.

1. Häusern. Häuser.
2. Wörter. Wörtern.
3. Nummer. Nummern.
4. Regeln. Regel.
5. Hügel. Hügeln.
6. Gabeln. Gabel.

Testheft-Cassette 1.4

T3 Sie hören ein Interview. Was erzählt Frau Milles? Kreuzen Sie an: Richtig oder falsch?

○ Frau Milles, Sie arbeiten als Puppenspielerin. Wie sind Sie auf die Idee gekommen, Puppenspielerin zu werden?

● Ja, ich habe mich schon als Kind sehr dafür interessiert – das hat mir immer gut gefallen, und als ich 16 war, bin ich einfach zum Münchner Marionettentheater gegangen und habe mich da vorgestellt und beworben, dass ich da mitspielen darf. Das hat geklappt, ich hab dann dort angefangen.

○ Haben Sie vorher schon mit Puppen gespielt oder war das der erste Kontakt?

● Das war der erste Kontakt. Ja, kann man sagen. Als Kind hab ich eigentlich gar nicht gern mit Puppen gespielt.

○ Aber mit Marionetten?

● Ja, genau.

○ Sie haben dann am Münchner Marionettentheater angefangen. Was haben Sie dort genau gemacht?

● Dort gibt es zwei ganz verschiedene Sachen, nämlich am Nachmittag Märchenvorstellungen für Kinder, so richtig deftige Stücke auch mit Kasperl und Märchen eben – und am Abend Opern für Erwachsene –, unter anderem Mozart-Opern und viele Orff-Sachen.
Und dann hab ich an einer Studentenbühne gespielt, die heißt „Das kleine Spiel", die machen sehr experimentelle Sachen mit Marionetten, nicht so sehr figürlich-realistisch. Das war sehr schön, weil wir die Puppen selber gemacht haben. Also, man hat auch eigene Texte geschrieben, mit modernen Autoren gearbeitet und die Puppen eben selbst gebaut.

○ Sie haben auch bei Fernseh- und Filmproduktionen mitgemacht. Ich glaube, Sie haben bei der „Unendlichen Geschichte" mitgewirkt, das war eine große amerikanische Verfilmung von einer Märchengeschichte. Und bei der Geschichte, worum ging es da genau? Können Sie den Inhalt in 2–3 Sätzen kurz zusammenfassen?

● Ja, da ist ein Junge, der eigentlich sehr ängstlich und schüchtern ist und über das Buch, also über das Lesen in so eine andere Welt kommt und dann feststellt, dass er das nicht nur liest, sondern wirklich in dieser Welt ist, eben mit diesen phantastischen Figuren, mit Bäumen, die leben, und mit fliegenden Drachen, und das eignet sich natürlich sehr gut für Puppen und Figuren, um das darzustellen.

○ Was haben Sie dort genau gemacht? Wissen Sie noch, welche Figur Sie gespielt haben?

● Ja, das waren verschiedene Figuren. An eine erinnere ich mich noch sehr gut. Das war der Steinbeißer.

○ Steinbeißer?

● Mhm, der isst Steine. Die Figur war sehr groß. Wir waren 3 Personen in dieser Figur. – Ja, das war eigentlich eine ganz andere Art, weil es keine Marionetten waren, sondern es waren entweder große Figuren – die haben wir über Maschinen bewegt – oder wir waren direkt in der Figur – wie beim Steinbeißer z.B.

○ Was gefällt Ihnen an Ihrer Arbeit am meisten?

● Ja – wir haben hier in München die Institution „Kreis für Puppenspieler", und da kommen immer Puppenspieler aus aller Welt, wirklich aus Indien und Amerika, Kanada und ich weiß nicht – und da sieht man, dass es eine solche Vielfalt gibt, was man da machen kann. Also, ich kenn das jetzt seit Jahrzehnten und ich bin immer wieder erstaunt, dass wieder etwas ganz Neues entsteht und jeder seinen eigenen Stil hat. Das ist so lebendig und vielfältig. Das gefällt mir schon sehr.

○ Ich danke Ihnen herzlich.

Kapitel 14
Lehrbuch-Cassette 1.1 (2)

A8 a) Was sind häufige Krankheiten?

● Wann gehen die Leute zum Arzt?

○ Das ist sehr unterschiedlich. Die meisten gehen zum Arzt, wenn sie große Schmerzen haben oder krank sind. Oft kommen die Leute auch mit psychischen Problemen oder Ängsten.

● Was sind häufige Probleme bei Erwachsenen?

○ Etwa 70% der Fälle sind Grippen und Erkältungen. Dann kommen leichte Infektionskrankheiten, Rückenschmerzen und Verletzungen, sehr oft auch Sportunfälle. Bei schweren Verletzungen gehen die Leute direkt ins Krankenhaus. Dort kann man sofort operieren und nähen.

● Und wie steht es bei Kinderkrankheiten?

○ Bei Kindern sind es Infektionen der Atemwege, also Erkältungen, Husten und Schnupfen – vor allem wegen der schlechten Luft, und dann natürlich auch Ohrenentzündungen.

A8 b) Welche Fragen stellt der Arzt?

● Welche Fragen stellen Sie einem Patienten, wenn er zu Ihnen kommt? Wie gehen Sie da vor?

○ Zuerst kommt der Patient zur Sekretärin. Da füllt er das Anmeldeformular aus: also Name, Adresse, Telefonnummer, Alter, Beruf, Arbeitgeber, Krankenversicherung und so weiter. Und dieses Formular habe ich dann schon, wenn der Patient zu mir kommt. Ich begrüße dann den Patienten mit Namen und schaue ihn gut an. Sieht er müde aus? Was fällt mir auf? Ich möchte von Anfang an ein gutes Gesprächsklima und ein persönliches Verhältnis zu dem Patienten oder der Patientin.

● Welche Fragen stellen Sie?

○ Ich habe da eine Checkliste. Da sind Fragen zum Wohlbefinden allgemein: Essen Sie gern? Funktioniert die Verdauung? Und so weiter. Aber ich muss natürlich auch wissen: Raucht der Patient? Reist er viel, oder gibt es Krankheiten in der Familie?

● Können die Patienten sagen, wo sie Schmerzen haben?

○ Nicht alle, vor allem wenn sie eine andere Sprache sprechen, dann gibt es Sprachprobleme. Ausländer kommen dann meistens nicht allein, sie nehmen eine Freundin mit oder einen Übersetzer. Das ist dann etwas komplizierter, aber es geht schon irgendwie – auch mit Händen und Füßen, wenn es nötig ist.

A8 c) Was gehört in eine Reiseapotheke?

● Zum Schluss noch eine Frage: Was gehört in eine gute Reiseapotheke?

○ In eine Reiseapotheke gehört ein Mittel gegen Durchfall; Schokolade und Bananen helfen bei leichtem Durchfall auch. Wenn es schlimm ist, sollte man aber zum Arzt gehen. Nehmen Sie auch etwas gegen Verstopfung mit, also ein Abführmittel.
Dann natürlich ein Analgetikum, also ein Schmerzmittel, das hilft bei leichtem Kopfweh oder Halsweh, ist aber auch gut bei Erkältung, Grippe oder Fieber. Im Sommer nehmen Sie eine Salbe mit, gegen Sonnenbrand und gegen Insekten; ja, und dann auch Pflaster und Verband-

stoffe, wenn jemand sich verletzt, und ein Desinfektions-
mittel. Ich denke, das ist so das Wichtigste.
● Herzlichen Dank für das Gespräch, Herr Doktor Birrer.

A10a) Wer spricht in den Dialogen 1, 2, 3, 4? Wer ist krank?

Dialog 1: Am Abend
● Du siehst schlecht aus. Was ist los mit dir?
○ Mir geht's nicht gut. Ich habe Kopfschmerzen, und mein Bauch tut auch weh.
● Willst du nicht zum Arzt gehen?
○ Nein, ich will nicht. Das geht vorbei.
● Soll ich dir einen Tee machen?
○ Nein danke.
● Willst du eine Schmerztablette?
○ Nein, ich habe schon eine genommen.
● Dir ist nicht zu helfen! Du musst wirklich zum Arzt.

Dialog 2: Am nächsten Morgen
● Praxis Doktor Jung, guten Tag!
○ Guten Tag. Mir ist schlecht, und ich habe Kopf- und Bauch-schmerzen. Kann ich ...
● Entschuldigung, wie ist Ihr Name?
○ Knup. Rita Knup.
● Ja, Frau Knup, waren Sie schon einmal bei uns?
○ Nein.
● Ja, also morgen um 11 Uhr, da ist noch ein Termin frei. Geht das?
○ Und heute?
● Leider nicht.
○ Dann komme ich eben morgen – um elf.
● Also, bis dann – und gute Besserung!
○ Danke, auf Wiederhören!

Dialog 3: Am anderen Tag
● Frau Knup?
○ Ja.
● Können Sie dieses Formular ausfüllen und dann im Warte-zimmer Platz nehmen?
○ Entschuldigung, was muss ich hier bei Krankenkasse schreiben? Den Namen der Krankenkasse oder meine Nummer?
● Schreiben Sie einfach den Namen der Krankenkasse. Und hier die Unfallversicherung müssen Sie nicht ...

Dialog 4: Beim Arzt im Sprechzimmer
● Frau Knup, bitte!
○ Ja.
● Guten Tag, Frau Knup. Was kann ich für Sie tun?
○ Ich weiß nicht so recht. Gestern hatte ich noch starke Schmerzen. Aber jetzt ...
● Wo denn?
○ Hier im Hals und in den Armen und Beinen. Vorgestern hatte ich auch Kopfschmerzen.
● Und wie ist es mit dem Essen?
○ Wenn ich etwas esse, wird mir immer übel.
● Haben Sie Fieber?
○ Das weiß ich nicht. Ich habe nicht gemessen.
● Dann legen Sie sich bitte mal hin ... Aha, eine Grippe, eine ganz gewöhnliche Grippe.
○ Nur eine Grippe? Kann ich da arbeiten gehen?

● Leider nicht, bleiben Sie drei Tage im Bett. Ich schreibe Sie für drei Tage krank; und dann gebe ich noch ein Rezept mit, für die Apotheke. Nehmen Sie die Medikamente zweimal täglich, vor dem Essen. Und rufen Sie an, wenn es Ihnen in zwei Tagen nicht besser geht, ...

Arbeitsbuch-Cassette 1.2

Ü4 Körperteile.

A Hören Sie und schauen Sie die Bilder an. Was hören Sie? Kreuzen Sie an.

Liegen
Hier lieg ich in der Badewanne.
Ah, baden – sich waschen – das tut gut!
Atmen und sich entspannen ...
Der Kopf im Wasser – die Haare im Wasser – die Ohren im Waser – die Augen offen ...
Durch die Nase einatmen – durch den Mund ausatmen ... – und plötzlich hab ich Wasser im Mund.

Sitzen
Hier sitz ich auf dem Bett, die Füße auf dem Boden, der Rücken aufrecht – ich zieh meinen Pyjama an:
Wohin mit den Händen, wohin mit dem Kopf?
Mit der rechten Hand halten und mit der linken?
Hei, das ist kompliziert!
Und jetzt – einfach alles mit den Armen über den Kopf ziehen!

Stehen
Hier steh ich vor dem Spiegel.
Ich putze die Zähne: die Augen schließen, der Mund offen – und putzen, putzen, putzen ...
Eine Minute, zwei Minuten oder schon drei?
Die Zahnpasta riecht heute aber komisch!
Das dauert aber lang heute!
So – Schluss!
Noch kurz mit dem Wasser spülen – und ab ins Bett!

Ü16 Wofür ist das Mittel? Notieren Sie.

1
● Volaten – Jetzt neu: als Salbe – jetzt schnell schmerzfrei mit Volaten – wirkt sofort – kühlend wie ein Gel, bei Rheumaschmerzen, bei Verstauchungen, bei Prellungen. Volaten – gehört in jede Hausapotheke!
○ Ihre Fragen beantwortet gerne Ihr Apotheker.

2
○ Achtung: Es sieht aus wie ein Stück Zucker. Es ist süß wie ein Stück Zucker. Aber es ist – Indulax! Indulax wirkt sanft bei Verstopfung. Indulax löst sich im Wasser auf. Indulax hilft sofort und sanft.
● Ihre Fragen beantwortet gerne Ihr Apotheker.

3
● Husten? Erkältung? Schnupfen? Oder Grippe?
○ Da hilft nur eins: Neo-Zitron. Neo-Zitron: das heiße Getränk. Neo-Zitron – schnell und einfach zubereitet. Neo-Zitron wirkt sofort.

●○ Wir wünschen Ihnen gute Besserung – mit Neo-Zitron! Ihre Fragen beantwortet gerne Ihr Apotheker.

Aussprache-Cassette 1.3

Ü28 a) Ergänzen Sie „s" oder „z".

1. Zieger. Sieger.
2. Senker. Zenker.
3. Zempel. Sempel.
4. Zahlmann. Sahlmann.
5. Sander. Zander.

Testheft-Cassette 1.4

T1 Sie hören 4 kurze Texte. Wer spricht mit wem worüber? Notieren Sie.

1
○ Waren Sie schon einmal bei uns?
● Nein, das ist das erste Mal.
○ Dann füllen Sie bitte dieses Formular aus und nehmen Sie im Wartezimmer Platz.

2
○ Du hast immer so schönes Haar. Wie machst du das nur?
● Ich mache eigentlich gar nichts Besonderes. Ich bürste die Haare oft und wasche sie nur alle 3 Tage. Das ist eigentlich alles.

3
Viele Menschen leiden heute unter Stress. Der deutsche Stressforscher und Arbeitsmediziner Michael Kastner hat einen Tipp, wie man mit dem Stress besser leben kann. Wenn Sie merken, dass Sie unter Stress stehen, so spannen Sie alle Muskeln an und bleiben Sie 10 Sekunden so. Entspannen Sie die Muskeln wieder 10 Sekunden, dann spannen Sie die Muskeln wieder usw.

4
○ Guten Tag, Herr Doktor.
● Guten Tag, Herr Itjen. Was kann ich für Sie tun?
○ Ich weiß nicht, ich habe seit ein paar Tagen gar keinen Appetit, und ich habe leichte Bauchschmerzen.
● Sind Sie müde?
○ Ja, eigentlich schon und ich habe zu nichts Lust.
● Mhm. Ja. Das will ich mir mal ansehen. Dann kommen Sie mal mit. Setzen Sie sich bitte hierher.

**Sie hören die 4 Texte noch einmal.
Notieren Sie: Was sollen die Personen machen?**

T2 Kreuzen Sie an: Richtig oder falsch?
Text 1
○ Hallo, Lisa, hier Frank.
● Hi, Frank.
○ Was ist los? Bist du krank?
● Ja, ich, ich liege im Bett. Ich glaub, ich habe Grippe.
○ Hast du Fieber,
● Ja, über 39 Grad.
○ Hast du Schnupfen?
● Nein, das ist keine Erkältung, das ist wirklich eine Grippe. Ich habe keinen Schnupfen, etwas Husten, aber hohes Fieber und Kopfschmerzen.

○ Und was machst du dagegen?
● Nichts, ich liege im Bett und schlafe.
○ Warst du beim Arzt?
● Nee, der kann auch nichts machen, aber das geht schon weg.
○ Bist du ganz alleine? Kann ich was für dich tun?
● Nöö, das geht schon. Ich habe ja keinen Appetit, ich kann nur Obst essen.
○ Ja, dann.
● Warum hast du eigentlich angerufen?
○ Ich wollte dich ins Kino einladen. Aber das geht ja wohl nicht.
● Nein, schade. Vielleicht nächste Woche.
○ Gute Besserung. Und ruf mich bitte an, wenn du etwas brauchst. Versprochen?
● Versprochen! Tschüs, Frank!
○ Ciao, Lisa.

Text 2
○ Hallo, Lisa, hier ist Daniel.
● Hallo, Daniel!
○ Frank hat mir gesagt, dass du krank bist. Wie geht es dir denn jetzt?
● Oh, immer noch schlecht. Ich mag nichts essen, bin müde, kann noch nicht einmal lesen. Ich liege einfach hier rum, trinke viel. Ich habe mir jetzt etwas aus der Apotheke geholt. Vielleicht hilft das ja. Wenn es morgen noch nicht besser ist, rufe ich die Ärztin an.
○ Das hört sich gar nicht gut an. Was hast du von der Apotheke bekommen?
● Keine Ahnung, Grippe 1 steht darauf. Mehr nicht.
○ Hast du es schon genommen?
● Ja.
○ Und? Hast du etwas gemerkt?
● Nein, eigentlich nicht.
○ Also, wenn du keine Reaktion spürst, dann ist es nicht das Richtige für dich.
● Sag einmal, du kennst dich doch etwas mit Homöopathie aus. Was machst du denn, wenn du Grippe hast?
○ Das kommt darauf an. Aber ich kann dich ja mal ein paar Dinge fragen. Dann kann ich dir vielleicht mehr sagen.
● Okay.
○ Geht es dir besser, wenn du in einem kalten Raum bist, oder in einem warmen Raum?
● Wenn es kalt ist.
○ Hast du besondere Lust auf bestimmte Lebensmittel?
● Ja, auf Obst, vor allem auf Zitronen, Apfelsinen, Grapefruits. Und Joghurt kann ich auch essen. Aber Brot mag ich gar nicht.
○ Wenn du schläfst, liegst du dann auf der rechten oder linken Seite, auf dem Bauch oder auf dem Rücken?
● Das weiß ich nicht.
○ Was ist dir angenehmer?
● Du, das weiß ich wirklich nicht.
○ Mhm, ich glaube, du brauchst etwas mit Gelsenium. Hast du so etwas?
● Nein, ich glaub nicht.
○ Ich komme kurz bei dir vorbei und bringe dir was.

Kapitel 15

Lehrbuch-Cassette 1.1 (2)

**A9 Sie hören ein Interview mit Niklas.
Wie spricht er? Können Sie ihn gut verstehen?**

○ Spielst du schon lange Saxophon?

● O ja, ich spiel jetzt schon seit, seit 13 Jahren spiel ich jetzt schon.

○ Und sehr perfekt.

● Doch, mittlerweile bin ich richtig gut geworden, ja. Zum Glück, ohne anzugeben; also wenn man nach so langer Zeit nicht gut spielt, ist es beinah schade.

○ Das ist so dein Lieblingsinstrument?

● Mittlerweile wirklich, ja; ich bin sehr froh, dass ich das entschieden hab weil ich hab vorher Blockflöte gespielt, 6 Jahre, und dann wollt ich was Lautes lernen. Weil Blockflöte war mir zu zahm, und da hab ich erst an Trompete gedacht, aber Saxophon ist besser für moderne Musik; für Pop-Musik und für Jazz gefällt mir das besser.

○ Spielst du das auch öffentlich?

● Ja, mittlerweile seit 3, 4 Jahren spiel ich – eh – öfter in Diskotheken und zu dem, zu den Platten, die der Discjockey auflegt, spiel ich, sozusagen, Solos zu den Platten, und sonst spiel ich auch sehr oft noch auf größeren Festen, entweder auf Partys oder auf Geburtstagsfeiern oder manchmal auch auf Ausstellungseröffnungen, auf irgendwelchen Anlässen, wo sich Leute treffen.

○ Hier in Berlin?

● Hier in Berlin hauptsächlich. Ich hab aber sogar auch schon in London gespielt, in einer sehr großen, bekannten Diskothek, und auch in Stockholm. Weil ich sehr viel reise, hat sich das so ergeben.

A13 Über Sprachen sprechen.
a) Was ist die Muttersprache von Niklas?
Wie viele Sprachen spricht er?

○ Du, da eben am Telefon hast du Schwedisch gesprochen.

● Ja, genau, das waren meine Eltern, die von Schweden angerufen haben. Die sind grad dort, verbringen ihre Ferien und – ja, wir sprechen zu Hause Schwedisch.

○ Ist deine Muttersprache Schwedisch?

● Ja, Schwedisch ist meine Muttersprache. Ich hab aber, man kann sagen, Deutsch ist fast auch meine Muttersprache, weil ich Deutsch und Schwedisch von klein auf zur gleichen Zeit gelernt hab.

○ Sprichst du noch mehr Sprachen?

● Ja, ich sprech sogar schon noch ein paar mehr, also ich habe dann als allererste Fremdsprache Französisch gewählt, und danach dann noch Englisch gewählt und bin auch mit sehr jungen Jahren schon im Ausland gewesen bei Gastfamilien und hab dort sehr früh schon gelernt, sozusagen selbstständig zu formulieren, zu sprechen. Das war dann ein richtiger Sprung ins kalte Wasser.

○ In Frankreich und in England.

● In Frankreich und in England, ja.

○ Ich seh hier ein russisches Wörterbuch auf dem Tisch.

● Ja, stimmt, ich lerne jetzt seit 3 Monaten noch Russisch an der Universität, und dort hab ich zuvor auch sogar noch Spanisch belegt als Kurs und ein Jahr Spanisch gelernt, und war auch zweimal jetzt in Spanien und hab daher

ganz, ganz gute Praktik auch in Spanisch. Russisch wird langsam.

**A16a) Hören Sie das Interview mit Niklas weiter.
Wie wendet er seine Sprachen an?
Was zeigt er seinen Gästen?**

○ Kannst du deine Sprachen hier in Berlin gut verwenden?

● Ja, doch, zum Glück, und zwar hab ich einen Studentenjob als Touristguide, und zwar in Limousinen fahr ich die wohlhabenden Touristen durch die Stadt; das sind sehr oft ausländische Touristen, die z.B. nur Englisch oder nur Französisch verstehn, und denen erklär ich die Stadt. Und das ist daher für mich sehr günstig, aber auch an der Universität, wo ich Wirtschaft studiere, kann ich meine Sprachen benutzen.

○ Was zeigst du den Leuten hier in Berlin?

● Also, die Touristen, die Berlin gar nicht kennen und die auch keinen festen Plan haben, denen zeig ich erst mal den Kurfürstendamm; das ist so wie der Broadway in New York. Das ist die größte Straße, die größte Prunkstraße in Berlin. Das – die Agentur ist auch sehr nah an dieser Straße. Und da fahr ich erst mal entlang und zeige die ganzen tollen Geschäfte, von außen, die Fassaden; Und dann biegen wir meistens an der Urania, am Ende des Kurfürstendamms, nach links ab, Richtung Tiergarten, das ist dann Richtung Norden, fahren sozusagen die Hofjägerallee nach oben, durch den Tiergarten bis zu dem, bis zu der Siegessäule. Und dort kommen wir auf den 17. Juni, eine sehr bekannte Paradestraße, wo ich dann meistens nach rechts abbiege Richtung Osten, und dort zeig ich dann den Touristen das Brandenburger Tor und den Reichstag und neuerdings auch, seit der Maueröffnung, den Ostteil, den ehemaligen Ostteil der Stadt, und zwar „Unter den Linden" und die wunderschönen Gebäude, die sich in der Nähe des Bebelplatzes befinden.

Testheft-Cassette 1.4

Abschlusstest

T1 Sie hören ein Interview mit Richard Cox. Teil 1.

○ Hallo, Richard. Könntest du dich bitte vorstellen?

● Ja. Mein Name ist Richard Cox. Ich bin 41 Jahre alt. Ich komme aus England, aus London, und lebe im Moment in Zürich in der Schweiz.

○ Richard, du bist Engländer, sprichst aber sehr gut Deutsch. Wo hast du so gut Deutsch gelernt?

● Ähm – an der Universität in Nordengland. Ich war schon 20 Jahre alt, als ich angefangen habe, Deutsch zu lernen. In England habe ich 3 Jahre Deutsch gelernt. Ich habe also eine ganz gute Basis bekommen. Aber ich denke, dass ich Deutsch nicht sehr gut sprechen konnte am Ende dieser 3 Jahre. Aber jetzt geht die mündliche Sprache sehr viel besser.

○ Ja, und wie kommt das?

● Nun, ich bin nach Deutschland gegangen und habe dort gelebt und gearbeitet. Ich habe einmal in der Woche einen Sprachkurs an der Volkshochschule besucht. Und ich habe jeden Tag Deutsch gesprochen, hab viele deutsche Freunde, bin auch viel ins Kino gegangen. Und wenn ich Zeit hatte, habe ich viel gelesen, Zeitungen und aber auch deutsche Romane. Ich denke, das hat mir alles zusammen sehr geholfen.

○ Wo hast du in Deutschland gelebt? Wo warst du jetzt noch mal?

● In Hamburg.

○ Und wie hat es dir dort gefallen?

● Ja, Hamburg hat mir sehr, sehr gut gefallen. Ich mag das Wasser und die Atmosphäre dort sehr. Es ist ein wenig wie in London. Und ich hatte dort eine sehr gute Zeit. Und auch jetzt habe ich noch sehr gute Freunde dort.

○ Wie lange warst du insgesamt dort?

● 2 Jahre.

○ Und dann bist du nach Zürich gegangen?

● Nein, nein. Zuerst bin ich wieder nach England zurückgegangen. Dort habe ich 3 Jahre gelebt und dann bin ich nach Brüssel. Dort habe ich dann meine Frau kennen gelernt. Sie ist Belgierin. In Brüssel habe ich etwas länger gelebt, insgesamt etwa 6 Jahre. Vor 3 Jahren sind wir dann in die Schweiz. Zuerst waren wir 2 Jahre in Genf und jetzt leben wir in Zürich.

Teil 2

○ Und wie gefällt dir Zürich?

● Oh, ganz gut, aber es ist schon ganz anders als in Hamburg.

○ Welche Unterschiede gibt es für dich?

● Nun, die Städte sind verschieden groß. Zürich ist wesentlich kleiner als Hamburg. Allein wenn du durch die Straßen gehst, ist die Atmosphäre schon ganz anders. Schau dir die Häuser in beiden Städten an. In Hamburg gibt es sehr viele rote Häuser, in Zürich sind die Häuser heller. Zürich wirkt dadurch freundlicher als Hamburg. Wenn du noch das Wetter dazunimmst: In Hamburg ist

eigentlich immer Wind und der Himmel ist oft grau und es regnet viel häufiger als in Zürich. Das ist schon ein Vorteil. Das kulturelle Angebot, also Kino, Theater und Ausstellungen, ist in beiden Städten sehr gut. Ich sehe gerne amerikanische Filme auf Englisch und französische Filme auf Französisch, also immer in der Originalfassung. In Hamburg ist alles ins Deutsche übersetzt. Das finde ich schade. Hamburg hat mir schon auch gut gefallen, aber Zürich gefällt mir doch etwas besser.

○ Hast du schon Freunde in Zürich gefunden?

● Ja, ich habe ein paar interessante Leute kennen gelernt. Man hat uns oft zum Essen eingeladen. Ich glaube, die Leute in Zürich mögen die Engländer. Ich glaube, die Musik ist auch sehr wichtig für neue Kontakte. Man findet schneller Freunde über die Musik.

○ Du machst selbst Musik?

● Ja, ich spiele vor allem Geige, Gitarre, Flöte. Nicht professionell, nur so für mich und Freunde. Ich möchte gerne mehr Musik machen. Ich merke, dass die Leute immer sehr viel Freude haben, wenn ich Musik mache. Und ich mache das gern.

○ Aber du spielst nicht in einer Band, oder?

● Nein, nein, ich spiele in keiner Band. Aber ich spiele gerne mit anderen zusammen. Aber das ist immer eher spontan. Meine Frau lernt jetzt auch ein Instrument und ich denke, vielleicht können wir irgendwann mal mehr machen mit der Musik. Mal sehen.

○ Du hast deine Instrumente dabei, sehe ich gerade. Spielst du uns etwas?

● Ja, gern.

Sie hören den Text noch einmal mit 3 kurzen Pausen.

Moment mal! Quellenverzeichnis für Texte und Abbildungen

Seite

38   Apa Reiseführer Deutschland

92   Bayernwetter: Landshuter Zeitung 28. 10. 95

104   Stadtplan Mairs Geographischer Verlag GmbH & Co
        (aus „Dresden" Sonderbeilage 1993)

105   Foto aus: Dresden. Tipps für Besucher. Dresden-Werbung
        und Tourismus GmbH

107   Hildegard Knef, Ich möchte am Montag mal Sonntag
        haben. Text: Hildegard Knef, Musik: Charly Niessen.
        © 1966 by Musikverlag Johann Michel, Frankfurt/Main
        Bertolt Brecht, Vergnügungen, aus: Gesammelte Werke.
        © Suhrkamp Verlag, Frankfurt am Main
        Uwe Timm, Erziehung, aus: Rudolf Otto Wiemer, Bundes-
        deutsch – Lyrik zur Sache Grammatik. Peter Hammer
        Verlag, Wuppertal 1974
        Brigitte Wiers, Erziehung, aus: Rudolf Otto Wiemer,
        Bundesdeutsch – Lyrik zur Sache Grammatik, s.o.
        Silvio Blatter, Love me tender. Erzählung. © Suhrkamp
        Verlag, Frankfurt am Main 1980

Seite

120   Zeitungsartikel aus: Nordwest-Zeitung, 5. 6. 93

125   Gymnastik-Programm aus: Vital 7/95, 28. 6. 95
        © Christian Dahl, Vital

129   Anzeigen aus: Berlin Programm, Juli 96. Rimbach Verlag
        GmbH, Berlin

129/130 Textauszug aus: Christoph Hein, Als Kind habe ich Stalin
        gesehen. Aufbau Verlag, Berlin und Weimar 1990

130   Textauszüge aus: Cees Nooteboom, Berliner Notizen.
        edition suhrkamp 1639. © Suhrkamp Verlag, Frankfurt am
        Main 1991; Foto: Sabine Wenkums, München

132   Zeitungsartikel: dpa